GUNTHER PLÜSCHOW
Silberkondor über Feuerland

*Meinen wackeren Fahrtgenossen
und Mitarbeitern
gewidmet*

Gunther Plüschow

*S*ILBERKONDOR ÜBER FEUERLAND

Mit Flugzeug und Segelkutter
ins Reich meiner Träume

Hans Georg Prager Verlag

Bildnachweise

Fotos: Ullstein Bilderdienst, Berlin (60); Privatarchiv Gunter Guntolf Plueschow, Winnipeg/Kanada (5); Schiffsfoto Janssen, Hamburg (1).

Zeichnungen und Kartografie: Ullstein-Archiv, Berlin; Archiv Büsumer Schiffswerft Krämer, Vagt & Beckmann; Privatarchiv Plueschow (s.o.).

Titelbild-Gemälde: Marinemaler Günther Todt, Hamburg.

Einband: Regina Meinecke, Hamburg, unter Verwendung des Gemäldes von Günther Todt.

CIP-Titelaufnahme der Deutschen Bibliothek

Plüschow, Gunther:
Silberkondor über Feuerland : mit Segelkutter und Flugzeug ins Reich meiner Träume / Gunther Plüschow. - Aktualisierte Wiederhrsg., 1. Aufl. - Hamburg : Prager, 1989
  ISBN 3-925769-07-2

**Plüschow, Gunther
Silberkondor über Feuerland**
Mit Segelkutter und Flugzeug
ins Reich meiner Träume
Aktualisierte Wiederherausgabe 1. Auflage 1989

ISBN 3-925769-07-2
© 1989 by Hans Georg Prager Verlag
Alle Rechte, insbesondere das der Übersetzung,
jedoch ausschließlich der Verfilmung, vorbehalten.

Fotosatz: Oltmann Druck GmbH, Hamburg
Druck: Hans Kock, Buch- und Offsetdruck GmbH, Bielefeld
Produktion: Corinna Schweers

Printed in Germany

Inhalt

Früh vollendet 7
Die Holzpantine des Ozeans 13
Der Tanz beginnt! 22
Smutje steigt aus 32
Neptuns Schimmel 42
Wir werden wieder Menschen 54
O Paraiso! 62
Ein Traumbild steigt aus der Flut 68
Fallende Urwaldriesen 75
Piraten des Ozeans 89
Auf Legerwall 103
Das Feuerland ruft! 118
Der Silberkondor des Feuerlands 140
Feuerlands-Weihnacht 157
Der Hafen der Träume 169
Der große Feuerlandsflug 181
Feuerlands-Abschied 190
Kordilleren-Flüge 199
Indianer heulen durch die Nacht 229

Früh vollendet

Am 28. Januar 1931 meldete der Transradio-Depeschen-Dienst Buenos Aires:

„capitaen gunther plueschow und begleiter mit flugzeug silbercondor toedlich abgestuerzt ueber nebenarm argentinosee, westrand patagonische cordillere..."

Dieses Telegramm fand in allen fünf Kontinenten Beachtung. Die Nachricht vom tragischen Fliegertod des wirklich weltberühmt gewordenen Piloten und Kapitäns auf Großer Fahrt Gunther Plüschow sowie seines Flugzeugwartes und Flugbegleiters Ernst Dreblow erschütterte die Menschen auf besondere Weise. Die Öffentlichkeit hatte mit großer Anteilnahme die ungewöhnlichen Expeditionen der Beiden zur Erforschung des damals erst unzulänglich kartografierten und in den meisten Hochregionen noch nie betretenen Territoriums Feuerland verfolgt.

Viele Menschen standen damals im Bann des Filmes „Silberkondor über Feuerland", der während der ersten Expedition 1927-1929 gedreht worden war. Und nicht minder viele hatten Plüschows gleichnamiges Buch gelesen, das sehr bald nicht nur in Südamerika auch seine fremdsprachigen Leser gefunden hatte.

Da war also ein Deutscher mit den noch primitiven Navigationshilfen der damaligen Zeit mitten im Winter aus dem kleinen Nordseehafen Büsum mit einem 16 m langen Fischkutter namens „Feuerland" in einer nautisch großartigen Transatlantikreise bis hinunter ins Tierra del Fuego gesegelt und war am 21. Oktober 1928, auf den Tag genau 408 Jahre später an derselben Stelle erschienen, von der aus Magalhães (Magellan) erstmals die Fahrt durch die unwirtliche, subantarktische Region angetreten hatte.

Dann aber taten Gunther Plüschow und Ernst Dreblow das, was noch nie vor ihnen jemand geschafft hatte: Stets gefährdet durch Fallböen, Treibeis, Flutwellen von kalbenden Gletschern, plötzlichem Wetterumschlag und tückischen Stürmen, überflogen sie ohne ausreichende Karten die wildzerklüfteten Hochgebirge mit ihren „zerhackten Schluchten und glitzernden Eisgefilden, ihren Urwäldern und tief ins Land schneidenden Fjorden".

Ihr kleines Schiff – die „Holzpantine des Ozeans" – diente als schwimmendes Basislager und Quartier. Das Flugzeug, ein offener zweisitziger Doppeldecker mit Schwimmern, war ein simples,

serienmäßig gebautes Schul- und Ausbildungsflugzeug vom Typ Heinkel He 24 W, das sich – nur stoffbespannt – den Frozzelnamen „Leukoplastbomber" gefallen lassen mußte. Umso erstaunlicher war das, was die beiden Flieger mit ihrer Zeiß-Luftbildkamera sowie einer amerikanischen Filmkamera einfingen. Die meisten Motive hatte nie zuvor eines Menschen Auge erblickt. So ungewöhnlich die Hochgebirgserkundungen mit einem Wasserflugzeug auch anmuten mögen – es gab mangels Flugplätzen in dieser menschenfeindlichen Region keine Alternative.
In seinem 1987 erschienenen Buch „Rund um Kap Horn – Bei Wassernomaden, Schafzüchtern und Goldsuchern auf Feuerland" (C.Bertelsmann Verlag, München) schreibt Deutschlands erfolgreichster lebender Reiseschriftsteller Hans-Otto Meissner über das von Gunther Plüschow und Ernst Dreblow eingesetzte Expeditionsflugzeug: „Für heutige Begriffe ein technisches Spielzeug, eine stoffbespannte Maschine mit offenen Sitzluken, einmotorig, ohne Funkverbindung und nur imstande, bestenfalls drei Stunden in der Luft zu bleiben. Für weitere Strecken konnte man nicht genügend Brennstoff mitnehmen. Sich mit einem so leicht zerbrechlichen Ding dem meist schauerlichen, rasch wechselnden Wetter auszusetzen, war nicht nur tollkühn, sondern grenzte an Wahnsinn."
Hans-Otto Meissner widmet Plüschow und Dreblow ein ganzes Kapitel seines Buches. Mit Fingerspitzengefühl greift er heraus, was Plüschows eigentliche Triebfeder für diese riskanten Vorstöße war: „Schönheit suche ich, nichts weiter als Schönheit! Ich fliege hier, was vor mir noch niemand gewagt hat, was vor mir niemand für möglich hielt. Wir schaffen eine neue Ära der Forschungsgesetze des Feuerlandes mit modernsten Mitteln ... mit dem Flugzeug."
Auch schildert Meissner, wie Plüschow und Dreblow der erste Flug nach Ushuaia gelang: „Unter mir liegt Ushuaia. Wir sind dort das erste Flugzeug der Welt, und damit erste Bahnbrecher. Die ganze Stadt scheint am Strand versammelt, uns wird ein Empfang zuteil, wie ich nie erwartet habe ... Ich gehe mit meinem Begleiter durch die Menschenmenge. Blumen und grüne Zweige empfangen uns ..."
Plüschows Expeditionen gingen in die Geschichte der Luftfahrt wie der Geografie und Geodäsie ein. Als im antarktischen Sommer des Januar 1972 am Rico Brazo, einem Seitenarm des

Lago Argentino, ein Denkmal für die beiden „frühvollendeten", dort tödlich abgestürzten deutschen Flieger eingeweiht wurde, war die Luftfahrt-Prominenz Argentiniens ebenso zur Stelle wie der Botschafter der Bundesrepublik Deutschland, die Vertreter Geografischer Gesellschaften sowie der Deutschen-Vereinigungen Argentiniens.

Mit ähnlicher Anteilnahme und Beteiligung wurde am 23. März 1988 an diesem Ehrenmal des 100. Geburtstages von Gunther Plüschow und zugleich des knapp zurückliegenden 55. Todestages der beiden Feuerland-Flieger feierlich gedacht.

Wenig später wurde in der Bundesrepublik Deutschland eine Fernsehsendung über Gunther Plüschow ausgestrahlt. Sie gipfelte in der berechtigten Frage, warum dieser bedeutende Flieger und Forscher in Deutschland dem Vergessen preisgegeben, warum sein Andenken so wenig bewahrt wird, zumal seine Bücher

„Die Abenteuer des Fliegers von Tsingtau"

„Segelfahrt ins Wunderland"

„Silberkondor über Feuerland"

Bestseller wurden, die bereits in den zwanziger Jahren horrende Auflagen erzielten.

Von Haus aus war Plüschow Seeoffizier der Kaiserlichen Marine. Als einziger Flieger in der von japanischer Übermacht eingeschlossenen Ostasien-Kolonie Kiautschou und des sehr bald engmaschig belagerten Flottenstützpunktes Tsingtau flog Plüschow bis zum bitteren Ende der Festung mit einer jammervoll unzulänglichen, immer wieder notdürftig zusammengeflickten Rumplertaube äußerst riskante Aufklärung, wobei der fliegerische Wagemut und die Art dieser improvisierten Fliegerei bis zum heutigen Tage faszinieren.

Unmittelbar vor dem Fall der Festung Tsingtau verließ Gunther Plüschow, auf Befehl des Gouverneurs, mit wichtigen Geheimpapieren seinen Stützpunkt und gelangte ins neutrale China. Von dort schlug er sich nach Europa durch. Er reiste über Japan – das Land des äußerst mißtrauischen Kriegsgegners – und Hawaii in die Vereinigten Staaten und von dort nach Europa weiter, in einem halben Dutzend Maskierungen. Zuletzt tarnte er sich als Schweizer Handwerksmeister. Aber seine Unkenntnis des „Schwytzerdütsch" fiel zuletzt einem Spitzel auf. Vor Gibraltar

wurde er durch die Royal Navy von Bord geholt und nach Großbritannien in die Kriegsgefangenschaft überführt. Nach kühnem Ausbruch aus dem Lager tarnte er sich recht waschecht als Londoner Dockarbeiter und brachte es tatsächlich fertig, 1915 als Blinder Passagier mit einem holländischen Fahrgastschiff auf den Kontinent zu entkommen.
1919 zum Zivilisten geworden, verdingte sich Plüschow als Depeschenflieger zwischen Berlin und Weimar, als Zeitungsflieger, Kinoansager, Autoverkäufer, Motorrad-Weltrekordfahrer und Vertreter eines Stahlwerks. Aber das waren aus Not geborene Übergangsstufen. Plüschow wandte sich dann wieder der Seefahrt zu, erwarb das Patent zum Kapitän auf Großer Fahrt und übernahm im Mittelmeer das Kommando eines Jacht-Kreuzfahrtenschiffes. Es handelte sich um die „Lensahn", die ehemalige Dampfjacht des Großherzogs von Oldenburg.
Bei einer dieser Reisen freundete er sich in Ägypten mit dem Hamburger Reeder Erich Laeisz an, der ihn schließlich mit seiner Viermastbark „Parma" rund um Hap Hoorn nach Chile segeln ließ. Die Begegnung mit Südamerika (1925/26) wurde für den Nautiker schicksalhaft, denn von Kindesbeinen an hatte Feuerland Plüschow in seinen Bann geschlagen.
Mit Vortragsreisen durch ganz Deutschland, basierend auf dem Erfolg seines zweiten Buches „Segelfahrt ins Wunderland", gelang es Plüschow, die Unterstützung des Ullstein-Verlages und des Flugzeugkonstrukteurs Ernst Heinckel zu erhalten. Der Bau des Expeditionskutters „Feuerland" und die Überstellung eines Flugzeuges – zerlegt in Kisten verpackt und auf einem Laeisz-Dampfer nach Feuerland verschifft – wurden Realität.
In Südamerika weiß man, daß vor Plüschow schon ein anderer deutscher Beitrag zur Erforschung Feuerlands geleistet worden ist: Bereits in den Kindertagen der deutschen Hydrographie hatte 1882-1884 das mit Hilfsbesegelung ausgerüstete, in Holz-Kraweelbauweise mit Kupferbeschlag erstellte deutsche Vermessungsschiff „Albatros" die Seewege im Feuerlandgebiet und in Westpatagonien erforscht und weitmöglich kartografisch erfaßt.
Auch die Reisen von S.M.S. „Albatros" hatten alle Merkmale des Abenteuerlichen an sich – ihre Ergebnisse sind in die hydrographische Wissenschaft eingegangen. Wir dürfen uns nicht wundern, in alten Seekarten Feuerlands eine Fülle deutscher Namen vorzufinden wie Preußische Bucht, Königshafen,

Jachmann-Föhrde, Erhardt-Kanal, Adalbert-Kanal oder Knorr-Insel. Manche sind noch erhalten, andere wurden inzwischen hispanisiert.

Eine weitere Pinoniertat zur Popularisierung des Begriffs „Feuerland" hat auch die „Hamburg-Süd" (Hamburg-Südamerikanische Dampfschiffahrts-Gesellschaft Eggert & Amsinck) vollbracht. Sie erschloß einige von den fjordähnlichen Kanälen Feuerlands für die Seetouristik. 1922 wurde erstmals auf Anregung ihres argentinischen Förderers und Generalagenten Don Antonio Delfino mit dem populären Drei-Schornstein-Dampfer „Cap Polonio" während der heißen argentinischen Sommermonate eine Vergnügungsfahrt in die angenehm kühlen Feuerland-Fjorde veranstaltet.

Das Ergebnis der ersten Feuerland-Reise der „Cap Polonio" unter dem in Südamerika berühmten Kommodore Ernst Rolin übertraf alle Erwartungen. Auch die folgenden Fahrten waren sämtlich ausverkauft.

Nach 1927 wurden auch die Dampfer „Cap Arcona", „Cap Norte", „Antonio Delfino" und die besonders populären Motorschiffe der „Monte"-Klasse in das südamerikanische Sonderfahrten-Programm der Hamburg-Süd einbezogen, wobei es 1930 allerdings zum Totalverlust der „Monte Cervantes" kam, nachdem alle Menschen von dem Schiff abgeborgen waren. Nur Kapitän Th. Dreyer, der auf dem Schiff ausgeharrt hatte, fand anderntags beim Abrutschen und Kentern des Schiffes den Seemannstod.

Wenn heute wiederum Kreuzfahrtenschiffe deutschen Fahrgästen die herbe Schönheit Feuerlands vor Augen führen, dann sollte auch der kleine Büsumer Kutter „Feuerland" und der Schwimmer-Doppeldecker „Silberkondor" – offiziell freilich auf den Namen „Tsingtau" getauft – mit seinen Männern endlich wieder einen Platz in unserem Gedächtnis bekommen.

Zwei deutsche Flieger haben den wesentlichsten Beitrag zur Erkundung und Erschließung dieser Region geleistet und zuletzt mit ihrem Leben bezahlt.

Alle nachfolgenden Kapitel, mit Ausnahme des abschließenden Kapitels „Plüschows Zweite Expedition" und des Nachwortes, sind unveränderte Original-Wiedergaben des Plüschow-Buches, das noch vor Antritt der 2. Feuerland-Expedition in Deutschland erschienen war.

Der Verlag

Vorwort des Verfassers

Groß ist die Zahl der Freunde in Deutschland, die mir durch Unterstützungen, Lieferungen, Beiträge oder Zahlungserleichterungen geholfen haben, die „Feuerland" und den „Silberkondor" auszurüsten und die Expedition durchzuführen. Sehr groß ist auch die Zahl der Freunde draußen in der Welt, die sich der kleinen „Holzpantine", ihrer Besatzung oder des Flugzeuges angenommen haben, uns gastlich aufnahmen, uns – Freunde wurden.
Sie alle in diesem Buche mit Namen zu erwähnen, war mir unmöglich, ihnen allen sei daher hiermit herzlich gedankt.
Und nun soll das große Erleben dieser Expedition auch in Form dieses Buches hinaus in die Welt, soll Kunde tun von all dem Schönen, das wir erschauen durften. Nicht als genau geführtes Tagebuch, das drei bis vier solche Bücher beanspruchen würde, nicht als wissenschaftlich nüchterner chronologischer Bericht, der langweilen müßte, sondern so, wie dies große Erleben, für das ich meinem Schicksal dankbar bin, von mir erlebt wurde, wie es in mir, in meiner Erinnerung, in meiner Seele nachklingt.
Wo die kleine „Holzpantine des Ozeans", wo der „Silberkondor des Feuerlandes" gewesen sind, sei es in Brasilien, Argentinien oder in Chile, überall wurden sie von Regierungen, den Behörden, der Bevölkerung gastlich aufgenommen und aufs allerfreundlichste unterstützt; nur so war mir die Durchführung meiner oft nicht leichten Aufgabe möglich: Darum auch ihnen allen meinen herzlichsten Dank!
Gesichert wurde die Expedition aber erst, als das Ullstein-Haus, Berlin, wieder mal mir, seinem alten Mitarbeiter, treu zur Seite sprang!
(Verfaßt im Jahr 1929)

Günther Plüschow.

Die Holzpantine des Ozeans

Knirschend fährt der breite Bug gegen das Eis. Splittern und Krachen ertönt, das Eis schiebt sich einen Augenblick zusammen, türmt sich aufeinander, wird seitlich weggedrückt, gurgelnd schießt braungraues Meerwasser von unten herauf. Die Fahrt des Schiffes wird langsamer, ein eigenartiges Zittern durchläuft nun den festen, breiten Rumpf, nun steht das Schiff.
Christiansen, mein Steuermann, steht achtern am Ruder. Er ist Büsumer Kind, er kennt diesen kleinen Hafen und die Fahrrinne, die herausführt, seit seiner frühesten Kindheit, er ist ja eigentlich Fischer von Beruf, deutscher Hochseefischer. Der Motor hat gestoppt, nun wirbelt die Zeise-Patentschraube rückwärts, man hört und fühlt, wie sie gegen die dicken Eisstücke schlägt, vor uns bildet sich eine schmale Fahrrinne, wieder läßt Christiansen unsern guten Deutz-Diesel-Motor vorwärts gehen.
Mit den höchsten Umdrehungen, die der Motor laufen kann, schießen wir voraus, wie ein Rammbock, wie ein Eisbrecher gegen die dicke, weiße Barre, die das Wetter uns in diesem November 1927 schon beschert.
Etwas besorgt schaue ich vorne am Vorsteven über die Bordwand, die Farbe ist längst vom Eise abgeschabt wie mit scharfem Messer, doch dem festen deutschen Eichenholz, aus dem nicht nur der breite mächtige Steven, sondern das ganze Fahrzeug gebaut ist, kann das Eis gottlob nichts anhaben.
Und wieder und wieder stehen wir still wie festgerammt.
Gespannt schaue ich nach achtern zu Christiansen hinüber. Der verzieht keine Miene, blickt mit seinen scharfen blauen Möwenaugen belustigt um sich, nimmt einen neuen Anlauf.
„Herrgott", geht es mir durch den Sinn, „Sollten wir etwa zu guter Letzt auch noch hier einfrieren, macht uns das Eis womöglich einen Strich durch die Rechnung?!" Da kracht und splittert es mit Donnergroll um uns herum, die ganze Eisschicht ist durch den letzten Anprall der Länge nach gespalten, schnell bedeckt sich das Eis mit Wasser.
Und nun noch ein allerletzter Ansturm, wir laufen dazu fast den ganzen Weg zurück, nun treffen wir den Riß, nun hebt sich der Vorsteven etwas hoch, um uns poltern und schieben sich Eisschollen, die Schraube wühlt und mahlt und quirlt, schlägt

gegen Eis, dann verlangsamt sich die Fahrt, nur noch einige Meter fehlen.
Da bricht auch das letzte Stück Eis auseinander, das freie Meer spritzt salzige Wellen gegen den Bug, die kleine „Feuerland" ist frei!
Nun atmen wir paar Menschen an Bord etwas erleichtert auf, blicken um uns, sehen das kleine, saubere Nordseebad Büsum über den Deich lugen, sehen winkende Menschen am Ufer, die mit allen ihren Wünschen und Gedanken bei uns sind. Zu meiner Freude war auch Dr. Bernhard Draeger aus Lübeck, dessen Tauchretter wir mit an Bord haben, persönlich zum Abschied nach Büsum gekommen – nur wenig später starb dieser prächtige Mensch und Freund.
Ganz vorne am Ufer steht allein eine kleine Gestalt, ein Kind in schmucker Matrosenuniform, mit wehenden goldblonden Locken, die blauen Augen schauen etwas verwundert und traurig zu dem enteilenden Fahrzeug herüber, der kleine Kindermund ist krampfhaft zusammengepreßt, um ja vor den vielen Menschen keine Rührung sehen zu lassen – es ist Guntolf, mein Sohn, dessen Eltern auf dieser Nußschale einem ungewissen Schicksal entgegenfahren.
Jetzt hebt sich die kleine Hand am Ufer, ein Tüchlein flattert, ganz fein klingt noch ein „Auf Wiedersehen!" als letzter Abschiedsgruß. Mit Tränen in den Augen lehnt achtern am Heck der „Feuerland" eine schlanke feine Gestalt mit den gleichen blonden Haaren, wie das Kind sie trägt. Mit dem scharfen Zeißglas hält sie das Bild am Ufer fest, bis es bei einer Biegung verschwindet – Smutje verläßt zum erstenmal ihren Jungen.
Die grauen Molen strecken sich rechts und links von uns weit in See hinaus, an unserer Backbordseite liegt die kleine Büsumer Schiffswerft, auf der die „Feuerland" geboren und getauft wurde und von fleißigen, unermüdlichen Händen vollendet ward zu langer Fahrt, die Flagge am Mast senkt sich nochmals zum Gruß, unsere Sirene heult auf, vor dem Flaggenmast an Land steht ein breitschultriger Mann, mein alter Kriegskamerad Friedrich Vagt, der Schöpfer und Erbauer meines Fahrzeuges.
Ein paar Eisschollen treiben vorüber, nun gleiten wir zwischen den Molenköpfen hindurch, Christiansen hat dem Schiffsjungen das Ruder gegeben, springt mit den anderen an die Segel, wirft die Zeiser los, setzt Segel auf Segel, leise neigt sich die „Feuerland" nach Backbord über, das Wasser am Bug rauscht auf, kaum

merklich tanzt das schmucke weiße Fahrzeug in der leichten Dünung, nun hat es die freie Nordsee erreicht – die „Holzpantine des Ozeans" hat ihre abenteuerliche Fahrt begonnen!
„Komm, Geliebte", sage ich, „reiß dich los, unserm Jungen wird es gut gehen, mach dir darob keine unnötigen Sorgen. Nun beginnt deine Pflicht; sieh, wie schön ruhig die Nordsee liegt, wie zum Gruß, das ist ein gutes Zeichen für unsere Fahrt!"
Einen letzten, langen Blick wirft die blonde schlanke Frau zur Küste hinüber, läßt ihre Augen über das graue, ihr unheimliche Meer gleiten, nimmt mich noch einmal in ihre Arme, ich fühle ihre warmen weichen Lippen, dann eilt sie den Niedergang zu meiner Kajüte hinab.
Einen Augenblick steht sie unten noch ratlos vor der Engigkeit. Das leise Schwanken ist ihr ungewohnt, noch nie fuhr sie bisher zur See! Dann aber reißt sie sich zusammen. Im Nu sind elegante Kleider, Pelzmantel und Berlin-W-Hut verschwunden. Als ich noch in Gedanken versunken an Deck auf und ab gehe, den Kompaß und die Karte studiere, mit meinem Steuermann Christiansen abwechselnd nach vorne durch unsere Gläser starre, erscheint ein lachender Kopf am Niedergang, mit rotem Kopftuch umwunden, nun taucht ein blauer, schlanker Matrose aus der Versenkung, mit langen blauen Hosen, quer über der blauen Bluse steht in roten Lettern der Name „Feuerland". Die Füße stecken in hohen Gummistiefeln, Marke „Kanalarbeiter", in den bis jetzt noch gepflegten Händen schwingt ein Kochlöffel – Smutje, unser neuer Schiffs- und Reisegenosse, unser Koch, als „Kochsmaat" richtiggehend an Bord der „Feuerland" angemustert, Löhnung nach Vereinbarung, tritt ihren Diest an.
Mit dröhnenden Schritten trampelt „Smutje" in ihren schweren Seestiefeln, als sei sie niemals etwas anderes gewohnt gewesen, über Deck und verschwindet im Niedergang zum Mannschaftsraum, wo die kleine Kombüse liegt.
Ich atme auf, wie aus schwerem Traum erwachend.
Da liegt nun endlich die Nordsee, das unendliche Meer; ruhig, wie atmend, dehnt sie sich im Kreis, senkt sich auf und ab – der atmende Busen einer wunderschönen, schlafenden Frau!
„Geschafft, geschafft!" tönt es in meinem Innern. Eine unbezwingbare Freude, eine tiefe Genugtuung durchströmt mich; ich stehe an Deck meines Schiffes, setze mich auf unser Reserveölfaß, das an Steuerbordseite gezurrt ist.
Meines Schiffes!!!

Meine Augen schweifen in die Runde, Meer, Meer, Meer, so weit sie blicken, meine Augen gleiten nach oben zur Takelage, an der die Segel leise gebläht stehen, steif wie ein Brett, da sie noch völlig neu sind, gleiten zum Vorsteven, über das ganze Deck, zum Ruderhaus, bis zum Heck, es ist klein, mein Fahrzeug, aber gut und fest gebaut, und – mein Schifflein!
Wo sind nun alle Mühen und Sorgen vergangener arbeitsreicher Monate, voller Enttäuschungen und bitterer, verzweifelungsvoller Kämpfe, voller Aufregungen, Freuden, Entmutigungen, Verhöhnungen, treuer Hilfe und Unabhängigkeit?!
Das war ja alles nur ein Traum, jetzt bin ich erwacht zur Wirklichkeit, denn nun habe ich es geschafft, die kleine „Feuerland" durchfurcht die See, strebt unaufhaltsam nach Südwest, dem Ozean entgegen.
Zwar ist es bereits Ende November 1927, ein bißchen spät für eine solche Nußschale, und wir sollten auch „eigentlich" Anfang September los. Aber gehen die anderen Fischkutter nicht auch im Winter zum Fischen in die Nordsee hinaus? Warum soll ausgerechnet unser Schiff, das ganz besonders fest und sorgfältig und ganz und gar aus allerbester deutscher Eiche gebaut wurde, es nicht schaffen?
Dann haben wir doch unsern wundervollen 50-PS-Deutz-Diesel-Motor, haben unsere extra für unser Fahrzeug konstruierte Zeise-Patentschraube, haben mächtige Masten mit extra starken Wanten und Spannschrauben, feste Segel, absichtlich etwas verkürzt, damit sie von den paar Mann an Bord in jedem Wetter bedient werden können, eine wackere Besatzung ist an Bord, ich bin zufrieden.
Meine Gedanken schweifen ein Stück zurück.
„Mensch, was wollen Sie denn bloß im Feuerland?", tönte es mir entgegen, als ich am 1. Januar 1927 mit meinen Vorarbeiten zu der neuen Expedition begann und um Freunde und Hilfe warb. „Ausgerechnet Feuerland", lachten andere mitleidig. Meine besten Freunde zuckten nur die Achseln, selbst mein treuer Lebenskamerad, nunmehr Smutje der „Feuerland", strich mir traurig über den Kopf, wenn ich brütend und rechnend und Pläne entwerfend an meinem Schreibtisch saß.
Ich aber wußte, was ich wollte, ich ließ mich durch nichts beirren, durch niemand entmutigen, mein Ziel stand unverrückbar fest vor meinem geistigen Auge, ich fühlte ganz deutlich, ganz eigenartig stark, daß ich mein Ziel erreichen würde.

Briefe über Briefe flatterten ins Land, Gesuche, Bitten, Pläne, ich lief persönlich von Zeitung zu Zeitung, von Filmgesellschaft zu Filmgesellschaft, überall wurde ich mehr oder wenig mitleidig belacht. Als der Frühling 1927 ins Land kam und ich noch keinen Schritt weitergekommen war, wollte ich, bevor ich meinen Plan als zwecklos aufgab, noch einen letzten Versuch machen – ich veranstaltete eine Lotterie!
„Sieh, Liebste, diese zwanzig Bittbriefe schrieb ich heute nacht, sie sind meine Lotterie. Wenn die Antworten zurückkommen, will ich irgendeine unter ihnen herausgreifen und öffnen. Ist wieder mal eine Ablehnung darin, stecke ich jede weitere Arbeit an meiner Expedition als fruchtlos auf. Wird mir aber Hilfe zugesagt, dann geht's mit neuen Kräften los."
Langsam kamen die Antworten an. Wahrscheinlich hatten es die braven Leute, die ich mit meinen Bitten belästigen mußte, nicht halb so eilig wie ich, der auf diese Antworten brannte. Doch endlich hatte ich zwanzig gewichtige Briefe in der Hand.
Da wurde ich plötzlich feige.
Ich trug diese Briefe einige Tage mit mir in der Tasche herum, sie enthielten ja mein Schicksal, mir bangte doch vor dem Augenblick, wo es sich entscheiden sollte.
Dann riß ich mich zusammen, die Lotterie wurde gezogen! Den dicksten unter den Briefen, den wichtigsten, zog ich heraus, er war von den Deutzer Motorenwerken.
Einen Augenblick holte ich noch tief Luft, einen Augenblick zögerte noch meine Hand, dann riß ich den Umschlag auf, las mit fliegenden Augen, mit wild schlagendem Herzen die wenigen Zeilen, dann ergriff ich meinen Rotstift, schrieb mit großen Buchstaben unter den Brief: Wie fein, die Expedition ist gemacht!
Am nächsten Morgen wanderte ich lachend und fröhlich, meine innere Unruhe gut verbergend, zu meinem alten befreundeten Ullsteinhaus.
Als ich einige Stunden später nach Hause kam, wo zwei blonde Köpfe erwartungsvoll und voller Angst in den Augen aus dem Fenster schauten, versagte mir die Stimme, ich konnte nur noch bejahend nicken, die beiden treuen Wesen an mich ziehen, stumm saßen wir so eine ganze Weile zusammen.
Aber dann ging es mit verdoppelten Kräften an die Arbeit.

Ein Telegramm flog nach Büsum, hoch an der westlichen Nordseeküste in Holstein, holte meinen alten treuen Kriegskameraden Vagt herbei, dem ich den Bauauftrag für den Kutter und die erste Ratenzahlung geben konnte, ein anderes flog an den Rhein, zu den Deutzer Motorenwerken, um die Seele des Schiffes fest zu bestellen, und dann, ja, und dann war es für mich wie im Traum so schön, als nun, wo mein Plan feste Gestalt angenommen hatte, von allen möglichen Seiten die Hilfe kam. Doch als ich alles beisammen hatte, als das Schiff seiner Vollendung entgegenging und die Kisten mit Ausrüstungen und Geschenken sich zu einem Berg häuften, da hatte ich erst den einen Teil meiner Expedition zusammen!

„Herrgott, was schreibst du denn nun noch zusammen, ich denke, du bist endlich fertig, was kommt denn jetzt noch?" fragte mich verwundert meine Frau, die spätere „Smutje".

„Mein Flugzeug!" – klappernd rasen die Tasten meiner kleinen Klapperkiste über das Papier – ich war ungehalten über diese Störung.

Da drehe ich mich um, hinter mir sitzt wie entgeistert, mit aufgerissenen, angstserfüllten Augen, mit bebenden Lippen meine Frau, starrt mich an, haucht fast tonlos: „Flugzeug? Herrgott, willst du etwa auch noch fliegen? Im Feuerland fliegen?!"

Als ich nur noch nicke und an meinem letzten der wiederum zwanzig Bittbriefe klappere, erwacht meine Frau aus ihrer Erstarrung.

„Fliegen, ausgerechnet fliegen, und dazu noch im Feuerland, denkst du denn gar nicht an uns, hast du noch nicht genug, daß du vor und im Kriege fünf Jahre geflogen bist, willst du denn durchaus ins Unglück rennen?!"

All ihre Liebe, ihre Sorge, ihre rührende Angst um mich sprachen aus ihren Worten, lachend zog ich die Widerstrebende an mich.

„Na, aber Gott sei Dank", und das war wohl ihr letzter Trumpf, „ein Flugzeug bekommst du ja doch nicht, wer soll es dir auch wohl geben, und dann kannst du fast gar nicht mehr fliegen, vor zehn Jahren bei Kriegsschluß flogst du das letztemal, du hast jetzt deine Gesundheit für deinen Jungen zu hüten, du bist ja viel zu alt zum Fliegen!"

Da küßte ich Smutje die Tränen von den Wangen, löste sie von mir los, ging zum Briefkasten, plumpsend fielen die zwanzig Briefe hinab.

Mit einer wahren Angst im Herzen sah Smutje den Antworten entgegen. Als immer mehr und mehr von ihnen abschlägig lauteten, hellt sich ihr Gesicht auf, ja jetzt frohlockte sie sogar und rief wie ein übermütiges Kind: „Siehst du, ich wußte es ja! Gott sei Dank, daß du das gräßliche Flugzeug nicht bekommst!"
„Und gerade weil du das gesagt hast, setze ich mich doppelt dahinter, daß ich den Vogel erhalte!"
Der Weg über die Briefe war mißlungen, das stand leider fest. Um so mehr hatte ich mich aber über die paar Antworten gefreut, die mir Hilfe brachten, ein winziger Schritt war damit vorwärts getan. Doch eines Tages war ich derjenige, der jubelnd nach Hause kommen konnte, alle meine Erwartungen, ja meine kühnsten Träume waren übertroffen worden, ich hatte ein wundervolles neues Heinkel-Seeflugzeug in Charter erhalten!
Jeden Morgen stieg ich in meinen kleinen Selve-Rennwagen, jagte hinaus nach Staaken, neben mir Smutje, die sich mit Angst im Herzen auch darein ergeben hatte und mir getreulich half, stieg in eins der Schulflugzeuge, drehte, wie einst vor fünfzehn Jahren als Flugschüler, Kreise um Kreise in der Luft, Landung auf Landung, stieg wieder in meinen Rennwagen über, jagte nach Hause an die Klapperkiste, ans Telefon, zu Ullstein zu Verhandlungen, dann mal wieder hoch hinauf zur Nordsee, um den Bau der kleinen „Feuerland" zu überwachen, hinüber zur Ostsee nach Warnemünde, wo mein Flugzeug gerade seinen wunderschönen Silberanstrich bekam, besorgte mir von Zeiß noch eine Luftkamera, holte mir von den Askania-Werken leihweise meinen Flugzeugwart und Flugbegleiter Dreblow. – Arbeit, Arbeit, Jagen, Hetzen.
Schiffstaufe bei strahlender Sonne – leider um unwiderbringliche kostbare Wochen zu spät wegen des entsetzlich schlechten Wetters – Probeflug bei Heinkel in Warnemünde, Probefahrt nach Helgoland mit dem fertigen Schiff, Einnahme des Brennstoffs, den die Deutschamerikansche Petrol gestiftet hatte, kompensieren, Proviant verstauen. Nestle, Berlin, hatte Milch geschickt, von anderer Seite liefen Fleisch- und Gemüsekonserven, prachtvolle Marmelade und Flüssigkeiten zur „inneren" Erwärmung ein.
Abschied, Abschied, mir wirbelte der Kopf, alles geschah nur noch im Traum.
Aus diesem Traum erwache ich jetzt.

Das alles liegt hinter mir, oh, wieviel schöner ist die Wirklichkeit, in der mein Motor unablässig brummt, die Segel leise mitziehen, das Wasser sich am Bug kräuselt, die Heimatlüfte eben im Osten im Meer verschwindet.
Da erscheint vorne im Niedergang ein rotes Kopftuch.
Eine Hand reckt sich herauf, hält eine Bratpfanne, eine andere Hand einen Kochlöffel, nun trommelt der Löffel auf die Pfanne, das ist unser Schiffsgong, Smutje ruft zum ersten Mittagessen.
Die Wache löst ab, Seppl Schmitt steht nun am Ruder, den ich von der Reederei Laeisz in Hamburg bekam. Er ist alter Kap-Horn-Fahrer, und bevor er die Schulbank der Seefahrtschule drücken muß, will er noch einmal Seeluft schnappen.
Es wird schon empfindlich kalt, das Meer bedeckt sich mit seinen Schaumköpfen, die Segel straffen sich, das Schiff legt sich noch mehr auf die Seite, der Motor dröhnt sein wundervolles Lied von unten herauf.
Vorne am Vorsteven meines nur sechzehn Meter langen und fünf Meter breiten Kutters sitzt Smutje, dick in Wolle gehüllt. Auf dem Schoß hält sie wie eine Wärmflasche Schnauf, unsern vierbeinigen Freund und Reisegefährten, einen rauhhaarigen Terrier, den ich von meinem Berliner Schnauferl-Klub zur Fahrt bekam. Schnauf ist erst rund acht Wochen alt. Er fuhr noch nie zur See, ebensowenig wie Smutje, ebensowenig wie die andere frierende Gestalt, die neben Smutje sitzt und gleich ihr emsig Kartoffeln schält. Kurt Neubert ist dieser neue Jünger Neptuns, mein Kinooperateur im roten Flanellhemd. Er wurde schon, als er das erstemal in diesem roten Hemd erschien, das sich späterhin, als wir nie Waschwasser hatten, vorzüglich und dauerhaft bewährte, von mir „Garibaldi" genannt. Seitdem heißt er nur noch allgemein und an der ganzen amerikanischen Küste „Garibaldi"!
Ich trete lachend zu den beiden Kartoffelschälern, sehe, wie sich zwei einst schön gepflegte Hände „fischkuttermäßig" verwandeln, streichle leise über einen blonden Kopf.
„Sieh, da ist ein Dampfer", ruft mir Smutje zu, und zeigt mit ihrem Kartoffelmesser über die Reling. Für Smutje ist ja alles neu, noch gar nicht so recht faßlich, sie freut sich über alles – selbst über das Kartoffelschälen und Geschirrabwaschen –, sie ahnt ja noch nicht, was ihr alles bevorstehen wird, wenn der Wind erst auffrischt und der Tanz beginnt.

Drei Augenpaare schauen angestrengt durch die Zeißgläser zu dem qualmenden Fahrzeug, von dem man fast nur noch die Brücke und den Schornstein sieht, der Dampfer hat den gleichen Kurs wie wir.
Endlich setze ich mein Glas ab. „Das ist der ‚Planet', ich erkenne ihn an den Schornsteinringen, es ist derselbe ‚Planet', der mich von meiner ‚Segelfahrt ins Wunderland' nach Hause brachte, auf ihm ist jetzt Kapitän Töpper Herr und Gebieter, der damals auf dem Segler ‚Parma' Kapitän war und mit mir ums Kap Horn fuhr.
Das ist ein gutes Omen, denn der ‚Planet' hat mein Flugzeug an Bord, behütet von Dreblow. Nun eilt uns der ‚Silberkondor' auf unserm Weg voraus."
Der Reederei Laeisz, die mir wiederum hilfreich zur Seite steht, danke ich still im Herzen, als ich dem enteilenden Dampfer nachwinke.
Das Wetter wird schlecht.
Der Schreibbarograf fällt steil nach unten, der Himmel bezieht sich, Wolken kommen angejagt, Nebel fegen einher, die See wird höher und rauher, Spritzer zischen über Deck, das Schiff tanzt schon ganz gehörig; besorgt blicke ich zu Smutje hinüber, die immer noch tapfer an Deck aushält.
Doch plötzlich sehe ich Smutje und Garibaldi ihre Kartoffelschälmesser beiseite werfen, sie stehen nebeneinander weit über die Reling gebeugt, als schauten sie begeistert ins Wasser, ihre Körper krümmen sich, zucken wie unter Peitschenhieben zusammen, Gurgeltöne erklingen – Smutje und Garibaldi opfern zum ersten Male Neptun.
Auch dem kleinen Schnauf scheint nicht wohl zu sein, traurig hängt sein sonst lustig wackelndes Stummelschwänzchen nach unten. Als ich mich hilfreich der Gruppe nähere, sinkt mir Smutje in die Arme, Schnauf schaut mich bloß flehend an, als wolle er sagen: ‚Was hast du mich denn ohne meinen Willen hierher auf diesen entsetzlichen Wackelpott geschleppt, laß mich an Land, ich will doch wirklich kein Seehund werden!'
‚Besser jetzt, und dann gründlich', denke ich bei mir, ‚um so eher wird die Besatzung seefest.'

Der Tanz beginnt!

Voraus tanzt ein aufblitzendes Licht, das Borkum-Riff-Feuerschiff.

Da ist die Wetterscheide. Wir stampfen und schlingern darauf zu, die Segel stehen eben noch voll, so hoch wir können, liegen wir am Wind, können eben noch Kurs halten. Um uns herum ist völlige Winternacht, und es ist doch erst fünf Uhr nachmittags! Diese Dunkelheit, diese entsetzliche Dunkelheit, wie leicht ist alles im Sommer, wo man sehen kann, was passiert, jetzt haben wir schon bald sechzehn Stunden Finsternis pro Tag, bald ist Dezember, dann wird es noch schlimmer. An Deck poltert und kullert alles durcheinander, im Schein der Seitenlaternen blinken gespensterhaft die Schaumkronen der Wogen, wir tanzen und torkeln, heben und senken uns, schlingern nach beiden Seiten tief über, der Großbaum ist schon eisern gezurrt, damit er nicht samt Segel unfreiwillig übergeht. Endlich ist es zwölf Uhr nachts, ich bin müde zum Umfallen, triefendnaß trotz des Ölzeugs und der hohen Gummistiefel. Aus dem Auspuffrohr des Motors kommt es dick und schwarz und verschmiert alles an Deck, auch unsere Gesichter und Hände. Die Dunkelheit und dieser Dreck sind das Allerschwerste.

Christiansen kommt mit lachendem Gesicht, als ob er sich jetzt erst wohl fühle, aus dem Logis nach achtern zur Wachablösung. Eine Zigarre brennt ihm lustig im Munde, er spricht wie immer kein Wort, sieht sich bloß um, schaut über die ihm so vertraute See, sieht den Motor gründlich nach, der ohne Pause sein beruhigendes Lied singt, schaut nun auf Kompaß und Seekarte mit dem eingetragenen Kurs, er ist im Bilde.

„Gute Wache, Christiansen, wecken Sie mich, bitte, nur, wenn was los ist, Sie müssen gleich das Borkumfeuerschiff umrunden, und ich fürchte, dann müssen Sie kreuzen, ich traue dem Frieden nicht!"

Langsam poltere ich nach unten in meine kleine Kajüte.

Da liegt an Backbordseite, ein Bild des Jammers und Elends, meine arme Smutje. Sie krümmt sich vor Schmerzen in ihrer fürchterlichen Seekrankheit. Für sie, die noch nie zur See gefahren ist, ist es kein Kinderspiel, auf einem Fischkutter im Winter durch die stürmische Nordsee zu schippern. Selbst mir altem Torpedobootsmann, der auch das Horn umfuhr, ist doch nicht so ganz geheuerlich zumute bei diesen mir vorläufig noch völlig neuen und ungewohnten Bewegungen.

„Bitte, setz mich von Bord", haucht ersterbend Smutje, „das ist ja grauenhaft, diese Seefahrt!"

Da holt das Schiff mit einem furchtbaren Krach über, an Deck poltern schwere Stiefel hin und her, eine See rauscht über die Planken, mit Krach geht das Großsegel über, Christiansen hat das Feuerschiff umrundet, hat gewendet, der Sturmwind bläst natürlich von jetzt ab von vorne, ausgerechnet aus der Richtung, in die wir hinein müssen. Nun können wir kreuzen, kreuzen und wieder kreuzen!

„Arme Smutje, ich kann dir nicht helfen, gegen Seekrankheit gibt es nur ein Mittel: viel zur See fahren und sich an die Bewegungen gewöhnen. Versuch zu schlafen, und – spuck mir nicht die Kajüte voll! Denn da bin ich, in unserem eigenen Interesse, unerbittlich! Mußt du Opfern, so mußt du an Deck klettern, hier unten darf das nicht geschehen!"

„Oh, wie könnt ihr Männer doch roh sein! Was bist du für ein entsetzlicher Barbar!" Das ist alles, was Smutje an Lebenszeichen noch von sich gibt.

Mehr tot vor Übermüdung als lebendig, falle ich, so wie ich bin, auf meine Koje. Das hohe Brett davor verhindert, daß ich herausfalle, die Müdigkeit, daß ich die Nässe und Kälte und die Bewegungen des Schiffes fühle.

Wir tanzen jetzt wie im Tollhaus gegen die schwere See an, selbst Schnauf fängt leise an zu wimmern und stöhnt mit Smutje um die Wette. –

Jemand rüttelt mich an der Schulter, holt mich mühsam wieder aus dem Nirwana heraus. Entsetzt fahre ich hoch, schaue in das Licht, sehe die Kajüte und alles, was drin ist, um mich herumtanzen, sehe zu meinem Entsetzen, daß über dem Fußboden Wasser steht, das mit Gurgeln hin und her schießt, so oft wir überholen, erblicke die triefend nasse Gestalt meines Steuermannes, der über mich gebeugt steht und mich endlich wachbekommen hat.

„Herr Kapitän, das Schiff macht Wasser!" sagt er ruhig und ernst.

„Haben Sie schon gelenzt, Christiansen?" Wie plötzlich ernüchtert springe ich hoch, um im gleichen Augenblick mit voller Wucht durch die ganze Kajüte und bis zur Koje Smutjes an Backbord geworfen zu werden.

„Die Motorpumpe lenzt nur den Maschinenraum, der ist leer, aber für die anderen beiden Abteilungen haben wir nur eine Handpumpe, daran arbeiten wir schon seit Stunden."
An Deck ist die Hölle los. Wie wild türmen sich um das Schiff die Wellenberge, der eiskalte Winterwind faucht über die See, wir rennen mit aller Kraft, so hoch wir mit den Segeln liegen können, gegen die grünen, schaumgekrönten Berge an, wir kommen kaum schrittweise vorwärts.
Mit der Taschenlampe sehe ich eine Gestalt an Deck an der Pumpe arbeiten, ein dicker Wasserstrahl schießt daraus hervor, dann verstopft sich die Pumpe zum hundertsten Male, muß abgeschraubt, gereinigt, wieder angesetzt werden, die Sisyphusarbeit beginnt von neuem.
Daß vorne im Mannschaftsraum Wasser steht, ist kein Wunder, die Klüsenverschalung ist von einer See fortgerissen, mit jedem Sturzbach läuft Wasser die Klüse herab und in die erste Abteilung hinunter. Wäre es nur das, so hätte mich Christiansen ganz bestimmt nicht geweckt. Aber auch die zweite, mittlere Abteilung macht Wasser. Es stand ja eben in meiner Kajüte schon handhoch über den Fußbodenbrettern. Wieviel Wasser muß da schon eingedrungen sein, wenn es so hoch stehen kann, und woher kommt überhaupt dieses Wasser?!
Die Handpumpe wird nun wieder mitschiffs angeschlagen, der Junge der Wache arbeitet aus Leibeskräften, dann kommt Christiansen, dann ich, dann die anderen Leute der Besatzung an die Reihe, selbst der halbtote Garibaldi muß aus seiner Koje raus, nun heißt es alle Mann an Deck, an die Pumpe, das Schiff ist in Not!
Will es denn gar nicht mehr Tag werden, damit man vielleicht sehen kann, was los ist? Diese Nacht, diese nie endenwollende Winternacht!
Als der Morgen graut und ich einen Augenblick nach unten in meine Kajüte eile, bietet sich mir ein Bild des Jammers. Das Wasser ist noch höher gestiegen, schwappt nun sogar schon bei jeder Schiffsbewegung in die Koje, in der Smutje als Seeleiche liegt, der arme kleine Schnauf ist fast ertrunken, mit seiner letzten Kraft schwimmt er in der Kajüte umher und sucht hilfeflehend einen Platz, auf dem er sich vor dem Wasser retten kann.
„Gehen wir unter, Liebster?" fragt mich Smutje leise mit großen, fiebrigen Augen.

„Nein, Smutje, ganz im Gegenteil, wir sollen bloß mal ein bißchen zeigen, daß wir Seeleute und dieses guten Schiffes wert sind, ich habe jetzt keine Zeit für dich, wenn du was willst, komm an Deck, hilf pumpen!" Und damit ergreife ich den nassen, übelriechenden Schnauf am Kragen, werfe ihn nicht gerade sanft zu Smutje in die Koje, poltere, wanke, mich krampfhaft festhaltend, wieder an Deck.

„Über Backbordbug, Kurs Süd auf die Küste zu, scharf aufpassen, wenn Seezeichen oder Land in Sicht kommt!" sage ich zu Seppl, der nunmehr Wache hat.

Der Tag dämmert auf, Nebel umfängt uns, der hat auch gerade noch gefehlt!

Jetzt, wo wir mit halbem Winde segeln, hören die furchtbaren Bewegungen des Schiffes etwas auf, die ganze Besatzung steht an der Pumpe oder vorne an Deck und starrt in den Nebel hinein. Wo mögen wir bloß sein?

Regelmäßig fällt das Lot ins Wasser, regelmäßig verstopft sich die Pumpe, langsam aber sicher steigt das Wasser im Schiff.

Doch alles ist ruhig und vertrauensvoll, diese Prüfung ist zwar etwas viel fürs erstemal, aber sie hat ihr Gutes an sich, selbst Garibaldi ist kaum noch seekrank. Das erstemal gründlich, das ist schon viel wert.

Meine Seekarte ist kaum mehr leserlich, so naß und schmierig ist sie über Nacht geworden. Es ist eine Übersichtskarte der ganzen Nordseeküste. Da ich ja vor Spanien nicht anlaufen wollte, habe ich keine Spezialkarten mitgenommen.

„Da ist eine Boje", haucht wie ein Gespenst eine Stimme neben mir. Christiansen und ich, die dicht nebeneinander stehen und uns die Augen fast aus dem Kopfe schauen, fahren herum wie von einer Tarantel gestochen.

Ein bleicher, schlotternder Matrose, dem Umsinken nahe, steht neben uns, zeigt mit zitternder Hand auf ein rundes schwarzes Ding, das gerade im Nebel verschwinden will, ich kann die arme Smutje eben noch auffangen, ehe sie über Bord fällt.

„Klar zum Halsen, hol an Großschot, hart Backbord!" Wie die Teufel jagen meine braven Jungens über das Deck.

„Da ist die Boje wieder", sagt Christiansen, der sie mit seinen Möwenaugen durch den Nebel erblickt; wir jagen direkt darauf zu.

Wir umrunden die Boje mehrere Male, sie trägt keinerlei Bezeichnung, runde schwarze Tonnen gibt es ja leider genug in der Nordsee, bei dem Nebel sagt uns dieses eine Ding nur, daß wir wahrscheinlich an irgendeiner Küste sind und daß nun doppelte Vorsicht geboten ist.

„Und da ist noch eine", tönt es ruhig aus Christiansens Mund.

Ich schaue durch mein Glas, endlich kann ich die Aufschrift entziffern.

„Rif" steht in weißen Buchstaben auf dem dicken runden Bauch.

„Rif"? Die gibt es wahrscheinlich viele, aber welches Riff?

Ich suche die Seekarte ab – da steht weit unter der Emsmündung auf holländischem Fahrwasser tatsächlich neben einer schwarzen Tonne „RIF"!

Ob es das ist?

Ich lasse das Schiff herumwerfen, nehme neuen Kurs, wir wollen nach Emden. Es ist ziemlich das schwerste Fahrwasser der Nordsee, zu dem sind wir ohne Sonderkarte, nun muß uns der Himmel helfen.

Langsam lichtet sich für Augenblicke der Nebel, wieder haben wir eine Boje vor uns, nun ist es klar, daß wir parallel zur Küste segeln, zur deutschen Küste zurück. Die Stunden vergehen, wir stehen alle an Deck, ohne es zu merken. Nun nimmt schon leise die Dämmerung zu, die See ist etwas ruhiger geworden, das Lot hat endlich auf zwanzig Meter Grund gefunden.

„Ein Schiff, ein Segler, backbord voraus!" Wie ein Jubelruf klingt es über Deck. Wie der fliegende Holländer, so gespenstisch in dem Nebel, gleitet das fremde Fahrzeug näher.

„Das ist ein Emdener Fischlogger", sagt Christiansen, der fast jedes Fischerboot der Nordsee persönlich kennt. „Nun brauchen wir nur hinterher zu fahren, dann kommen wir klar."

Der Abstand verringert sich, wir mit Motor und Segel vor dem Wind sind etwas schneller, wir schieben uns langsam an den Fliegenden Holländer heran.

„Hallo, wohin das Wegs?" rufe ich mit dem Sprachrohr hinüber.

„Nach Emden, wir gehen aber gleich zu Anker, wir können bei der hereinbrechenden Nacht und dem Nebel jetzt nicht weiter", tönt es zurück.

„Im Kielwasser des Loggers bleiben, Anker klarmachen zum Fallen, Christiansen", sage ich wie erlöst.

Ob das Wasser in unserm Schiff noch zu halten ist, bis wir Emden erreichen?

Neben uns schießt der Logger in elegantem Bogen in den Wind,

seine Vorsegel rauschen nieder, er ist gut dreimal so groß wie unsere Holpantine. Als sein Anker rauschend in den Grund fällt, rasselt auch unsere Kette durch die Klüse.
Ich teile die Wache ab und bestimme, wie die Nacht hindurch abwechselnd gepumpt werden muß, dann fallen alle übrigen über Brot und Wurst her und in die nassen Kojen.
Als ich nach unten komme, mit hohen Stiefeln durch das Wasser wate, liegt die so tapfere Smutje blaß und abgemagert hinter ihrem Schlingerbett, ein tiefes Mitleid erfaßt mich mit ihr, ich streichele ihr tröstend über die wilden Haare, die einst ein wohlondulierter Pagenkopf waren.
„Nicht wahr, ich darf doch in Emden das Schiff verlassen, wenn wir es je erreichen sollten, und du versprichst mir, die Fahrt aufzugeben? Ihr könnt ja mit der Nußschale nicht über den Ozean!"
„Ja, Smutje, du kannst in Emden an Land", antworte ich traurig und sinke in mein Koje.
Langsam steigt das Wasser trotz alles Pumpens, die Segel stehen wieder, der Motor läuft, wir fahren wie in einer grauen Tinte im Nebel, ganz dicht neben oder hinter dem großen Fischlogger, der hier ja zu Hause ist.
„Wieviel Stunden können wir das Schiff noch halten?" frage ich Christiansen, der neben mir unbeweglich an Deck steht.
„Bis heute Mittag noch, dann müssen..."
In diesem Augenblick reißt der Nebel auseinander, die Sonne bricht durch und bescheint eine eisschollenbedeckte Fläche, aus der zwei hohe Molen ragen... die Einfahrt von Emden!!!
„Maschine stopp, alle Segel fest!" Wie einen Jubelruf brülle ich das über Deck.
Endlich liegen wir in der Schleuse
„Wo ist hier ein freies Dock?" frage ich einen biederen Zollbeamten, der zu meiner größten Verwunderung zu uns an Deck steigt.
„Hinter der Schleuse, doch – zuerst muß ich Sie untersuchen und Sie verzollen. Wo kommen Sie denn her, wer sind sie überhaupt?"
„Mann Gottes, verzollen? Ich bin doch deutsches Schiff, ich komme aus Büsum, bin dort erst vorgestern ausgelaufen, ich bin in Not, ich muß ins Dock!"
„Das tut mir herzlich leid, für uns sind Sie aus dem Ausland kommend, ich tue nur meine Pflicht, ich muß Sie untersuchen und

Ihre Proviantlast versiegeln!" Sehr höflich ist das gesagt, sehr bestimmt, sehr korrekt, in mir kocht die Wut!
Nun kommen noch zwei andere Zollbeamte, sie beraten sich über diesen schwierigen Fall, der sicher nicht in ihren Vorschriften steht, dann durchsuchen sie das Schiff, holen eine riesige Zange, plombieren mein unschuldiges Petroleumfaß, plombieren umständlich meine kleine Proviantlast, in der nun das Frischbrot verschimmeln kann. Dann verabschieden sich die drei Herren in ihren tadellosen Uniformen (Herrgott, was für Ferkel sind wir in unseren nassen Seepäckchen dagegen), das Schiff ist endlich frei. Als das Wasser im Raume schon bedenklich gluckt und steigt, liegen wir im Dock, werden gehoben.
Und wieder wird fieberhaft gearbeitet.
Das Übel ist schnell geflickt. Schlimm sieht es nur im Schiff aus, wo das Seewasser überall hingedrungen ist, in die Spinde, in die Proviantlast, in die Backskisten, unter die vollgeladenen Kojen und – unter die Fußbodenbretter, unter denen Hunderte von Konservendosen alle an Deck geholt, trockengerieben, mit Öl eingefettet, wieder sorgfältig verstaut, leider sind bei dieser Arbeit alle Schilder von den Dosen verschwunden, wir haben keine Ahnung mehr, was drin ist.
Als wir dann später mitten im Atlantik an unsere Dosen gingen und Sauerkohl oder Spinat haben wollten, bekamen wir – Marmelade! Aber nachher im Feuerland, als wir uns nach Marmelade sehnten, da – kam endlich der Sauerkohl!
Traurig sieht es jedoch mit meinen wunderschönen Ullsteinbüchern aus, die bis oben unter die Kojen gestaut waren, sehr viele sind leider restlos vernichtet, einige hundert kann ich getrost über Bord werfen, schwer trifft mich dieser Verlust...
Das Schiff ist wieder seeklar, wir liegen mitten in der Stadt an der Mole.
Ich gehe nach unten in meine Kajüte, will die Seekarte holen – Smutje hockt still und traurig vor ihrem Koffer und packt.
„Also willst du uns doch verlassen, Smutje?" sage ich etwas gedrückt.
Smutje schaut mich groß, mit Tränen in den Augen, an, zögert noch einen Augenblick, fällt mir plötzlich um den Hals (unerhört für einen Schiffskoch dem Kapitän gegenüber!), dann schiebt sie mit einem energischen Ruck den Koffer in die Ecke, wirft Mantel und elegante Kleider ab, holt ein schmutziges, nasses blaues

Bündel hervor, zieht Feuerlandshose und -bluse und Trampelstiefel „Marke Kanalarbeiter" an, polternde Schritte über Deck und nach der Kombüse hin, und lieblicher Duft nach Bratskartoffeln (jawohl, diese Dinger heißen an Bord Bratskartoffeln, mit einem s hinter der ersten Silbe!) künden den Feuerländern bald an, daß „Smutje" den Dienst wieder angetreten hat.
„Leinen los, Motor äußerste voraus!"
Das Wasser quirlt, einige Butjer stehen mit triefenden Nasen an der Mole, aus einem Fenster winkt ein weißes Tuch – Abschied aus Deutschland!
Und nun hat uns die Nordsee wieder. Gerade noch rechtzeitig, ehe der Nebel die Küste verschluckt. Wir sind wieder allein auf weiter Wasserflur.
Der Wind frischt draußen auf, wir schlingern und torkeln wieder zum Erbarmen. Smutje und Schnauf sind längst wieder Leichen, doch Garibaldi muß seine Wache gehn, gegen ihn darf ich keine Rücksicht kennen.
Mitten in der Nacht eine neue Hiobsbotschaft – die Wassertanks sind vorne im Schiff durch das schwere Arbeiten des Kutters geplatzt.
„Ausgerechnet jetzt, wo wir gutes Wetter und günstigen Wind haben und morgen schon im Kanal sein könnten", brumme ich wütend. „Hart Backbord, nach Holland hinein!"
In tiefster Nacht erreichen wir den holländischen Hafen, die Flußströmung ist so stark, daß wir nur mühsam gegenan kommen, dann liegen wir fest.
Oben auf der Mole steht ein uniformierter Mann. „Der Zollbeamte!" fährt es mir durch den Kopf.
„Guten Abend, meine Herren", tönt es nun von oben. „Brauchen Sie etwas? Ich bin der Zollinspektor, ich werde Ihnen gern helfen, kommen Sie hier in mein Haus, da haben Sie Wasser, morgen früh schicke ich Ihnen frische Semmel an Bord, einen Blacksmith, der Ihre Tanks repariert; verfügen Sie ganz über mich und mein Haus."
Keine Zange kommt, keine Plomben, etwas wehmutsvoll stimmt es mich, daß ich auf diese Weise daran erinnert werde, daß wir nicht in Deutschland sind.

*

Und nun sind wir im Kanal, laufen schon an der französischen Küste entlang.

„Nein, Christiansen, sehen Sie sich das Barometer an, es gefällt mir gar nicht. Trotzdem es noch so schön ruhig und günstiger Wind ist, will ich doch lieber zur englischen, strömungs- und klippenreinen Küste hinüber, ändern Sie Kurs auf Nordwest!"

Wieder ist ein Tag vergangen, die englische Küste ist in Sicht, eben verschwindet die Insel Wight, das Barometer fällt schnell. Als die ersten Lichter und Feuer aufleuchten, die Nacht früh hereingebrochen ist, fegt der Südoststurm bereits über den Kanal, wie ein Gespenst jagt die „Feuerland" mit berstend gefüllten Segeln und voll laufendem Motor an der englischen Südküste entlang. Wenn wir jetzt so durchhalten könnten, wie schön wäre das, denke ich bei mir.

Da kommt der Junge von vorne: „Herr Kapitän, nun ist der andere Wassertank auch noch geborsten!"

„Alle Mann auf, klar zum Manöver!"

So, Jungens, nun müssen wir zeigen, ob wir bisher was gelernt haben!

Vor uns blitzt es auf, das sind die Einfahrtsfeuer von Falmouth, es ist stockdunkle Nacht, der Sturm heult und rast hinter uns her, eine Spezialkarte der Einfahrt besitze ich nicht, an Lotsen ist selbstredend nicht zu denken, niemand von uns war jemals hier, nun, Seemann, sperr deine Augen auf, nun zeig, was du kannst!

„Klar zum Segelbergen, hol an, Großschot, hart Backbord!"

Wie die Teufel springen meine Fahrtgenossen auf ihre Stationen, ich selbst stehe am Ruder, Smutje hält Ausguck, jetzt ist jeder Arm, jedes Auge vonnöten.

Nun liegen wir im Wind, nun „killen" die Segel wie wahnsinnig, das Boot stampft in der hohen, aufgewühlten See, der laufende Motor erleichtert es mir, das Schiff in Wind und See zu halten.

Jetzt rauscht das Großsegel nieder, Christiansen und Schmitt stürzen sich wie Berserker darauf, unter ihren Fäusten und Zähnen verschwindet langsam die Leinewand. Nun ist auch schon der Treiber achtern geborgen, nur noch ein Vorsegel haben wir stehengelassen.

Schmitt kommt nun ans Ruder, Garibaldi gibt die Kommandos von vorne zum Ruderhaus weiter, Christiansen und ich starren uns fast die Augen aus dem Kopf, um in dieser dunklen Nacht etwas sehen zu können, auch Smutje tut wacker ihre Pflicht.

„Hart Steuerbord!" brüllt Christiansen, etwas Schwarzes fegt an unserer Backbordseite vorbei. „Hart Backbord!" brülle nun ich, wir umrunden eine dunkle Masse, die gespensterhaft aus der Flut ragt, das Schiff liegt plötzlich ruhig wie an der Mole in Büsum – wir haben die Einfahrt glücklich geschafft!

Als das Schiff endlich gut und sicher festliegt, über uns hinweg der auf Südwest umgesprungene Sturm heult und tobt und ich mit einem wundervollen Gefühl der Befriedigung nach unten in meinen Raum poltere, fliegt mir Smutje stumm und ergriffen um den Hals, auch sie ist jetzt stolz und voller Zuversicht auf „unser" Schiff und seine Besatzung.

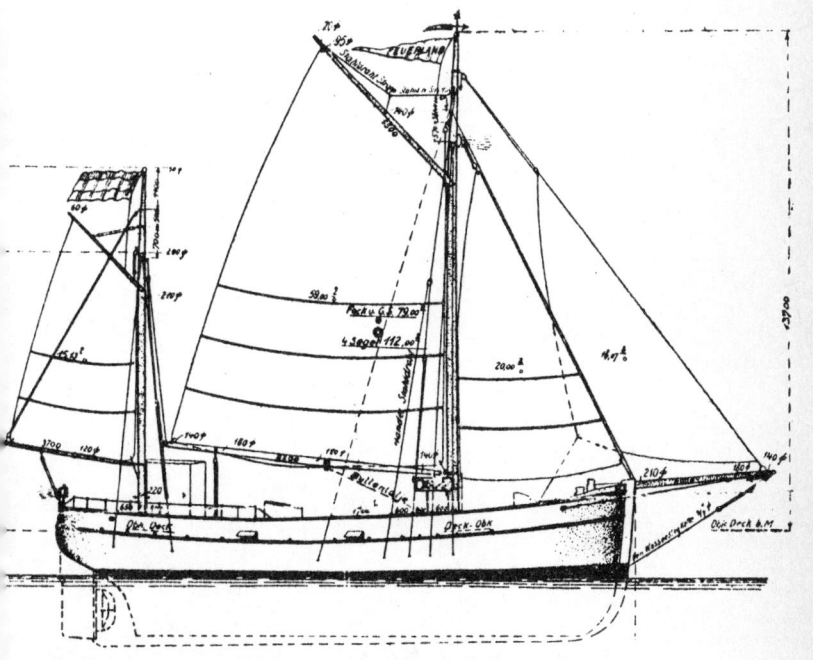

Segelriß des wissenschaftlichen Forschungsschiffes ,,Feuerland".
Maßstab 1 : 200. Großsegel 59 m^2, Fock 20 m^2, Besan 15 m^2,
Klüver 18 m^2, Gesamtsegelfläche 112 m^2. Nachträglich gekürzt auf 100 m^2.

Smutje steigt aus

Nach der eisigen Kälte der Nordsee tut uns die linde Luft der englischen Südküste ordenlich wohl. Blumen wachsen sogar noch in den Vorgärten, eine einsame hohe Araukarie winkt und ruft mir Grüße für ihre Heimat in Südamerika zu, wohin wir wollen. Die erste Dezemberwoche ist schon vorüber, endlich hört der Sturm auf, die Wolken teilen sich sogar, wie etwas ganz Ungewohntes erblicken wir für Stunden die wärmende Sonne.
Die Wassertanks sind wieder mal geflickt. Das Schiff seeklar mit leichtem Wind, umflossen vom Gold der sinkenden Sonne, laufen wir aus dem schützenden Hafen von Falmouth aus.
An der Küste, von der schäumenden Brandung umtobt, liegen einige graue Ungetüme wie tote Walfische – ehemalige deutsche U-Boote, auf denen so viele meiner ehemaligen wackeren Kameraden stritten und fielen und die nun der englischen Jugend im Sommer zur Badebelustigung dienen. Sic transit gloria mundi!
Das Wetter ist herrlich, die See ruhig, die Luft wunderbar warm, leise ziehen die Segel mit halbem Wind, der Motor brummt gleichzeitig sein altes Lied.
Wir haben Kurs direkt auf die französische Insel Ouessant, die wie ein riesiges Bollwerk, an dem sich Sturm und Brandung und gefährlicher Strom brechen, vor der Nordwestecke Frankreichs aufgebaut ist. Wenn man irgend kann, geht man diesem Recken, namentlich in der Nacht, aus dem Wege.
Eigentlich wollte ich zwischen Insel und Festland durch und nach Brest laufen, nun ändere ich aber meine Absicht, das Wetter ist zu schön, da will ich den großen Sprung durch die Biskaya zur spanischen oder gar portugiesischen Küste mit einem Satz wagen.
Der Morgen dämmert schwach. – Blitz, Blitz, kommt es mit scharfen weißen Lichtbündeln warnend aus dem Dunkel, nun rot, rot – die Feuer von Ouessant.
Wir halten zwei, nun schon drei und vier Strich weiter von der Insel ab, trotzdem ändert das Leuchtfeuer nicht seine Peilung, der mächtige Strom setzt uns direkt auf die Insel zu.
Wir kämpfen Stunde um Stunde, jetzt kentert endlich der Strom, ungefährdet laufen wir nunmehr dicht unter den hohen Felsen dieser wunderbaren Insel vorüber, zischend und schäumend und dröhnend bricht sich die furchtbare Brandung am Gestein.

Die Nacht bricht wieder herein, wir sind am Eingang der Biskaya. Smutje steht mit aufgerissenen Augen neben mir, die ganze Besatzung ist an Deck, wie etwas Unfaßbares rollt von weit her, aus der Unendlichkeit, die riesige Ozeandünnung von Steuerbordseite an, unsere kleine Nußschale liegt darin wie ein Atom, wie eine Winzigkeit, wird eben hoch, hoch hinaufgeschoben auf den Rücken einer schaumlosen Dünnungswoge, steht einen Augenblick wie verloren dort oben. Nach beiden Seiten blicken wir in tiefe, ausgewühlte Täler, dann rutschen wir, mit der Nase etwas nach unten geneigt, abwärts, immer tiefer, nun schauen wir von unten aus dem Tale heraus nach allen Seiten zu hohen Wasserbergen hinauf, die, wenn sie wollten und könnten, wie mit einem einzigen Prankenschlag uns zertrümmern, uns erdrücken würden. Jetzt richtet sich unser breiter weißer Bug auf, Segel und Schraube schieben uns einen langen dunkelgrünen Berg hinauf, wieder stehen wir eine Weile hoch oben und blicken über ganze Reihen von Bergen, Gebirgen und Gebirgszügen – von neuem beginnt das alte Lied.

O wie schön, wie herrlich ist dieses Spiel, solange es so ruhig und friedlich zugeht, solange keine Schaumkronen, keine grimmig aufgesperrten Rachen diese Bergzinnen zieren, solange vor allem – See und Wind nicht von vorn kommen!

Ich habe meinen Arm um Smutje geschlungen, versuche ihr klarzumachen, warum und wie wir das Meer lieben, lieben müssen, wie es uns Seeleute hält und packt und nie wieder losläßt, wie es uns vertraut, uns Freund ist!

Smutje hört zu, lächelnd, für sie ist dieses Meer etwas ganz Unheimliches, Unfaßliches, Unbegreifliches, sie schauert zusammen, wenn sie über diese ungeheure, wogende, tanzende Wasserfläche sieht, über das winzige Deck unserer kleinen Nußschale, sie krümmt sich fast vor Schmerzen, wenn sie bloß daran denkt, daß es wieder zu wehen und zu toben anfangen könnte, und die entsetzliche Seekrankheit sie wieder packt.

„Sieh doch den Mond, wie eigenartig der plötzlich wird." rufe ich in Smutjes Gedanken hinein.

Ein wundervolles Naturschauspiel erleben wir hier auf freier See. Der Vollmond bedeckt sich plötzlich, tiefschwarze Nacht tritt an Stelle des Silbergeflimmers, eine totale Mondfinsternis spielt sich vor unseren Augen ab. Andächtig lehnen wir paar Menschen auf der kleinen „Feuerland" an der Reling, niemand spricht ein

Wort, bis der Vorgang vorüber, der Bann gebrochen und neues, diesmal schon rötliches Gefunkel über das Wasser zittert.
„Ein gutes Vorzeichen, Smutje, nun sei lustig und guter Dinge, diese lumpigen paar hundert Seemeilen bis zur spanischen Küste werden wir auch noch schaffen!"
Doch als ich unten bin, meinen Schreibbarografen befrage, zu meiner Trauer gewahre, wie die feine blaue Linie sich wiederum steil abwärts senkt, da weiß ich, daß wir unsern Weg erst bitter werden bekämpfen müssen.
Eine unheimliche Dünung läuft uns plötzlich von vorn entgegen, prallt gegen die bisherige aus Nordwest an, kabbelt und kämpft, läuft nun wild und regellos durcheinander, die kleine Holzpantine des Ozeans ist ihr Spielball.
Wir torkeln stark, noch ist kein Wind, die Segel schlagen und killen wie toll, die Bäume sind eisern gezurrt, was an Deck nicht niet- und nagelfest war, kullert längst durcheinander, wird eingefangen, festgelascht.
Skylights und Niedergänge sind schon geschlossen, werden nun auch noch mit dem Marlspiker „eisern" angezogen, wir rüsten uns für das Kommende.
„Na ja, Christiansen, sagte ich es nicht gleich, ausgerechnet aus Süden muß dieser verdammte Wind wehen, wieder mal daher, wohin wir wollen. Wann werden wir endlich mal guten Wind erhalten!"
Von Süden laufen die ersten Schaumköpfe an, bringen Wind mit, wir müssen abfallen, gut sechs Strich von unserm bisherigen geraden Kurs, jetzt können wir wieder mal kreuzen. Denn gegen die Ozeansee und Ozeandünung, gegen den Wind können wir mit unseren lumpigen 50 PS nicht an, gegen diese See, die jetzt anrollt, schon gar nicht erst.
Was eben noch um uns herum friedliche Dünung war, ist aufgewühltes Element, der Wind fegt aus Süd, wird stärker und steifer, es braucht nicht immer Sturm zu sein, um für die kleine „Feuerland" zu genügen.
Immer stärker wird der Wind, heult nun schon mächtig in der Takelage, immer höher wird die See, grimmiger die weißen Kronen und Rachen, die ab und zu schon auslaufend in Schaum und Gischt zerollen – die „Feuerland" tanzt und wirbelt, die Segel schlagen, der Motor brummt sein wunderbares Lied, am Ruder steht der Rudermann der Wache, hat sich festgebunden, stemmt

sich mit aller Macht gegen die Rückwand des kleinen Ruderhauses, um nicht fortgeschleudert zu werden, und hält mit eiserner Faust die Handspeichen. Der zweite Mann der Wache steht so lange an Deck, hält Ausguck und räumt Enden und Tauwerk auf.
Alle paar Stunden, vom zweiten Tage ab alle zehn bis zwölf Stunden, wird gewendet, über den anderen Bug gegangen, kreuzen, kreuzen, kreuzen, wer weiß ob wir dabei überhaupt ein Stück vorwärts kommen...
Und wo mögen wir nun sein?
Mitten in der tobenden Biskaya noch, schon tief drin etwa, nahe der französischen Küste, von der wir uns dann schlecht wieder freikreuzen können, wenn der Wind nicht umspringt? Oder sind wir vielleicht schon weit draußen im Ozean zurück? Das wissen wir nicht genau. Denn seit wir von Büsum fort sind, haben wir nicht ein einziges Mal Sonne zur Höhenmessung gehabt, seit wir Ousseant aus den Augen verloren, auch kein Feuer, keinen Stern, es regnet, stürmt, nebelt, dick, grau in grau ist alles, der Wind pfeift mit konstanter Bosheit und Hartnäckigkeit weiter aus Süden
An Deck ist es naß von dem ewig strömenden Regen, von der überkommenden See, von den fegenden Spritzern, unter Deck sieht es nicht anders aus.
Es läuft, sickert, tropft durch Skylights und Decksnähte und Niedergänge, naß ist alles, das Zeug in den Spinden, die Kojen, der Fußboden – das Zeug, das wir auf den Leibern, tragen.
Und dazu das wirbelnde tanzende Fahrzeug, kein Besteck, keinen genauen Schiffsort, draußen nur anrollende, sich hier und da brechende Wogen – drinnen mittschiffs an Backbordseite meiner Kajüte ein armes blasses Wesen, ein Hauch nur von dem Einst, sich krümmend vor Schmerzen und Übelkeit.
Mir schneidet der Anblick der wie tot in ihrer Koje liegenden Smutje tief ins Herz. Ich bin aber ganz hilflos dagegen, kann nur zugreifen, wenn sich Smutje mühsam aufrichtet, um beim nächsten tiefen Überholen, besser gesagt Übergeworfenwerden des Schiffes, kraft- und leblos in die kalte nasse Koje zurückzusinken. Zu ihrem Haupte liegt, ein fast ebensolches Bild des Jammers, in sich zuammengerollt und leise wimmernd Schnauf, den fortzujagen Smutje nicht mehr die Kraft hat und der sich auch durch mich nicht fortbringen lassen will.

Ich nehme mir fest vor, den nächsten spanischen Hafen anzulaufen und Smutje, nunmehr von mir aus, endgültig von Bord zu setzen.

Doch eins erfüllt uns Seeleute an Bord mit großer Freude und Genugtuung: wie wunderbar seetüchtig die kleine „Feuerland" ist, wie sie sich in der See hält, wie sie tanzt und immer obenauf schwimmt, wie der brave Deutz-Diesel-Motor trotz dieser wahrlich grotesken Bewegungen ohne Pause gleichmäßig weiterläuft – nur die Wassertanks, die sind selbstverständlich beide wieder mal geplatzt!

Kreuzen wir nun schon drei Tage, sind es gar vier oder fünf? Wir wissen es nicht mehr, wir wissen nur eins mit tödlicher Sicherheit, daß der Wind immer noch mit unverminderter Stärke aus Süden bläst und daß wir so lange noch kreuzen müssen, bis es dem Wind gefällt, endlich aufzuhören oder umzuspringen.

Wie ein Toter liege ich in meinen nassen Kleidern nachts in meiner Koje, ich zog sie noch keine Minute in See aus, seitdem wir die Heimat verließen!

In meinem traumlosen, todesähnlichen Schlaf fühle ich aber ganz stark und zwingend, daß es ruhiger geworden ist, daß ich aufwachen, an Deck gehen muß. Dieses Gefühl wird so stark, daß ich tatsächlich aufwache – das lernt man ja so wunderbar bei der Seefahrt, man wird fast hellsehend, hellhörend, Ereignisse fühlt man wie unter einem hypnotischen Zwang voraus – und an Deck eile.

Sterne blinken freundlich vom Himmel, die See ist noch hoch, läuft aber nur noch in langer schwerer Dünung ohne weiße Köpfe, der Wind ist wie fortgeblasen.

Der Wachgänger steht gerade an Deck, schaut durch das Glas.

„Mensch, was ist denn das? Da sind ja Lichter, ein weißes, da auch ein grünes. Mann Gottes, da ist ja ein Dampfer, und Sie holen mich nicht an Deck?"

Ich springe nach achtern ans Ruder. „Hart Backbord! Auf den Dampfer zuhalten!"

Dann habe ich auch schon eine der Sternsignalpistolen ergriffen, ein weißer Stern steigt wie ein Komet strahlend in die dunkle Nacht hinauf, als wolle er zu den Geschwistern dort oben in die eisige Kälte eilen.

Der Motor gibt alles her, was er kann, der Großbaum ist mitschiffs festgezurrt, wir rollen schwer und tief von einer Seite nach der anderen, kein Tropfen Wasser kommt dabei an Deck.

Zischend fährt der zweite weiße Stern hinauf. Als der Dampfer immer noch nicht stoppt, jage ich einen roten Stern hinterher.
Nun hält der Dampfer plötzlich, dreht bei, wartet ab, daß wir längsseit kommen.
Der Anblick ist gespensterhaft. Der dunkle, schwarze Koloß, ein großer schwedischer Fachtdampfer, der außer seinen Positionslaternen kein Lichtlein zeigt, wiegt sich tief und schwer, unheimlich fast, in der See. Daneben, weiß, im Licht seiner Seitenlaternen (so nahe sind wir längsseit!), mal rot, mal grün aufleuchtend, die „Feuerland", die nun, quer zur Dünung, torkelt, als sollten die Masten über Bord geschleudert werden. Die Leute da drüben starren zu uns herüber, als sähen sie ein Gespenst.
Ich habe das Sprachrohr am Mund. „Hallo, Freunde, woher des Wegs, wo wollt ihr hin?" Auf der Brücke erscheinen schwarze Schatten, an Deck läuft man hin und her. Als die Antwort herübergerufen wird, bläst der Dampfer plötzlich mit Zischen und Brummen den plötzlich zu hohen Dampf aus den Kesseln, kein Wort ist mehr zu verstehen.
Endlich erhalte ich Antwort.
„Und wie weit ist es noch bis zur spanischen Küste?" frage ich jetzt.
Der Kapitän läuft einen Augenblick ins Kartenhaus, das viel größer als die ganze „Feuerland" ist, kommt zurück, ergreift sein Megaphon – „Sechzig Seemeilen Süd-viertel West bis zum Kap Finisterre!" tönt es, für uns wie Orgelklang, durch die Nacht.
„Oh, Gott sei Dank!" haucht es hinter mir. Smutje hat sich wacker aufgerappelt und ist an Deck gekommen; ich springe hinab, hole Decken und Mäntel für sie herauf, packe sie wie ein willenloses Kind ein und setze sie in die frische Luft in eine geschützte Ecke.
Dann nehmen wir Kurs Süd-viertel West und eilen davon, ehe der Wind wieder aufkommen kann. Als die Sonne, für uns zum ersten Male auf dieser Reise, aufgeht, bestrahlt sie Spaniens umbrandete hohe Felsenküste, das Kap Finisterre liegt greifbar nahe vor uns.
Doch wieder heißt es kämpfen, wieder kreuzen, der Wind ist abermals aus Süd aufgefrischt, wir lassen nicht nach, wir bleiben ganz dicht unter der Küste. „Nur" lumpige zwanzig Stunden dauert der Kampf, um das Felsenkap zu umrunden, die Strömung endlich auszusegeln. Wieder mal mitten in stockdunkler Nacht, ohne Karte und selbstverständlich ohne Lotsen, nähern wir uns

den Feuern einer schmalen Einfahrt, winden uns vorsichtig zwischen Inseln, Felsen, Steilufern und Klippen hindurch, kurz nach Mitternacht fällt polternd der Anker vor der schwach schimmernden spanischen Stadt Vigo in den Grund.

Sonne, Wärme, wunderbarer Duft nach Blumen, Orangen, linde warme Winde von Land her, leuchtende Ufer, weiße Häuser, freundliche, hilfsbereite, gastliche Menschen, Gewimmel und Getriebe in den Markthallen, duftender Wein in Fässern und Flaschen und Gläsern, frisches Brot, zarter Braten im kleinen Logis der „Feuerland", um dessen etwas wacklig gewordenen Tisch wir alle unterschiedslos und friedlich sitzen.

Dann müssen wir weiter.

Der Wind scheint günstig, das Barometer steht hoch und scheinbar fest, wir haben ja bald Weihnachten. Weihnachten wollen wir mindestens in Lissabon oder gar unter Palmen in Madeira sein.

Smutje ist regelrecht vor dem deutschen Konsul abgemustert worden, hat unterschrieben, daß der Kochsmaat Isot Plüschow keine Forderungen an die „Feuerland" oder seinen Kapitän hat, alle Löhnung hat sie demnach pünktlich erhalten. Schwer, unsagbar schwer fällt uns beiden der Abschied.

„Leb wohl, Smutje, grüß mir unser Kind, so das Schicksal will, in nicht mehr zwei Jahren auf Wiedersehen!"

Die Segel sind gesetzt, sie schimmern mit der weißen Schiffsfarbe in der Sonne um die Wette, neben uns geht gerade ein großer deutscher Passagierdampfer rauschend in See und zur Heimat.

„Herr Kapitän", sagt Seppl zu mir, „da an Land ruft und winkt jemand, sollen wir noch einen Augenblick warten? Der Anker ist gleich hoch."

„Nein, was geht mich so ein Passagier an, der seinen Dampfer verpaßt hat, laufen Sie aus!"

Als der Anker aus dem Grund ist, Christiansen ans Ruder springt, den Motor auf voraus einkuppelt, den Gashebel langsam legt, ich noch traurig an den Abschied denke, kommt ein Boot längsseit, darin sitzt, mit einem Tränlein in den Augen, mit dem weißen Tüchlein noch in der Hand – – Smutje!

„Smutje, du – – – ?"

Smutje schaut uns alle der Reihe nach groß und stumm und etwas schuldbewußt an und sagt leise: „Es ist doch bald Weihnachten, wer soll euch denn unser Tannenbäumchen schmücken, wenn ich nicht mehr an Bord bin?" – Sagt's, geht nach unten, eine

halbe Stunde darauf trampelt „unser Smutje" wieder mit lachendem, fröhlichem Gesicht über Deck, verschwindet auf der vorderen Hühnerleiter nach unten.
„Gott seit Dank, nun gibt es doch noch einmal wieder anständige Bratkartoffeln", sagt Garibaldi.
Draußen faßt uns wieder der Wind, diesmal endlich von achtern, zum ersten Male, seit wir aus der Heimat sind, günstig.
Nun brausen wir fast wie ein Schnelldampfer durch die Flut, jagen ohne Pause und Zwischenfall an Spaniens und Portugals Küste entlang, am dritten Morgen kann ich die selig schlafende Smutje wecken und ihr sagen, daß wir soeben das Kap Roca, kurz vor der Einfahrt von Lissabon, passieren. Da schaut mich Smutje wie plötzlich ins Leben zurückgerufen an, lächelt schwach und haucht kaum vernehmlich: „Und nicht wahr, wenn wir erst an Land sind, dann darf ich mir doch ein gebratenes Hühnchen bestellen?" – Und mit diesem lieblichen Gedanken schläft sie sanft und fest ein.
Lissabon, Lissabon, wie hatten wir uns in all den schweren Seetagen gerade auf diese Stadt und ihre Sonne gefreut.
Und nun? Strömender Regen ohne Pause, Wind, Sturm aus Südwest, unheimliche hohe See im Hafen, reißende Strömung, gegen die der Anker der „Feuerland" kaum noch halten kann. Wir verkriechen uns in einen kleinen Schutzhafen, fast erdrückt von mächtigen Leichtern, die uns umgeben, uns zusammenquetschen, daß unser ganzes Schiff kracht und splittert.
Wäre es nicht so wunderbar fest gebaut, nicht aus so starker deutscher Eiche, ade „Feuerland"!
Die Weihnachtsglocken klingen durch Sturm und Regen, wäre es nicht so warm dabei, könnte man glauben, wir seien in der Heimat.
Im Logis vorn ist der Tisch gedeckt, ein strahlender Tannenbaum, den wir selbst mitbrachten, der aber durch die inzwischen erlittene Seefahrt und Kälte etwas braun geworden ist, steht mitten auf dem Tisch, Smutje, die für heute abend wieder zur zarten blonden Frau geworden ist, zündet das letzte Licht an.
Aus der kleinen Kombüse nebenan strömt lieblicher Duft, nicht nur Smutje bekommt heute ihr gebratenes Hühnchen.
Und dann sitzen wir Schicksals- und Fahrtgenossen unter dem Bäumchen, die Weihnachtsgeschichte ertönt, vorgelesen von mir aus der Bibel, die uns der Propst von Büsum zur Reise beim Abschied mitgab, Weihnachtslieder folgen.

Mein prachtvoller Electrola-Apparat schluchzt auf, unsere Gedanken schweben zur Heimat hinüber.
Und nächstes Jahr, wo mögen wir da sein?
Viele Stunden später, als ich die bis ins Innerste aufgewühlte Smutje zur Koje bringe, flüstert sie mir leise ins Ohr: „Eins muß ich dir doch gestehen, ich habe neulich in Vigo den Zug verpaßt, deshalb kam ich so schnell wieder!"
Ein Traum von Schönheit liegt am anderen Tag, wie etwas Überirdisches, in strahlender Morgensonne neben uns auf dem Tejo.
Riesenhaft reckt sich ein eiserner Rumpf aus dem Wasser, obenauf weiße, schimmernde Aufbauten, gekrönt von drei riesigen weißen Schornsteinen mit roten Rändern, der deutsche Dampfer „Cap Arcona" von der Hamburg-Süd, eines der schönsten Fahrzeuge, die zur Zeit die Weltmeere befahren.
Nicht viel größer als ein Rettungsboot der „Cap Arcona" schaut die Holzpantine aus, als sie jetzt das „Schwesterschiff" (das größte und kleinste Schiff, das bisher nach Südamerika fuhr!) umfährt, aufheult dreimal unsere Sirene, beider Flaggen senken sich dazu in der strahlenden Sonne zum Gruß, wie eine mächtige Orgel dröhnt und zittert es durch die Luft, als der Heuler der „Cap Arcona" unsern Gruß erwiedert.
Wir liegen längsseit, um vieles kleiner als der kleinste Tender, der Passagiere der „Cap Arcona" oder Gepäck an Land bringt.
Mit einem gewissen Schauer betreten wir „Feuerländer" das Deck unserer Riesenschwester! Herrgott, sieht das hier schön und sauber aus, welch ein Platz, welche Decks, wie wunderbar blitzt und blinkt alles, feenhaft schöne und große Säle, ganz ohne Stützen, mit Gobelins, feinsten Stoffen und wertvollsten Hölzern der ganzen Erde, tadellos gedeckte Tische, Wasser, Baderäume, Schwimmbad, Luxuskabinen, die es ähnlich schön kaum in einem Luxushotel der Welt gibt. Die Besatzung angezogen wie feinste Kavaliere, die Stewards in schneeweißer Wäsche und schneeweißen Anzügen, daß man sie alle für Grafen und Barone halten könnte, wie ein Märchen, wie ein Traum kommt uns das alles vor, uns, die wir eben aus unserer kleinen „Feuerland" stiegen, die wir in See gar kein Waschwasser kennen, die wir an Bord unserer Holzpantine wie Piraten herumlaufen.
Und dieser Traum von Schönheit bringt Smutje nach Hause zurück.

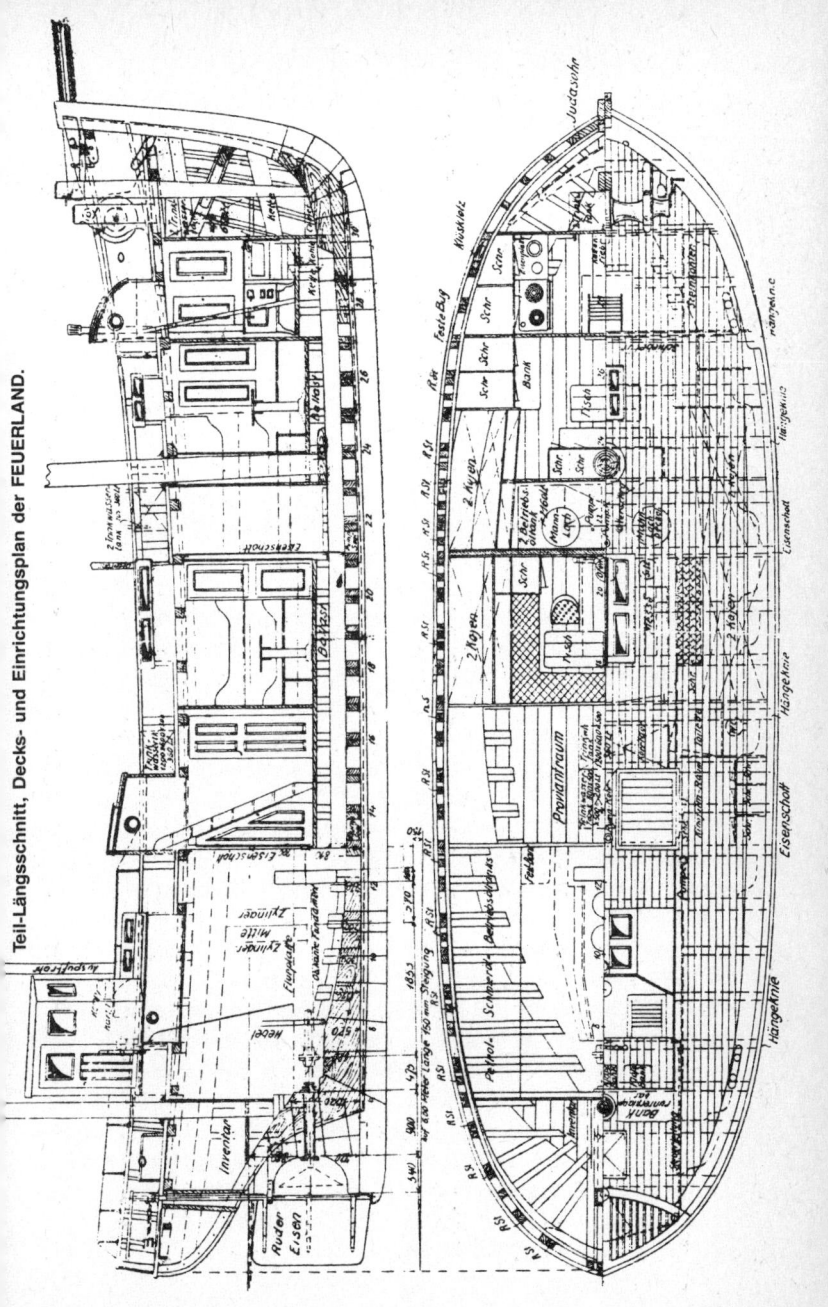

Teil-Längsschnitt, Decks- und Einrichtungsplan der FEUERLAND.

Neptuns Schimmel

Mensch Harry, was kochst du denn heute schon wieder zusammen, es stinkt ja ganz verbrannt?" Garibaldi, der gerade in seinem roten Hemd an Deck steht und mit seinem Filmapparat die uns umspielenden Tümmler kurbelt, ruft es wütend in den vorderen Niedergang, wo unten Harry, der Schiffsjunge, steht und krampfhaft versucht, zu kochen. Seitdem unser „richtiger" Koch, Smutje, nicht mehr an Bord ist, will es keinem mehr so recht schmecken.

Harry taucht auf mit rotem Kopf, wie aus dem Wasser gezogen, kaum mehr als notdürftig bekleidet, aus der Tiefe und Hitze seines winzigen Raumes, hält eine Pfanne in der Hand, aus der Räucherwolken steigen, an seinem Gesicht kann man schon sehen, was er wieder angestellt hat.

„Mensch Harry, bist du nicht mal dazu zu gebrauchen?" sagt Garibaldi bekümmert auf sächsisch. „Gib her den Kram, jetzt will ich euch mal zeigen, wie man kochen muß!" Damit legt der rotbehemdete Garibaldi mein Kino beiseite, packt auch die Fotoapparate fort und taucht seinerseits im Fegefeuer der Kombüse unter.

Beim Mittagessen heißt es wie aus einem Munde: „Nanu, wer hat denn heute gekocht? Das schmeckt ja fast so wie von unserer Smutje."

„Garibaldi, Sie können kochen? Ich denke, Sie waren an der Front Minenwerfer, sollte diese Mine etwa eine Gulaschkanone gewesen sein?"

Mit diesem Gespräch wird dem Kinooperateur Kurt Neubert, dem angehenden Seemann Garibaldi der „Feuerland", noch ein weiteres Amt auf sein rotes Freibeuterhemd gepackt – er muß fortab kochen, neben seinem Kurbeln und Wachegehen auch noch Smutje spielen.

Er macht als alter Sportsmann wenigstens gute Miene zum bösen Spiel, sprudelt auf sächsisch, ohne Lexikon, recht unverständliche Worte heraus, aus denen wir entnehmen können, daß er höchstens bis zur Ankunft im Feuerland kochen und bis dahin dem Harry „den Laden" schon beigebracht haben will.

Gott, Feuerland! Wie weit liegt das noch entfernt, bis dahin hat sich die Erde noch viele Male um ihre Achse gedreht.

Für uns ist die Hauptsache, daß wir wieder jemand haben, der anständig kochen kann, und damit ist eine dringende Frage aufs glücklichste und friedlichste gelöst.

Augenblicklich schwimmen wir wieder einsam und allein im weiten Ozean, es ist Flaute, wie ein einziger tiefdunkelblauer Spiegel dehnt sich um und unter uns das Meer. Makellos rein und blau, von gleicher Farbe wie das Wasser, über uns der Himmel. Tümmler zu Hunderten umtanzen und umspringen uns, jagen mit uns um die Wette, schießen in luftigem Bogen aus dem Wasser heraus, der Anblick ist so überwältigend schön, daß wir unsere Harpunen unberührt stehen lassen.
Die Segel sind festgemacht, nur die Zeiseschraube quirlt in diesem blauen Kristall herum, treibt uns mit schäumender weißer Bugwelle nach Südwesten, Madeira zu.
Hinter uns liegt Europa, hinter uns Lissabon, hinter uns Winter und Kälte und Regen und Sturm, endlich ist es so, wie wir es uns immer schon gewünscht haben. Und ausgerechnet jetzt kann unsere Smutje nicht mehr bei uns sein, um diese Wunder zu erleben.
Am dritten Tag blitzt ein weißes Licht durch die Nacht — Madeira.
Polternd geht der Anker in den Grund. Frühling, Blumen, Sonne, Duft, Palmen, eine liebliche schlanke Amazone reitet ein, zwei Tage neben mir durch Frühling und lachende Schönheit – weiter, vorüber, Süd geht nun der Kurs.
Nachts schäumt es plötzlich um uns herum auf.
Der Nordostpassat setzt schon ein, fährt uns fast von achtern in die Segel, schiebt uns mit mächtiger Kraft voraus, endlich nach monatelangem Ringen der richtige Wind für uns, aus günstiger Richtung.
„Seht", sage ich zu meinen Fahrtgenossen, die neben mir an Deck stehen, „da kommen Neptuns Schimmel herangebraust, sie wollen mit uns um die Wette jagen."
Wie mit geblähten Nüstern, wehenden Mähnen, hochaufgerichteten Bugen kommen sie hinter uns her, breite, schwimmhautbewehrte Hufe patschen aufs Wasser, nun holen sie uns ein, nun schäumen sie an uns vorüber, rauschen davon, neue jagen heran.
Gestern, solange es noch Tag war, schien es Neptun nicht der Mühe für wert zu halten, uns seine guten Rosse zu senden, er dachte wohl, leichtes Spiel mit der lächerlich kleinen Holzpantine zu haben, die es wagt, sich seinen warmen Regionen zu nähern.
Doch nun beginnt der Wettstreit!

Neptuns Rosse, die gestern noch geglaubt hatten, uns einfach zu zertrümmern, lugen ab und zu neugierig über die Reling, immer wenn sie sich über uns herstürzen wollen, werfen wir uns herum, schwingen uns in elegantem Satz auf den Rücken eines dieser wilden Gesellen, lassen uns einen Augenblick von den Schaummähnen umflattern, umbrausen, reiten ein Stückchen mit, springen ab, sitzen irgendwo tief in einem Tal, ein anderer Schimmel kommt daher, das Spiel beginnt von neuem. An Deck ist alles eisern dicht verschlossen, festgezurrt, uns kann so leicht nichts passieren.

Selbst Garibaldi in seinem roten Hemd, das er bald der Wärme wegen auch noch ausziehen wird, lacht verächtlich, steckt unser Kinamo, mit dem er die See kurbelte, in die Ledertasche, „nur das" zu kurbeln, lohnt sich für ihn nicht mehr, da muß es noch ganz anders kommen.

Da kommt wieder so ein wüster Gesell angebraust, mit mächtiger, mähnenbewehrter Brust und großen Glotzaugen, silberne fliegende Fische stieben um ihn herum aus dem Wasser und surren ein Stück vor ihm dahin, gerade will er sich auf uns stürzen, uns überfluten, hat schon viele fliegende Fische an Deck geworfen, da hebt sich die „Feuerland" wiederum hoch, springt mit einem mächtigen Satz dem Kerl ins Genick, beißt sich tief in der Schaummähne fest, springt lachend wie ein jauchzendes Kind vom Rücken herunter, jagt nun ihrerseits dem Schimmel nach.

Immer neue Wellen kommen angerückt, immer höhere, immer wilder brausen und stürmen sie daher, wir halten ihnen stand.

Da schickt uns Neptun seine Garden!

In langen leuchtenden Zügen kommen sie daher, sie glänzen und glitzern im Mondschein, die Nacht um uns herum ist hell, erfüllt von Silberlicht, unheimlich leuchten darin oft die wilden Streiter auf, wenn sie in langer Bahn ihre Schaumkronen, ihre weißen Mähnen zerflattern lassen, uns zwischen sich nehmen, mit uns spielen und tollen, uns wirbeln, daß uns fast die Luft ausgeht. Sollen wir beidrehen? Jetzt, wo wir endlich vorwärts getrieben werden, machen wir nicht mehr halt. Der Großbaum ist längst mit doppelter Talje gelascht, er ist so weit wie möglich für diesen achterlichen Wind ausgeschwungen, wehe, wenn die Bullentaljen brächen, der Baum bei den geradezu wahnsinnigen Schlingerbewegungen, dem Gieren und Ausscheren in dieser schweren See unvermutet überginge. Dann wäre es wohl aus mit der ganzen Takelage. Ich schaue nach dem Log, wir machen bis zu elf Seemeilen die Stunde! Der Motor brummt und läuft mit voller Kraft, die Segel fliegen fast aus den Lieken, wir eilen und stürmen dahin, am dritten Tage ist Neptuns Rossen die Luft ausgegangen, wir haben gewonnen.

Kurz vor dem Ziel, mitten in dunkler Nacht, bricht die Bullentalje doch noch, ein letzter, ganz wilder Schimmel nimmt uns auf seinen Rücken, dreht uns wie ein Nußschälchen um, mit furchtbarer Gewalt, mit ohrenbetäubendem Krach geht der Großbaum über, daß das ganze Schiff erzittert. – Ist das Segel zerfetzt, kommt nun der Mast, die ganze Takelage von oben? In der Dunkelheit ist nichts zu erkennen. Harry hat schnell das Ruder herumgeworfen, langsam richtet sich die „Feuerland" völlig unbeschädigt auf, vor uns blitzen plötzlich Lichter, als wir auf dem Rücken einer See sitzen – Santa Cruz!

„Alle Mann auf! Klar zum Manöver! Alle Segel fest!"

Vier ganze Männlein, die ganze Besatzung der Holzpantine, „alle Mann" trampeln an Deck. Mitten in dieser stockdunklen Nacht, selbstverständlich wie immer ohne Lotsen, laufen wir ein, der Anker fällt im Hafen von Teneriffa in den Grund.

*

„Herr Kapitän, an Land steht ein Maultiergespann und winkt", ruft Christiansen zu mir in die Kajüte herunter, wo ich die Vorbereitungen zur Weiterfahrt treffe, die neuen Seekarten herausreppe und den Kurs gerade absetze.

Mir ist zwar im Augenblick nicht ganz klar, wieso ein Maultier „winken" kann, es sei denn nach Fliegen und mit seinem Schwanz, aber wenn Christiansen es sagt, muß es wohl seine Richtigkeit haben.

Die Maultiere winken nun allerdings nicht, aber ihr zweibeiniger Kollege. Er bringt uns die Wassertanks zurück, die immer wieder geplatzt waren, hier aber endlich und endgültig in der Werkstatt des deutschen Konsuls repariert wurden und dann auch hielten, solange die „Feuerland" mein Schiff blieb.

Also sind auch diese Tage der Schönheit und Gastlichkeit, der freundlichen Aufnahme und Unterstützung vorüber. Je weiter wir uns von der Heimat entfernen, um so lieber sind die Menschen zu uns armseligen „Feuerländern".

Vorbei also, Tal der goldschimmernden Bananen, der leuchtenden Brandung an Felsenküste und Strand, eben kommt Garibaldi an Deck, schleppt eine schwere, geheimnisvolle schwarze Kiste hinter sich her – die erste Agfa-Filmsendung geht belichtet nach Hause zurück.

Die Segel stehen wieder, der Motor kurbelt, die Nacht bricht herein, wir schieben aus der Hafenausfahrt, lustig mit unserer Sirene Abschied heulend, heraus. Neben uns liegen einige „dicke, große schwarze Brüder", deutsche Schiffe, die uns halfen und beistanden. – Was hätte ich wohl auf dieser ganzen abenteuerlichen Fahrt angestellt ohne die Hilfe all dieser deutschen Schiffe? Ihnen allen sei herzlichst gedankt, und sei es nur für ein Schwarzbrot, für eine dicke deutsche Dauerwurst, einen Topf weißer Farbe, die wir geschenkt erhielten.

Gespensterhaft, wie eine riesige große Scheibe, steht der Mond voll am Himmel, seine Farbe ist ebenso gespensterhaft wie seine Größe, von ganz zartem, intensivem Grün; ein farbiger japanischer Holzschnitt kann nicht schöner sein. Jetzt verschwindet die Mondscheibe etwas, ein eigenartig hoher, spitzer Berg schiebt sich dazwischen, die Spitze grünlichweiß glitzernd – der Pik von Teneriffa. Nun sind wir frei von Land, da kommen sie wieder angetobt, Neptuns Schimmel, die seit Tagen hier draußen auf uns lauerten, nun haben wir ihn wieder, den stürmischen Nordostpassat, der uns fast von achtern in die Segel bläst. –

Die „Feuerland" hat ihre Ozeanüberquerung angetreten, das kleinste Schiff, das je nach Südamerika fuhr, nun sind wir auf Wochen, vielleicht Monate, bis wir „drüben" irgendwo in Brasilien wieder ankommen, nichts weiter als eine kleine, verlassene, einsam wackelnde Holzpantine des Ozeans.

Natürlich sind wir nach bestem menschlichem Ermessen ausgerüstet. Brennstoff für den Motor und Schmieröl ist mehr als reichlich da, die Deutschamerikanische schenkte uns ja in Hamburg die Tanks voll, das sind immerhin allein an Gasöl über sechstausend Kilo besten Brenstoffs für unsern Deutz-Diesel. Trinkwasser ist in den Tanks voll aufgefüllt, die Tanks sind sorgfältig abgeschlossen, nur der Steuermann hat den Schlüssel, und nur zum Kochen und für den dünnen Kaffee gibt es „Frischwasser".

Da man sich bekanntlich in Seewasser nicht waschen kann, in der Tropenhitze nicht darf, schweige ich lieber schamhaft, wenn ich gefragt werde, wie „oft" wir uns gewaschen haben, bis wir nach vielen Wochen drüben ankamen.

Die Proviantlast ist bis an den Rand voll. Da sind die herrlichen Maggi-Erzeugnisse, tadellos in Blech eingelötet, die uns auf der ganzen Expedition die wertvollsten Dienste leisteten, da sind unzählige Konserven aus Deutschland, von vielen Freunden der „Feuerland" gestiftet, da liegen sogar noch einige Schwarzbrote, Geschenke der dicken deutschen Brüder, der Dampfer. Daneben hängen dito Würste, ein Fäßlein Sauerkraut, ein Fäßlein Salzfleisch, alles ist da, sogar für den dringenden Notfall oder zu besonderer Gelegenheit etwas Geistiges zum „innerlich" Einnehmen. Im allgemeinen haben wir eigentlich auf der ganzen Fahrt so gut wie völlig alkoholfrei gelebt, was uns ganz vorzüglich bekommen ist.

Die Tage gehen dahin, eine Woche ackern wir nun schon wieder einsam durch die See, nirgends treffen wir ein Fahrzeug. Da ich den alten Seglerweg nehme, um den Wind möglichst gut „raum" zu bekommen, geht es mit Südkurs fast senkrecht nach unten, oder besser, die Erdkugel hinauf, dem Äquator zu.

Der Passat schwillt an, immer höher kocht die See um uns, immer wilder torkeln, toben wir darin umher, nun bläst der Passat wie im vollen Sturme schon hinter uns her – Tag um Tag, über eine Woche.

An Deck ist natürlich alles einsern dicht verschalt, damit, wenn mal eine See herüberpoltern sollte, nicht das Schiff absäuft; der Großbaum ist, durch Schaden klug geworden, dreifach gesichert, er ist immer noch nach Steuerbord weit ausgeschwungen, ab und zu tauchen wir mit der Nock des Großbaums ins Wasser, so weit holen wir über, dann wieder steht er hoch in den Himmel, als sei er ein Mast geworden! Ohne Ruh und Rast gehen diese ewigen Bewegungen, uns sind schon alle Knochen blau und grün geschlagen, das Deck ist immer naß von Spritzern, unter Deck ist die Luft zum Durchschneiden, die Hitze kaum noch zu ertragen. Doch wir sind fröhlichen Mutes, heiter gestimmt, denn es geht voran; wie gut, daß wir gegen diese See, gegen diesen Passat nicht gegenan müssen, wir müßten sonst nämlich wie der Fliegende Holländer bis zum Jüngsten Tag segeln und kreuzen, ohne ans Ziel gelangen zu können.

Viel haben wir alle nicht mehr an. Garibaldi ist braun wie ein Indianer, er trägt etwas, das er immer noch stolz „Badehose" nennt, sonst nichts. Dafür läuft ihm aber der Schweiß kübelweis vom Rücken, namentlich wenn er kochen muß. Das geschieht längst auf unserm Primuskocher, denn Feuer können wir bei diesen Bewegungen nicht mehr im Herd halten, und die Hitze im vorderen Wohnraum wäre einfach unerträglich. Wie Garibaldi es fertigbringt, immer wieder warmes, tadelloses Essen auf den Tisch zu bringen, ist mir ein Rätsel, daß er es aber tut, zeigt mir, daß er sich so langsam zum richtigen Seemann entwickelt. Ich habe die Fetzen an, die noch von der „Parma" seligen Angedenkens stammen und die nun allmählich aus fadenscheinigen Lumpen und einem viel zu kurzen, geplatzten Badehöschen bestehen. Dabei trage ich am meisten von der ganzen Gesellschaft; ein wenig muß ich doch den Kapitän dieses Torkelwesens, muß den „Ollen" markieren. Auf den Köpfen haben wir alte weiße Mützenbezüge – sehr viel weniger trugen Adam und Eva im Paradiese auch nicht.

In meiner Kajüte herrschen in kühler Nacht um vierzig Grad Celsius. Ich will ehrlich sein. Manchmal denke ich doch in meinem Inneren: ‚Könnten wir doch ein einziges Mal, nur für eine Stunde, stilliegen, würde nur für diese kurze Zeit mal das entsetzliche Wackeln aufhören.'

O Smutje, die du nun frierend zu Hause sitzest und deren Gedanken uns irgendwo im Ozean suchen, sei froh, da du ausgestiegen bist, wir hätten dich sonst längst wie Butter aufgelöst gesehen.

„Herr Kapitän, Zeit zum Sonneschießen."

Ich hole den Schinkenknochen, wie der Seemann den Sextanten nennt, an Deck. „Sonneschießen", sonst eine einfache Sache, ist ein richtiggehendes Manöver an Bord der Holzpantine. Mühselig klettere ich auf das Dach des Ruderhauses, Garibaldi oder Harry halten meine Beine, damit ich nicht im hohen Bogen herunter und zu den Haifischen geschleudert werde, Christiansen steht, sich fest irgendwo anklammernd, vor dem Chronometer, Schmitt liegt der Länge nach auf dem Bauch an Deck, alle viere von sich gespreizt, um nicht wie ein Faß hin und her zu rollen, ich messe die Sonne.

Ja, wenn jemand denkt, die Sonne wäre ein großes Ding, so eine richtige runde Scheibe, die man einfach in seinen kleinen Spiegel bringen und an den Rand des Horizontes herabziehen kann, der hat sicherlich noch nie auf einer Holzpantine mitten im Ozean nach ihr „geschossen".

Wir hier liegen ja so tief in den Wellenbergen drin, daß wir die Kimm, den Horizont, nur sehen, wenn wir oben auf einem Wellenberg

tanzen, und auch dann ist die Kimm keine glatte Linie, wie sie von einem dicken Bruder aus aussieht, für mich hier ist es eine schartige Säge, in deren Zähne irgendwie und irgendwann, wenn das Glück es will, das Sonnenbällchen hineinpaßt.
Aber lustig ist das, und Spaß hat es uns immer wieder gemacht, und – wir sind auch so dort hingekommen, wohin wir wollten.
„Achtung – – Nuuuulll!"
Da habe ich dich Biest! Christiansen hat die Chronometerzeit, nun stürze ich mich über die Bücher. Was anfangs Stunden dauerte, weil ich trotz meines Wiederholungskursus in der Lübecker Seemannsschule kurz vor dem Auslaufen, ganz vorzüglich von dem Navigationslehrer Nissen unterwiesen, völlig aus der Übung gekommen war, so daß mein Schiffsort meistens nach der Wüste Sahara gelangte, wo wir beim besten Willen nicht gut sein konnten, geht jetzt spielend und in wenigen Minuten vor sich. Mittags kommt dann die Mittagsbreite, nun habe ich meinen Schiffsort „genau".
„Heute nacht und morgen früh besonders gut aufpassen, wir sind nicht mehr weit von den Kapverden entfernt!"
Ich komme schön ausgeschlafen an Deck, sehe in die strahlende, flimmernde, eben aufgehende Sonne. Wie immer gleitet mein Blick zu den Segeln, zum Mast empor – nanu, was ist denn hier los, da weht ja unser stolzer roter Wimpel, da flattern unsere neuen Flaggen? „Christiansen, ist denn Weihnachten ausgebrochen, was flaggen Sie denn hier mitten in See?"
Christiansen, Schmitt, Garibaldi, selbst Harry mit dem Schnauf im Arm kommen lachend auf mich zu, schütteln mir die Hand: „Wir gratulieren, Herr Kapitän!"
„Gratulieren? Was ist denn los, sind wir schon in Brasilien?"
Herrgott, ich schlage mir vor den Kopf, heute ist ja der 8. Februar, der Tag meiner damaligen Gefangenschaft vor nunmehr dreizehn Jahren (natürlich wieder dreizehn, meine Glückszahl!), meiner Gefangenschaft und – meines Geburtstages. An erstere erinnere ich mich gern, da sie vorüber, an letzteren nicht gerade mit Begeisterung, denn wieder ist man ein Jahr älter geworden. Da ich schon sehr über vierzig Jahre bin, rutsche ich also bedenklich schnell die mühsam erklommene Hühnerleiter wieder abwärts.
"Land voraus, hart Steuerbord!" ruft im gleichen Augenblick Christiansen. Wie etwas Gespensterhaftes, Schemenhaftes treten aus dem Dunst und Sandstaub, den der stürmische Passat um

diese Zeit von der afrikanischen Küste herüberweht, Brandung und Steilküste aus der Flut. Wäre uns das nachts passiert, wer weiß, ob wir klargekommen wären.
Gerade diese Sandmassen, die der Passat mit sich führt, machen diese Inselgruppe zu etwas ganz Besonderem, fast Rätselhaftem, für die Schiffahrt Gefährlichem, die meisten Schiffe ziehen es deshalb auch vor, ihr in großem Bogen aus dem Wege zu gehen.
Nun sind wir in Lee der niederen Insel, die hohe See hört plötzlich auf, wie verzaubert liegt die „Feuerland" ruhig, ohne zu torkeln, im Wasser, nur der Wind fegt mit unverminderter Gewalt über uns hin, füllt die Segel, wir laufen jetzt gut unsere zwölf Seemeilen.
„Wieviel Meter?" frage ich Schmitt, der das Lot schwingt.
„Fünf Meter."
„Klar bei Anker und Segel!" Wir schießen einen Augenblick in den Wind, Schmitt meldet ganze dreieinhalb Meter Tiefe, polternd rauscht der Anker in den Felsengrund.
Wir sind nur etwa hundert Meter von der Sandküste der Insel Sal entfernt, von der uns der feine Sandstaub an Deck weht, einige armselige Palmen lassen ihre Wedel traurig und verdorrt in Sonne und Passatwind hängen, kein Lebewesen ist weit und breit zu sehen.
Immer nur zu zweit gehen wir an Land, heute an meinem Geburtstag soll Ruhe herrschen. Garibaldi und ich stapfen gemeinsam durch den Sand. Einige zerfallene Häuser stehen da noch, einige Palmen, wann mögen hier wohl die letzten Menschen gewesen sein? Ein kleines zerfallenes Kirchlein steht einsam am Wege, kein Dach ist vorhanden, die Mauer weist Lücken auf, etwas beklommen trete ich in den Raum. Da steht noch der Altar, ausgeräumt, von Spinnenweben überzogen, nur das Kreuz ist noch vorhanden, darauf kaum noch leserlich die Jahreszahl der Erbauung der Kirche – auf Tag und Jahr genau mein Geburtstag, der heute ist!
„Sehen Sie, Garibaldi, was für ein Omen für mich, nun weiß ich, daß unsere Ozeanfahrt gut ausgehen wird, ordentlich froh und siegesgewiß bin ich in meinem Inneren!"
Ein paar kümmerliche Blümlein, die selbst mit dieser toten Dürre zufrieden sind und die ich vorhin sammelte, lege ich auf den Altar nieder, als Gruß, als Dank für das gute Zeichen, dann stapfe ich mit Garibaldi durch Sonnenglast und Sand und Passatsturm an Bord zurück.

Im letzten Augenblick löst sich der gute Kinomann noch von meiner Seite, er hat in der Krone der einen Palme Kokosnüsse entdeckt, die ersten, die er in seinem Leben frei in der Wildnis sieht. Wie ein ausgelassener Schulbub klettert er auf die Palme hinauf, jodelt und juchzt dabei wie ein Tiroler, wirft unverständliche sächsische Worte um sich, zerreißt auch noch die letzte Naht seines so stolzen Badehosenüberbleibsels und kommt strahlend und glücklich, blutig gerissen, zur Erde zurück. Die Kokosnüsse sind zwar noch völlig unreif, aber was tut das unserem Kameramann Garibaldi, für ihn sind es Kokosnüsse, ein Traum seiner Jugend geht ihm in Erfüllung.
„Wer hat morgen Frühwache," frage ich, als wir wieder in See sind.
„Ich", antwortet Seppl Schmitt.
„Dann, bitte, ganz besonders gut aufpassen, Sie haben heute selbst erlebt, wie man bei dieser diesigen, sanderfüllten Luft an einer Insel vorbeifahren oder ebenso leicht aufbrummen kann. Morgen früh bei Sonnenaufgang müssen wir die Insel Fogo steuerbord voraus bekommen, die wollen wir uns ansehen, wir steuern mit diesem Kurse direkt auf sie zu."
Es ist wieder sieben Uhr früh, die Sonne steht schon in düsteren Farben hinter den Sandschleiern, nur direkt über unseren Köpfen ist der Himmel blau und rein. Eigentlich müßten wir doch längst die Insel Fogo bekommen haben, geht es mir durch den Kopf. Mit einem Satz bin ich aus der Koje, ziehe mich an, das heißt in diesem Falle, ich schlüpfe in das, was man kaum mehr Badehose nennen kann, und eile an Deck. Schmitt starrt sich die Augen aus, schaut mit und ohne Glas nach Steuerbord vorn, er sieht nichts.
„Noch immer nichts, Schmitt? Sie müßten doch längst die Insel haben, an dem Berg kann man doch nicht vorübersegeln!"
Schmitt schüttelt den Kopf, meint, Fogo kommt noch lange nicht, und geht ins Ruderhaus.
„Hart Steuerbord!" brülle ich im gleichen Augenblick zum Rudergänger. „Mensch, Seppl, habt ihr denn keine Augen im Kopf? Sie sind ja längst an der Insel Fogo vorübergefahren! Sehen Sie denn diesen ungeheuren Berg nicht, der schon hinter uns aus dem Wasser ragt?"
Schmitt starrt mit offenem Mund in die bezeichnete Richtung, auch die anderen sind auf meinen Ruf an Deck gestürzt. Was wir

nun vor uns sehen, ist etwas so phantastisch Schönes, ja fast Unheimliches, daß es wirklich als eine Fata Morgana, als eine überirdische Himmelserscheinung angesehen werden könnte. Nur wie ein feiner Rauch am Himmel, der gelb-grün-golden strahlt, hebt sich ein Berg einsam aus der Flut. Ein einziger Kegel ist es, mit schimmernder Spitze, einem feinen Rauchfähnchen darüber, nun sehen wir es deutlicher. Ein ungeheurer Kegel, ein spitzer Vulkan mit steil abfallenden Flanken, steigt dort fast senkrecht bis zu dreitausend Meter aus der blauen Flut, die Insel Fogo.

Da ist auch die Brandung zu sehen; wie ein weißer schimmernder Gürtel umzieht sie die Insel, nun leuchtet hoch oben am Himmel die Bergspitze goldbraun auf, sie ist von den Sonnenstrahlen, die sich aus der Dunstschicht befreiten, getroffen. Höchstens drei, vier Seemeilen sind wir nun von dieser märchenhaften Erscheinung entfernt, wäre ich nicht rechtzeitig an Deck gekommen, wären wir glatt an diesem Ungetüm vorbeigesegelt. Ja, ja, bei der Seefahrt heißt es aufpassen, man lernt niemals aus!

Nun haben wir alles klar und deutlich vor uns, nun erst wird uns die gewaltige Größe und Höhe dieses Vulkans bewußt.

Hinter dem eigentlichen Kegel sehen wir, wie einen spanischen Don-Juan-Kragen um ihn herumgelegt, den Kraterrand. Es ist ein Bild von so unbeschreiblicher Schönheit, von so wunderbaren Farben, niemand kann diesen Anblick vergessen, der ihn so wie wir genießen durfte.

An den Flanken des Berges fließt es schwarz und grau herab und leuchtet doch wie Gletschereis – harte kalte Lava, die wer weiß wann glühendrot herabfloß, alles in ihrem Feuerstrom vernichtend, um dann im Meere zischend zu verenden. Ungeheuerlich sind diese Lavaströme, Lavafelder, unbeschreiblich die Vielheit ihrer Farben, ihr Geflimmer und Geschimmer, alles paßt so recht zu dem ganzen zauberhaften Anblick.

Wir kommen um eine Huk herum, an der die mächtige Brandung hoch hinauf brüllt; hinter dieser Huk, vom Winde geschützt, ist das Wasser klar und ruhig. Wasser? Das ist doch kein Wasser mehr, das ist doch klarer, durchsichtiger blauer Kristall, durch den man scheinbar bis zum Grunde hinabsehen kann. In Gedanken versunken, starre ich hinein. Da schrecke ich plötzlich zusammen, greifbar nahe, sichtbar, als sei er in der Luft, schwimmt ein riesiger Hai neben uns her.

Fliegende Fische surren vor ihm aus dem Wasser, nun ritzt die Rückenflosse fein wie ein Messer den blauen makellosen Kristallspiegel, nun schielt der Bursche mit seinen heimtückischen Augen zu uns herüber, nun verzieht er sogar sein kreisrundes ekles Maul – weiß Gott, der unverschämte Kerl lacht uns einfach aus!
Als wir als Lockspeise ein Stück Speck ins Wasser werfen – was tut man nicht alles, selbst wenn Speck so knapp wie auf der Holzpantine ist –, riecht der Hai faul und mißtrauisch einen Augenblick daran, sperrt gnädig seinen Rachen auf, schwupp, ist der Speck weg!
„Und nun schnell die Angel hinterher", sage ich leise zu Christiansen, während Garibaldi eilends seinen Kurbelkasten heraufholt.
Als die Angel, mit Speck umwickelt, ins Wasser fällt, springt der Hai wie belustigt, wie uns verhöhnend, ein Stückchen aus dem Wasser heraus, grinst uns frech zu, zwinkert mit seinen grünen Augen, klappt das Maul ein paarmal auf und schließt es langsam wieder, als gähne er vor Langeweile, dann sehen wir, wie der Hai, ein ganz besonders großer und fetter Bursche, mit dem Kopf schüttelt und mit dem Steert wackelt und – seelenruhig davonschwimmt! „Dann nicht"! brumme ich, „wir bekommen noch genug von dieser Sorte zu sehen und zu fangen."
„Und nun Kurs wieder Süd, runter zum Äquator!"
Traumhaft, wie sie gekommen ist, sinkt die Insel Fogo wieder ins Meer zurück. Der Passat schüttelt uns wieder, doch nun leider nicht mehr lange, denn bald kommt der Kalmengürtel. Wir sind wieder allein auf weiter Wasserflur, auf dem Wege, wo früher – ist das alles etwa gar so lange schon her? – die Segelschiffe zum Kap der Guten Hoffnung zogen. Heute verirrt sich kein Sterblicher mehr in diese Gegend.

Wir werden wieder Menschen

Wie ein leuchtender Schwan, so weiß und schön, geschniegelt und gescheuert, geputzt und gemalt, die Segel gefüllt mit frischer Brise, im Glast der Mittags-Tropensonne rauscht die „Feuerland" an einer traumhaft schönen Küste, durch eine breite Bucht, an der langgestreckten Stadt Bahia dahin.

Zur Rechten Palmen und weiße Häuser, wundervolle Villen in schattigen Gärten, breite, herrliche Strandpromenaden, Wegeanlagen im Bau, langgestreckte, weit ausholende Molen nehmen uns in ihre schützenden Arme.

An der Gaffel weht unsere beste deutsche Seeflagge, im Vortopp unter meinem Klubstander vorschriftsmäßig die brasilianische Flagge mit dem gelben Rhombus. Wir winden uns in den innersten Hafen hinein, dort, wo breite Treppen zum Lande führen. einige Barkenleute winken uns zu, bedeuten uns, dort sei der beste Ankerplatz. Nur wenige Meter vom Ufer entfernt, vor einem schönen baumbestandenen Platz, fällt unser Anker.

Wir heulen mächtig mit unserer Sirene, dippen die Flagge zum Gruß, wollen uns damit ankündigen. Niemand kommt.

Wir heulen wieder, im Vortopp weht doch unsere gelbe Quarantäneflagge, die müßte doch von den Hafenbehörden bemerkt worden sein?

„Die machen gerade Mittag", ruft jemand zu uns herüber und macht das typisch südländische Zeichen für Essen.

Wir warten weiter.

Die Sonne brennt hier, wo kein Lufthauch das Schiff treffen kann, wie toll auf uns herab, die Segel sind längst geborgen, das Sonnensegel gesetzt, trotzdem ist es ganz erheblich wärmer als in See draußen, ja selbst viel wärmer als vor kurzem unter dem Äquator, als wir regungslos in der Dünung lagen und Ferien machten.

„Nun könnten die Herren aber mit ihrem Mittagsschlaf fertig sein", meint Christiansen neben mir. „Es ist schon bald vier Uhr nachmittags, wir warten schon einige Stunden." Damit hängt er sich wieder an die Sirene, läßt sie heulen und tönen, daß man sie wie die Posaunen von Jericho in ganz Bahia hören müßte. Niemand kommt.

Endlich schiebt sich eine Hafenbarkasse an uns vorüber, sie führt die behördliche Hafenarztflagge, achtern sitzt ein müder alter Herr. Das Boot will an uns vorüber. Da rufen und winken wir, zeigen dem Bootssteuerer unsere gelbe Quarantäneflagge, er dreht bei und kommt langsam und vorsichtig auf uns zu.

Der alte Herr da achtern fällt aus seinen Träumen, blickt verständnislos uns, die Flagge, seinen Bootssteuerer an, er hat immer noch nichts begriffen.

Was wir wollen, fragt er endlich, ob wir seine Hilfe brauchten, ob wir einen Kranken an Bord hätten? Nein, alter Herr, wir wollen bloß behördlich abgefertigt werden, wir schwimmen schon einige Monate im Ozean herum, wir wollen an Land, wollen unsere Post bekommen!

Er schüttelt den Kopf. „Wo kommen Sie denn her, daß Sie abgefertigt werden wollen?"

„Aus Deutschland?! Mit dem kleinen Schiff? Wollen Sie mich verhöhnen?"

„Nein, hier sind meine Schiffspapiere, hier mein Gesundheitspaß aus Lissabon und hier" – und damit zeige ich wie ein Pascha über meine vier Männekens – „hier ist meine ganze Besatzung schon angetreten. Sie sehen, sehr krank sehen wir alle nicht aus!"

Da fällt dem braven alten Mann die gute Brasil aus dem Mund, er wischt sich den Schweiß von der Stirn, weiß nicht, ob ihn die Sonne heute nicht doch schon gestochen hat, füllt kopfschüttelnd einen Zettel aus, reicht ihn mir herüber, sinkt stöhnend auf seinen Sitz zurück, braust kopfschüttelnd, auf seine alten Tage doch noch an Gespenster oder die Verrücktheit deutscher Männer glaubend, mit seiner Barkasse davon. Nun glaubt er sicherlich jedes der Schauermärchen, das von deutschen U-Booten im Kriege erzählt wurde.

Wiederum geschieht weiter nichts.

Als wir dann nochmals heulen und uns wie Teufel benehmen, kommt die Hafenbehörde.

Ob wir uns einen dummen Witz mit dem Hafenarzt erlaubt hätten, fragt der Abgesandte, und was wir mit der gelben Flagge und dem Sirenengeheul wollten?

Lachend kläre ich die guten dunkelhäutigen Männer auf, sie werden ungemein liebenswürdig, gehen durch das ganze Schiff – wozu ja nicht viel gehört, ich müßte auch richtiger „klettern" statt gehen sagen –, sie schütteln immer wieder und wieder den Kopf, mustern mich, ob ich sie nicht doch angeödet hätte, sie sind verdammt mißtrauisch, die biederen Menschen. Namentlich

Europäern gegenüber. Sie glauben immer, die Europäer nähmen sie nicht ganz für „voll" oder glaubten gar, sie hätten nicht so helle Haut, auch wenn es pechrabenschwarze Mohren sind.
Dann trinken sie bei mir unten ein Gläschen, die Hitze in meiner kleinen Kajüte ist selbst ihnen etwas Ungewohntes, sie verschwinden sehr schnell wieder aufs kühlere Deck.
Dann sind wir fertig, werden beglückwünscht, in jeder Beziehung von allen Behörden aufs freundlichste behandelt und dürfen auf diesem bevorzugten Platz sogar liegenbleiben
Ich mache mich jetzt „landfein". Ich muß doch selbst lachen, als ich mich in tadellosem Tropenzeug, mit Hemd (oh, welch ein Luxus, ein Hemd!) und sogar Kragen und Schlips, stecken sehe, verbrannt, daß ich von den Brasilianern kaum noch zu unterscheiden bin. Was ist mir aber plötzlich? Ich steh an Land, alles dreht sich um mich herum, ich gehe durch die Straßen torkelnd wie ein Trunkener, ich bin ganz verwirrt im Kopf, die Straßen scheinen mir schief, die Häuser krumm, ich muß komisch breitbeinig gehen, schlingernd und pendelnd, jetzt merke ich erst die Wochen in See, das ewige Tanzen der kleinen „Feuerland", ich habe richtige Seebeine bekommen!
Auf dem deutschen Konsulat, wo ich aufs allerbeste aufgenommen werde, starrt man mich an wie ein Wundertier, schüttelt ungläubig den Kopf, händigt mir einen großen Stoß Briefe aus.
Dann bin ich wieder auf der sich um mich drehenden, glühheißen Straße. An Kleidung gar nicht mehr gewöhnt, schwitze ich fürchterlich, mir ist ganz schwach und flau zumute, die Zunge klebt mir am Gaumen, die Augen schmerzen von dem Sonnenglast, alles flimmert und dreht sich um mich.
Da gewahre ich wie Leuchtfeuer in stürmischer Nacht ein Schild über einer einladenden Tür – „Bar" steht in großen Lettern darauf. Wie ein Schiffbrüchiger stürze ich hinein, vor mir steht etwas Traumhaftes, etwas, was ja gar nicht wahr sein kann, etwas, von dem bei Todesstrafe auf der Holzpantine nicht geredet werden durfte – ein großes eiskaltes Glas Bier! Meine Hand zittert, als ich das Glas ergreife, etwas schütte ich aus, meine Zähne klappern laut vernehmlich wie bei einem Fieberkranken gegen den Glasrand, dann ist die Welt um mich herum versunken, wie ein Halbverdursteter stürze ich das ganze Glas herunter und – hole mir dadurch eine wundervolle, hartnäckige Erkältung.

Nun nehme ich einige Flaschen kalten Bieres unter den Arm, kaufe einen Korb voller Früchte und eile an Bord zu meinen Fahrtgenossen zurück. Vier Paar verklärte Augen sagen mir, daß ich den richtigen Griff getan habe.
Und nun sind wir der Menschheit, der Kultur zurückgegeben, wir müssen uns schweren Herzens, wenigstens solange wir in den Häfen liegen, wieder einigermaßen bekleiden, können uns waschen, rasieren, Früchte essen, frisches Brot, frisches Fleisch erhalten, wir werden langsam wieder Menschen!
Die Tage fliegen dahin. Überall gastliche Aufnahme, freundliche Behandlung, alle nur erdenkliche Erleichterung von seiten der Behörden. Eines Abends läuft sogar mein Film unter rauschenden Palmen, die Vorstellung mußte um eine Stunde verschoben werden, da der Mond die Vorführungswand zu grell beschien.
Alle und jeden aufzuführen, die freundlich und gastlich zu uns waren, ist mir hier unmöglich. Der gastlichen Aufnahme, der Freunde, die die kleine Holzpantine und ihre Besatzung sich erwarb, der vielen, die uns für immer Freund wurden, all dieser unzähligen lieben Menschen, ob deutsche Landsleute, ob Brasilianer, Argentinier, Chilenen, ob Behörde oder Geschäft oder privat, sei hier in Dankbarkeit gedacht. Diese Freundschaft ist es, die mir die Arbeit und Durchführung meiner Expedition ermöglichte.

*

Namen, wie Maragogipe, São Felix, Cachoeira, Suerdieck, Dannemann, die mir aus frühester Kindheit vertraut sind, da ich mütterlicherseits aus der westfälischen Tabakindustrie stamme, nehmen nun greifbare Wirklichkeitsformen an: es geht ins Land des Tabaks.
Die kleine „Feuerland" rauscht Flüsse und Wasser hinauf, zum erstenmal erscheint die deutsche Flagge so tief im Innern des Landes. Tage der Gastlichkeit vergehen rasch, Tage der Arbeit, des Kurbelns und Fotografierens, des Reitens auf Pferd, Maultier und Reitochsen. Urwald, Mandiokplantagen, schlanke Palmen wie süße junge Mädchen, riesige Jacabäume, aus deren Stämmen kürbisgroße, stachelige, nach Erdbeeren schmeckende Früchte quillen, kastanienartige Abagates, die die Butterfrüchte

liefern, Bananen, Orangen, dunkelgrün und kinderkopfgroß, dabei reif und saftig, Felder mit Zuckerrrohr, das außer dem Zucker vor allem den starken Schnaps – Cashaß – liefert, Millionen von Taschenkrebsen, die im Mangrovengebüsch bei Ebbe krabbeln, Austern, die an Zweigen und auf Bäumen sitzen und wie Stachelbeeren abgeflückt werden können, und dann – Tabak!
Tausende und aber Tausende von flinken braunen Händen drehen sich Tag für Tag, bis spät in die Nacht, alle denken sie nur eins, tun sie nur eins, drehen, wickeln pressen, stopfen, kleben sie nur eins – Tabak!
Tabak, der dann die pechschwarzen „Brasils" liefert.
Was Herr Meyer, der Leiter von Suerdieck in Maragogipe, für uns ist und tut, ist uns der prächtige alte Herr Jonas von Dannemann in São Felix. Wenn wir überall in der Welt solche Freunde treffen, will ich zufrieden ein. Eins kann ich immer wieder bewundernd feststellen: Herrgott, wie groß, wie unendlich groß ist dieses Land, wie fruchtbar, wie schön, wie hat es sich seit dem Kriege entwickelt, und ist doch erst auf der ersten Stufe einer geradezu märchenhaften Zukunft –, armes Europa, wie hast du dagegen verloren!
„Oben in Santa Anna ist morgen Feira, Markttag, da wollen wir hin", sagt uns der Herr Jonas und gießt uns zu unzähligem Male eisgekühltes Bier in unsere Gläser. Geeistes Bier bei dieser fürchterlichen Hitze – es gibt keine köstlichere Vorstellung.
Trotz der brüllenden Sonne strömt alles in Santa Anna zum Marktplatz, anscheinend kann es keiner erwarten, in die Sonnenglut zu treten.
Auf dem Riesenplatz stehen einige hundert, oft einige tausend Ochsen und Stiere. Sie kommen von weit her, haben oft Wochen und Monate laufen müssen, sind zerstochen, bluten, haben riesige Wunden, die tief im Fleische sitzen und die Felle für den Handel verderben – gefährliche Maden, die durch Insektenstiche übertragen werden. Die Langgehörnten sind wild, werden streng bewacht von ihren lanzentragenden Cowboys, wilden, ganz in Leder gekleideten Reitern. Man kann nicht sagen, daß die Gesichtshaut dieser Reiter um einen Deut anders oder weicher aussieht als das Lederkoller.
Das sind die letzten wirklichen brasilianischen wilden Hirten, von denen früher die Bücher widerklangen, die von ihrem wilden

Leben, ihren Taten, ihren Untaten, ihrer Freiheitsliebe, ihren Reitkünsten erzählten.

Als wir unsern großen Kinoapparat aufgebaut haben und Garibaldi gerade kurbeln will, wird einer der Stiere durch das Gefunkel des Apparates wild, bricht aus, rast schnaubend, mit rollenden Augen und gesenkten Hörnern auf den armen Garibaldi zu.

Wie der Blitz hat es der vermeintlich schlafende Gaucho gesehen, sein Pferd herumgerissen, die Lanze gefällt, sprengt neben dem wütenden Stier her, stößt ihm die Lanze vorne am Bug ins Fell, der Stier bricht seitlich aus und kehrt in großem Bogen zu der Herde zurück. Ruhig kurbelt Garibaldi weiter, ruhig hockt der Gaucho wieder auf seinem Pferde, als sei nichts geschehen.

In der einen Ecke des Platzes steht das Schlachthaus.

Diejenigen Tiere, die gleich als Schlachtvieh verkauft worden sind, kommen dorthin, um in lächerlich kurzer Zeit darauf die Mauern wieder zu verlassen, diesmal allerdings geviertelt und auf den Rücken riesenhafter, blutüberströmter Neger – so ungefähr müssen die Henker und Folterknechte des Mittelalters ausgesehen haben.

Das „Schlachthaus" besteht aus vier Wänden, einem gepflasterten Hof, einem Holzpfahl in der Mitte, der tiefe, verbrannte Kerben hat, vielen riesigen bluttriefenden Negern, auch Frauen, unzähligen Scharen von zuschauenden und helfenden halbnackten Kindern, Hunden, Millionen von Fliegen, zwei großen Behältern mit dickem, geronnenem Blut – und den Schlachtopfern! Wir bauen unsere Kinos auf, die Leute um uns herum halten uns für Zauberer oder für Verrückte, besonders, da ich meine kurzen englischen Tropenhosen trage und somit nackte Knie habe.

Draußen ertönt wüstes Geschrei, Pferdegetrampel, Stampfen wütender Hufe und Füße in staubigem Sand.

Zwei, drei Lederreiter jagen in vollster Karriere daher, zwischen sich ein, zwei wild rasende und fauchende Stiere. Sie versuchen, diese Tiere gegen den Eingang zu drücken, aus dem dick und dunstig der Blutgeruch strömt.

Am Eingang selbst stehen zwei der Riesenneger, fast nackt, wunderbare Gestalten mit mächtigen Muskeln und glänzenden Körpern. Jeder hat einen Lederlasso in der Hand.

Nun wirft der erste in vollster Fahrt den Lasso um die Hörner des einen Stiers; von Lanzen und Pferden gedrängt, rast der Stier gegen den Eingang, auf den vor ihm fortlaufenden Neger zu. Der jedoch ist schneller, er läuft zur Mitte des Hofes, schlingt schnell den Lederlasso um den Pfahl, der Stier rennt blindlings in den Raum, der Lasso spannt sich. Eine blaue Rauchfahne brennt eine neue Kerbe ins Holz. Wie von einer unsichtbaren Gewalt gezogen, fällt der Stier in die Knie. Stöhnt laut, und stampft. Da steht aber schon ein anderer Neger hinter ihm und hebt nur einige Handbreiten ein langes spitzes Messer. Es leuchtet eine Sekunde in der Sonne auf und zuckt herunter. Wie vom Blitz getroffen, ist selbst der größte Stier erledigt. Nun kommen die Frauen und die anderen Männer, werfen sich mit ihren Messern über den zuckenden, rauchenden Leib, Garibaldi kann kaum so schnell drehen, so geschwind spielt sich alles ab. Von draußen tönt es bereits wieder, ein anderes Opfer rast herbei, wieder saust der Lasso, wieder steigt der feine blaue Rauch am Marterpfahl auf, blitzt das Messer, fällt ein Tier, rinnt das Blut.

„Haben Sie endlich genug?" fragt der gute alte Herr Jonas.

„Ja, fürs erste sicherlich!"

„Na, dann kommen Sie, ich habe ein Stück Eis aufgetrieben, das Bier ist schon kalt."

Vorbei, vorbei, die „Feuerland" macht wieder seeklar, rüstet zur Weiterfahrt. Einmal noch wimmelt das Deck von lustiger Jugend – die deutsche Schule von Bahia ist zu einer Fahrt eingeladen –, einmal noch tönt es an Deck, unter Deck, im Ruderhaus von deutschen Lauten, die deutsche Kolonie ist zum Picknick an Bord, dann kommen die letzen Besuche.

Ohne Tamtam, nur die Dinge selbst für sich reden lassend, machen wir das. Wir sind ja so eine Art kleine deutsche Ausstellung: das Schiff, der wundervolle Deutzer Motor, die Ausrüstung, die Instrumente, das Agfa-Material, alles ist deutsches Material, deutsche Arbeit. Wieviel unseres Landes, unserer Mitmenschen Fleiß steckt doch in unserm Schiff!

Unzählige Menschen kommen. Gehen stumm durch das ganze Schiff, hier und da laufen wir dafür extra etwas aus dem Hafen aus, alles wird genauestens untersucht, es wird gefragt, gestaunt, wir sind nach Kräften freundliche Gastgeber.

Die Sirene heult, an Land stehen winkende Freunde, bei der Ausfahrt wird noch von einem Hause die deutsche Flagge zum Gruß gesenkt, die Segel stehen, südwärts geht der Kurs, es ist noch weit bis zum Feuerland.

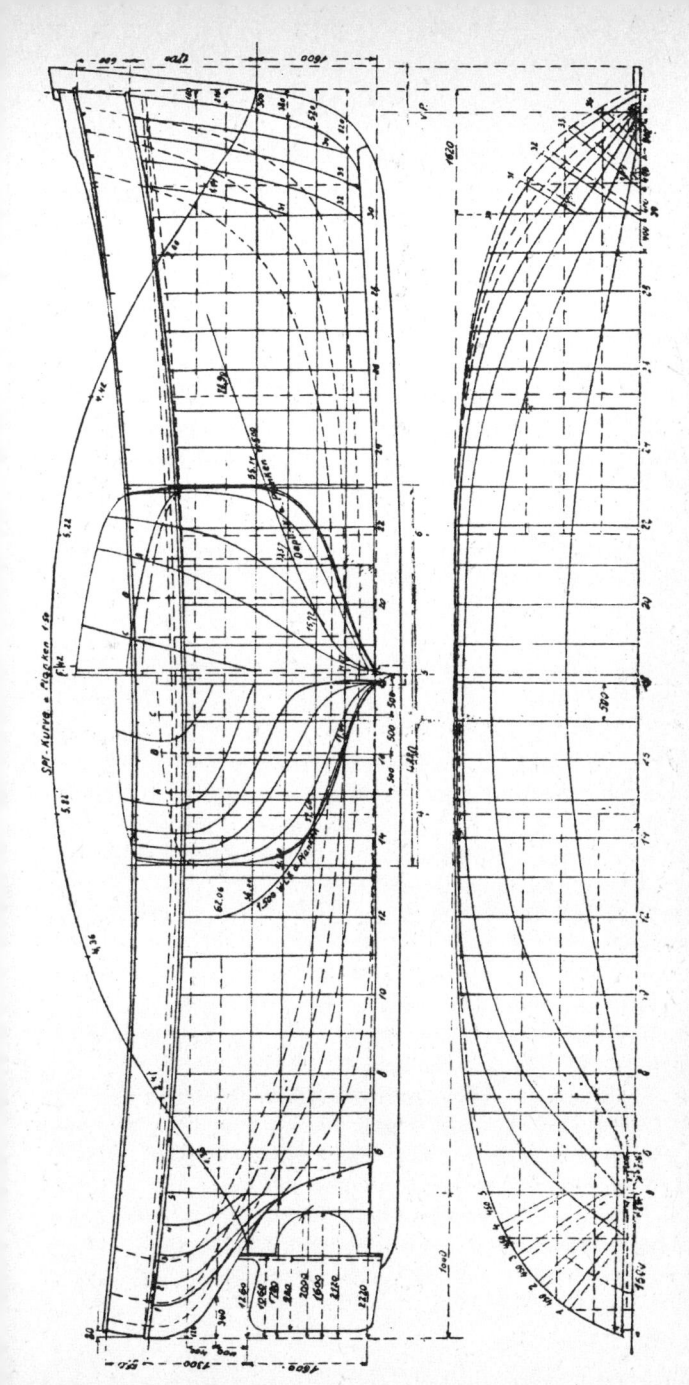

Wissenschaftliches Forschungsschiff „Feuerland". Entworfen und gebaut auf der Büsumer Schiffswerft Krämer, Vagt & Beckmann in Büsum. Linienriß, Maßstab 1 : 100. Länge über Deck 16 m, Breite über Planken 5 m, Tiefgang 1,90 m, Rauminhalt 39 Brutto-Register-Tonnen.

O Paraiso!

O Paraiso heißt „das Paradies", es ist der Name einer der unzähligen Kakaoplantagen, zu der wir eilen. Es gibt aber unzählig viele Gegenden und Orte in Brasilien, die so paradiesisch sind, daß man sie alle getrost ebenfalls O Paraiso nennen könnte.
An unserer Steuerbordseite zieht sich als langer schimmernder weißer Brandungsstreif die brasilianische Küste. Darüber stehen wie traumverloren Palmen.
Blaues Meer, Brandung, Sand, Palmen, so weit das Auge blickt.
Ruhe und Friede herrscht, fliegende Fische surren auf, hier und da sieht man die dreieckige Flosse eines Haies, leise ziehen die Segel, brummt der Motor, oben an Deck brennt die Sonne, unter Deck ist glattweg die Vorhölle. Rotglühend wie ein Himmelsbrand steht der Abendhimmel, stehen wie Flammen die Palmen, dann kommt kühlend die Tropennacht.
Das Wetter springt um, der Himmel bezieht sich, Schaumkronen bedecken das Meer. Tief jagen die Regenwolken am Himmel, Sprühregen und Nebel umgibt uns. Das ausgerechnet hat uns gefehlt.
Wir fahren dicht an Felsenriffen und Felseninseln vorbei, die Küste ist ganz nah, wir wollen die schwierige Einfahrt zum Hafen von Ilhéos gewinnen. Selbstverständlich wieder ohne Spezialkarte und wie immer ohne Lotsen.
Da vorne ist die Einfahrt, und dort sind die kleinen vorgelagerten Felseninseln. Überall ragen spitze Felsbrocken gerade eben aus der Flut, daneben brandet die See. Der Himmel bedeckt sich immer drohender, der Wind frischt auf, der Regen stürzt nun schon in Gießbächen herab, wehe uns, wenn wir die Einfahrt nicht noch vor der Dunkelheit gewinnen!
Doch wo ist der Durchschlupf zwischen diesen Felsen und Riffen, wo ist die Fahrrinne, die sich wie eine Schlange windet?
Da taucht plötzlich, dicht vor uns, wie vom Himmel geschickt, ein Küstensegler aus dem Sprühregen auf. Jagt wie ein Gespenst vor dem Winde an uns vorüber und vor der neuen schweren Regenbö her, Schaum quirlt an seinem Bug, tief neigt sich der Segler mit seinen drei Masten und allen zum Bersten gefüllten Segeln nach Lee. Jagt jetzt auf die Felsenspitze der Einfahrt zu, wir starren wie gebannt – wird er nun zerschellen? Da – nun fährt der Segler ganz dicht an den Felsen vorbei, so dicht, daß er sie mit der Bord-

wand fast berührt, nun bäumt sich an seiner anderen Seite, an Steuerbord, hohe Brandung, nun – schießt er einen Augenblick in den Wind, saust um die Felsenecke herum – liegt friedlich im jenseitigen stillen, tiefen Wasser.

„Nun wissen wir ja den Weg", sage ich zu Christiansen.

Unser Motor springt wieder voraus, wir pendeln und torkeln wie toll in der schweren Dünung, links von uns steht eine neue Regenbö, sie will gerade heranbrausen, ihr entrann unser Freund, der „fliegende Brasilianer" soeben glücklich, dieser hervorragende Seemann, der uns so schön den Weg zeigte.

Auch wir haben keine Wahl, wir müssen durch!

Mit halber Fahrt nähere ich mich den senkrechten Felsen, deren äußerste eben noch vom Wasser bedeckt sind. Schaumköpfe rollen darüber hinweg, ab und zu tauchen sie wie schwarze Höllentöpfe aus der Flut, verschwinden wieder, tun so, als wollten sie nur nach ihrem Opfer Ausschau halten.

Da bäumt sich ganz plötzlich an unserer Steuerbordseite die See hoch, bekommt eine schneeweiße Schaumkrone, bricht sich, überschlägt sich mit Donnergepolter, verebbt grollend am Ufer, ein neuer Brecher richtet sich bereits wieder steil auf.

Szylla und Charybdis, geht es mir durch den Kopf.

Eben will die Dünung unser Heck herumwerfen, da springt der Motor mit Vollgas an, das Ruder, von Christiansens kundiger Hand geführt, fliegt herum, zum Greifen nahe ragen an unserer Backbordseite die schwarzen Höllenfelsen aus dem Gischt, an unserer anderen Seite bricht sich die Brandung, wir fahren durch die schmale, kaum dreißig Meter breite Lücke.

„Vier Meter", ruft Schmitt am Lot mir zu.

Einen Augenblick beiße ich die Zähne zusammen. Was kommt nun?

Da legt Christiansen schon hart Gegenruder, und wir schießen in den Wind. „Neun Meter", ruft Schmitt lachend. Das Wasser ist plötzlich ruhig.

Als die Regenbö mit unheimlicher Gewalt herniederbricht, alles verhüllt, liegen wir wohlgeborgen hinter den Felsen.

Wir haben die Einfahrt geschafft; jetzt, bei Niedrigwasser, bei aufkommendem Schlechtwetter, allein, ohne Hilfe, ohne Lotsen, das ist so echt wieder mal eine „Feuerlands"-Fahrt.

Ein rabenschwarzer Mann kommt zu uns an Bord, begrüßt uns freundlich, erledigt in Minuten alle Formalitäten und weist uns

einen wunderschönen Platz in diesem geschützten, entzücken-
den Kakaohafen von Ilhéos an. Einige Deutsche stehen an Land,
starren wie zu einem Wunder zu unserer deutsche Flagge herüber,
kommen an Bord, die Arme voll schnell herbeigeholter eis-
gekühlter Flaschen Bier, der Köstlichkeit in diesem Himmels-
strich. Wir sind das erste deutsche Schiff, das hier eingelaufen ist
und die deutsche Flagge zeigt!
„Sie wollen ins Innere, meine Herren, fragt mich der englische
Generalkonsul und Direktor der Eisenbahn. „Dann fahren Sie
selbstverständlich außerhalb der planmäßigen Zeit mit meiner
Privatdraisine."
Da sitzen wir nun in einem „Auto auf Schienen", Zauberkästen
und Klapperkiste, Kurbelkasten und Ausrüstung gut verstaut,
und reisen wie die Fürsten ins Innere Brasiliens hinein.
Stunde um Stunde. Dann sind wir hoch oben und tief drinnen im
Land, gleich ein Stückchen weiter ist noch alles unbetretbarer
Urwald.
Geduldige Maultiere harren schon, Freunde nehmen uns in Empfang, die wir eben erst kennenlernen, denen es aber genügt zu
wissen, daß wir von der Holzpantine sind, sie alle haben irgendwann
und irgendwo mal eine „Grüne Post" in die Finger bekommen.
Der Tropenabend bricht mit all seinen Wundern, seinen Farben,
seinem Gezirp, seinen heimlichen Lauten über das brasilianische Land herein.
Ich stehe auf einer freien Bergkuppe, neben mir liegt Garibaldi,
steht Christiansen, wir schauen über unendliche Urwaldstrecken,
über Gebirge, sie sich wie eine feine blaue Dunstlinie am Horizont
entlangziehen. Dort hinten ist noch nie ein Europäer gewesen, da
ist Urwald, sind Palmen und Lianen und giftige Schlangen, dort
ist tropisches Wunderland, unberührt – bis eines Tages der
Mensch mit seinem Haumesser und mit Feuerbrand hereinbricht
und den Urwald in zähestem Kampf venichtet. An seine Stelle
treten in regelmäßigen Abständen wundervolle Bäume mit
prachtvollen, großen grünen Blättern – Kakaobäume.
Wir nehmen Abschied von diesem Teil Brasiliens, von seiner
Gastlichkeit, von der Kakaoplantage. O Paraiso des Herrn Kauf-
mann, von der gleichschönen Plantage Ulegria des Deutschen
Lüssenhop, wo der alte Vater Rost sich unserer rührend annahm.
Viele Tage, wie im Traum, haben wir auf diesen beiden Plantagen
und dem Zwischenland gelebt.

Unser braver Führer, der dunkelhäutige Leiter des Paradieses, bringt die gesattelten Maultiere, wir beladen sie mit unseren Kinos und Apparaten und den wenigen Sachen, die wir für uns selbst mithaben, schwingen uns auf unsere Reittiere, die kleine Karawane trottet los.
Nächtlicher Ritt durch Tropenland, durch dunkle, geheimnisvolle Urwälder, unter flimmerndem Sternenhimmel, durch kleine, reißende Flüsse hindurch, die im Mondschein funkeln, verschluckt, verschlungen immer wieder vom ungeheuren, unheimlichen Urwald. Riesige Leuchtkäfer weisen uns den Weg, große Fledermäuse sausen haarscharf an unseren Köpfen vorüber, irgendwo raschelt etwas im Laub – Schlangen. Dann lagern wir und erwarten den Morgen.
Da stehen sie wieder um uns herum, fast in Reih und Glied, die wunderschönen, vier bis fünf Meter hohen Bäume mit den hellglänzenden Stämmen, den großen, herrlich grünen Blättern, die ein festes Dach bilden, durch das nur ab und zu wie flüssiges Gold ein winziger Sonnenstrahl schimmert.
Unter diesem Dach herrscht mystisches, grünliches Dunkel, herrscht wundertätige Kühle, stundenlang reiten wir darunter hin.
Dort, wo die Blätter des Kakaobaumes noch jung sind, haben sie statt der saftig grünen eine ganz wunderbare zart rosa, dann rote Farbe. Ich denke mir, die Urwaldelfen müssen Gewänder von so zarten Farben tragen.
Hier und da sitzen an den Stämmen kleine, winzige weiße oder rote Blüten, aus denen sich dann die erst grüne, dann gelb und in der Reife braun werdende Kakaofrucht, groß wie eine kleine Ananas entwickelt.
Ist das nicht schon Wunder genug?
Diese Frucht birgt in ihrem Inneren die Kakaobohnen, die ihrerseits wiederum in einer duftenden, süßen Gallertmasse versteckt sind.
Viele Schönheiten sah ich in der ganzen Welt, viele davon bereits auf dieser Reise, aber der Kakaobaum gehört für mich zu einer der unvergeßlichsten Schönheiten. „Ja", sagt unser Führer, „das sieht nun alles ganz schön aus, wo es fertig dasteht, aber wissen Sie auch, was für Arbeit erst geleistet werden muß, bis es so weit ist? Ahnen Sie auch nur, wieviel Schweiß vergossen werden muß, wieviel unerhörte Strapazen, Not, Entbehrung dazu gehören, um

erst mal den Urwald zu bezwingen und dann unter unvorstellbarer Arbeit und Schwierigkeit zu schuften, bis endlich eines Tages die Bäume stehen, die ersten Früchte kommen, Ernte gehalten werden kann?"
Es stimmt, immer wieder dieses eine Lied, das sich ja jeder einprägen sollte, der Gelüste bekommt, auszuwandern. Arbeit, Arbeit und wieder Arbeit heißt dieses Lied. Wirf alles fort, was du gewohnt warst, nimm Entbehrungen und Arbeit und Genügsamkeit auf dich, wie du sie von zu Hause gar nicht mehr gewohnt bist, gar nicht ahnst, dann kannst du herauskommen, dann aber auch dankt dir das Land durch seine ungeheure Fruchtbarkeit.
Noch einmal blicke ich zurück, wir verlassen gerade die letzte Kakaopflanzung. Eine riesige, dicke Vogelspinne mit langen, behaarten Beinen läuft zum Abschied über den Weg, gelichteter Urwald nimmt uns auf, dann brüllt die Sonne auf uns nieder.
Wir machen kurze Rast, neben uns stehen einige Apfelsinen- und Mandarinenbäume, dicht daneben hängen wie müde Häupter schöner Frauen ganze Bananenfruchtstauden aus breiten, frischgrünen Blättern, ein Stückchen weiter wächst Zuckerrohr in Fülle, weiter zur Küste hin reihen sich unzählige Palmen mit milchspendenen Kokosnüssen. Wir können zulangen, soviel wir wollen, wie unendlich gütig und fruchtbar ist doch die Natur.

*

„Herr Kapitän, gestern war die Hafenbehörde bei uns an Bord und hat verlangt, wir sollten gefälligst die brasilianische Flagge höher setzen!"
Ich schaue nach oben, im Vortopp weht die brasilianische Flagge ganz vorschriftsmäßig, nur statt im Großtopp an der Nock der Stenge darüber und damit gut einhalb Meter höher als vorher, sogar etwas höher nunmehr als unsere eigene Flagge am achteren Mast.
„Und warum wurde das verlangt," frage ich.
„Der Beamte meinte, es sei unstatthaft, daß die brasilianische Flagge in Brasilien tiefer als irgendeine andere Landesflagge wehe, ganz gleichgültig, um welches Schiff es sich handele, die Flagge sei etwas Heiliges, sie dürfe durch nichts herabgesetzt werden!"
Etwas beschämt denke ich gerade über diese linde Zurechtweisung nach, als das Hafenboot wieder längsseit kommt.

Nanu, denke ich, ist schon wieder etwas los, oder kommt der bloß zum Abschiedsbesuch?

Wir begrüßen uns höflich und korrekt, der Abgesandte des Hafenkapitäns ist etwas ernst und formell.

„Es tut mir leid, Herr Kaptiän, daß ich Sie schon wieder belästigen muß, aber mir ist eben von einer empörten Menge gemeldet worden, Sie benutzten unsere Flagge in ihrem kleinen Beiboot für die Ducht als Kissen."

Das Boot kommt zurück, Harry wriggt achtern, er muß der Missetäter sein. Da wir aber nur eine brasilianische Flagge mithaben und diese oben im Vortopp in luftiger Höhe flattert, kann es nicht recht stimmen.

Ich hole die als Sitzkissen dienende Flagge herauf, entrolle sie – es ist die „Flagge der Propheten", wie wir sie immer scherzhaft genannt haben – eine große grüne Flagge, auf der in leuchtend gelben Buchstaben „Grüne Post" geschrieben steht.

Der Irrtum klärt sich somit schnell auf, der Brasilianer ist die Liebenswürdigkeit selbst, entschuldigt sich, meint am Schluß nur so ganz leise andeutend: „Aber, diese Flagge ist grün und gelb, das sind die Landesfarben Brasiliens, und" – er macht eine kleine Pause – „auf die Farben seines Landes setzt man sich nicht!"

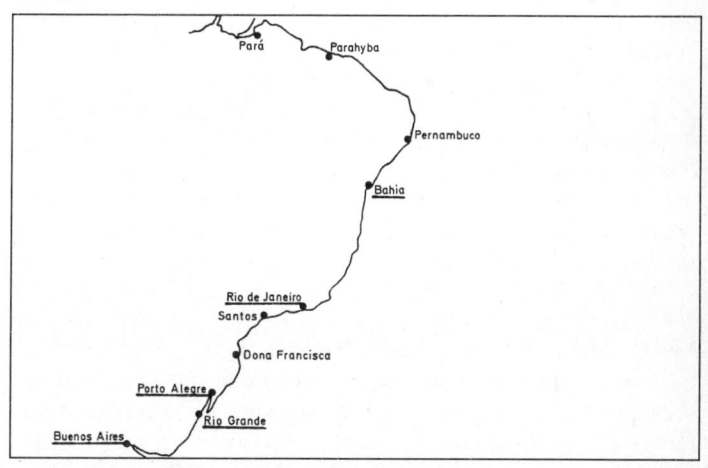

Ort des „Flaggen-Zwischenfalls" war Bahia, nächster Hafen an der brasilianischen Ostküste wurde Rio de Janeiro. Auch die anderen unterstrichenen Häfen wurden auf der Weiterreise von der „Holzpantine" angelaufen.

Ein Traumbild steigt aus der Flut

Eigenartig rot geht heute die Sonne unter. An unserer rechten Seite streckt sich wieder die brasilianische Küste, sie liegt gut frei von uns, ruhig steuert die Holzpantine ihren Kurs.
Hier und da huschen Wolken über den Himmel, fällt Regen herab, dann scheint wieder der Mond. Als es stockdunkel, fast unheimlich schwarz ist, gleißen und flimmern die Mondstrahlen zitternd über das Meer. Ganz rätselhaft ist dieses Licht, ist heute das Meer.
Da blitzt es plötzlich vor uns auf, Lichtbündel fegen durch die dunkle Nacht zu uns herüber, gottlob haben wir endlich das Leuchtfeuer von Belmonte. Von Belmonte aus erstreckt sich ein langes, gefährliches Riff unheimlich weit ins Meer hinaus. Nach meiner Ansicht, nach meinem Kurs müssen wir gut frei von der äußersten Spitze vorbeifahren.
Angespannt, eine eigenartige Unruhe in meinem Innern, ein Gefühl von drohender Gefahr, schaue ich wieder und wieder angespannt nach vorne und nach Steuerbord – nein, wir müssen ja gut frei vom Riff sein.
Eine sonderliche, silbern flimmernde Linie aber beunruhigt mich, sie streckt sich weit an unserer Steuerbordseite. „Christiansen", sage ich gerade zu dem neben mir stehenden Steuermann, der Wache hat, „wie eigenartig klar und weit sieht man heute die Küste nach Süden ziehen, der weiße Strand schimmert ja direkt zu uns herüber, und dabei sind wir doch viele Seemeilen ab von der Küste, wie eigenartig man sich doch im Mondlicht täuschen kann!"
Christiansen, den ich noch neben mir glaubte, ist fortgegangen, zum Motor hinunter, auch ich drehe mich um, blicke nochmals auf unsern kleinen Deckskompaß, will eben in meinem Niedergang verschwinden, als eine Stimme aus dem Maschinenraum wie irrsinnig brüllt: „Hart Backbord!"
Der Rudersmann wirft instiktiv das Handrad des Steuers herum; wie von einer Tarantel gestochen, stürzt Christiansen aus dem Motorenraum, holt die Großschot dicht, wirft die Vorschoten los und greift nach dem Lot. Als die gute Holzpantine gehorsam und wie auf dem Teller herumdreht und schon wieder Gegenkurs hat, fällt das Lot. – „Drei Meter" sagt Christiansen trocken. Alles dies ist so schnell, so plötzlich gekommen, hat sich in Bruchteilen von Sekunden abgespielt, daß ich noch kaum um mich gesehen habe, nun erst komme

ich zur Besinnung, sehe etwas Unfaßliches, etwas Grausiges, Atemberaubendes. Dicht neben uns, fast zum Greifen nahe bei dem Mondlicht, hebt sich das Meer, türmt sich zu mächtiger Brandung, donnert und poltert mit weißer Schaumkrone, sich immer und immer wieder brechend und überschlagend, zieht sich Tausende von Metern hinaus von der Küste und bis ins tiefe Meer – Brandung und Korallenriffe von Belmonte!
Und nun, wo wir mit aller Kraft versuchen, freizukommen von diesen Riffen, an denen um ein Haar die „Feuerland" wie ein Atom zerschellt wäre, ohne daß man jemals auch nur einen Holzsplitter, einen Knochen von uns wiedergefunden hätte, merken wir erst, wie stark der voll laufende Ebbstrom jetzt ist, wie er uns mit sich zerrt und reißt, merken auch, daß irgend etwas mit unserm Kompaß los sein muß.
Wieder sehe ich, wie man sich nachts, namentlich von so niedrigem Schiff aus, wie die „Feuerland" es ist, bei Mondschein täuschen kann, wie es für den Seemann stündlich, minutlich immer wieder heißt: aufpassen, gerade wenn man glaubt, daß alles in Ordnung ist!
In großem Bogen umfahren wir jetzt die Riffe, bleiben für die Nacht weiter von Land ab, das Wetter wird schlechter und schlechter, der Wind frischt auf, Regen fällt, man kann kaum noch etwas sehen, wie ein Ball tanzt die „Feuerland" in der hohen See.
Wir sind in der Gegend der Abrolhos-Inseln, in dem ungemütlichsten Gebiet an der ganzen nordbrasilianischen Küste. Hier herum sank damals der italienische Dampfer „Mafalda".
Jetzt haben wir die Inseln, zwischen ihnen wollen wir hindurch.
„Mensch, Harry, was steuerst du denn für eine Naht zusammen, kannst du denn nicht Kurs halten, wenn das Schiff auch tanzt?!" rufe ich wütend nach achtern.
Das eben sichtbare Feuer der Hauptinsel ist mal an Backbord, mal an Steuerbord, nun fallen wir sogar so weit ab, daß der Baum übergehen will, ist denn der Harry ganz verdreht geworden?
Ich springe ans Ruder – unser Steuerkompaß tanzt! Durch die andauernden entsetzlichen Bewegungen, die unser Schifflein macht, hat der Kompaß natürlich am meisten zu leiden, nun muß wohl die Nadel oder der Stein, in dem die Nadel sitzt, beschädigt oder gebrochen sein, die Kompaßrose dreht sich lustig im Kreise. Auch das noch, und gerade hier zwischen den Inseln und Riffen und Felsen, bei der starken Strömung, der stockdunklen Nacht und der schweren See!

Jetzt heißt es wieder mal ruhig bleiben, nur den Kopf nicht verlieren, wir haben zum Glück ja noch den zweiten Kompaß, einen kleinen Bootskompaß, den wir schamhaft Peilkompaß nennen. Nun müssen wir nach der Segelstellung steuern, und das ist gleichzeitig eine gute Übung für den Rudersmann.
Wir torkeln, schlingern, tanzen, wirbeln durcheinander in ägyptischer Finsternis, kreuzen und kreuzen, starren uns die Augen aus nach Felsen, Inseln und Riffen. Stunde vergeht um Stunde, ein Tag vergeht, wieder eine Nacht, wir kämpfen um unser gutes Schiff, um unser Schicksal.
Dann plötzlich ist der ganze Spuk vorüber, es ist, als hätten wir unsere Prüfung vor dem Schicksal bestanden, am dritten Tage leuchtet wieder blau das Meer, dehnt sich hauchlos bis zur Unendlichkeit, zu unserer Rechten steigen die Berge aus der Gegend um Victoria aus dem schimmernden Blau der Flut, Haifische, Tümmler, fliegende Fische folgen uns, der Weg zum Süden ist frei.
Aus dunkler Nacht blitzt es plötzlich, fast ohne Übergang, im Osten auf. Rosig färben sich die Wolken, rosig gleitet es über das Wasser, ein leichter Luftzug setzt ein, kräuselt den blauen Spiegel, strahlend steigt die Sonne wie ein feuriger Riesenball aus der blauen Flut.
Vor uns ist es noch geheimnisvoll verhangen, wallend steigen Nebel auf und nieder, geben ein Stück der See vor uns frei, lautlos gleiten wir in den Brodem hinein.
Kein Laut ist an Bord zu hören, alle lauschen wir gespannt nach vorne, ob irgendein Nebelsignal ertöne, der Motor läuft langsam, die sonst schäumende Bugwelle plätschert nur, die Segel hängen schlaff an den Masten und Gaffeln, wir starren über Bord, niemand spricht.
Plötzlich zerreißt, wie von Zauberhand berührt, der wallende Vorhang, da vorne vor uns blitzt es und blinkt, gewaltige Felsen streben zum Himmel, dunkelblau leuchtet das Meer – ein Märchen, ein Traumbild steigt aus der Flut!
Ist das, was da vor uns liegt, Wirklichkeit, ist es eine Fata Morgana, wird unseren Sinnen nur etwas Überirdisches vorgespielt?
Wellenförmig steigen dunkle schroffe Gebirge, phantastisch geformte Felsen und Bergriesen aus dem Wasser, hier scharfe Zacken, dort stumpfe Kegel, da ein kreisförmiger Gebirgszug, einer immer höher als der andere, darüber ein fast wolkenloser

Himmel, glitzernde, strahlende Sonne, die sich tausendfach widerspiegelt, dort, wo das Meer aufhört, ein weißer schimmernder Streif, der weithin leuchtet, dann grüne Hänge und Waldgewirre, wie blinkende Tupfen darin Häuser und Villen, in der Mitte, alles überragend, riesenhafte Gebäude, unzählige Schiffe zu Anker, große Fährboote, die eilig hin und her gleiten, Flugzeuge in der Luft – Rio de Janeiro!
Doch plötzlich ist alles wieder ausgelöscht, verwischt, wie weggeblasen, wallende Wolken steigen auf, hüllen uns als Nebel ein, plötzlich bekommt die eben noch wunderbar blaue See weiße zornige Schaumköpfe, Regen rauscht heran, eine Bö trifft die segelnde „Feuerland", drückt sie zur Seite, Regen prasselt an Deck – vorbei ist das Traumbild, ausgelöscht die Märchenstadt, die Gebirge, der leuchtende Strand, es ist, als ob wir nur einen kurzen Blick in ein verschlossenes Paradies tun durften, wir sind alle wie Parzival, als er von Ferne die Gralsburg erschaute.
Wir torkeln und stampfen weiter durch Regen und Dunst. Felsen tauchen plötzlich auf, verschwinden wieder, ein Dampfer rauscht hinter uns her, der sicher auch nach Rio will. Wir hängen uns in sein Kielwasser.
Grau und düster gleiten Kriegskolosse und ein niederes Fort vorbei. Wir senken unsere Flagge zum Gruß, heulen mit unserer Sirene. Barkassen kommen längsseit, mit größter Liebenswürdigkeit werden wir abgefertigt, hier sind wir ja schon angemeldet, die Zeitungen stehen voll von der kleinen Holzpantine des Ozeans. Freunde, Bekannte, deutsche Landsleute kommen an Bord, begrüßen uns, schütteln uns die Hände, mit als erste begrüßen uns die deutsche Gesandschaft und die deutsche Rio-Zeitung. Als es Abend ist, sind die Wolken verschwunden, flimmernd und glitzernd stehen tausend und aber tausend Bogenlampen in der Nacht, wie ein kostbares Perlengeschmeide zieht sich der Strand im Halbkreis mit allen seinen funkelnden Lichtern, ein Schmuck, würdig für die schönste Frau der Welt, für die schönste Stadt, für den Schönheitstraum, der heißt: Rio de Janeiro!
Stunden – was sind sie, Tage – wo bleiben sie? Alles rast um uns herum, wir sehen mit Trauer im Herzen, wie unser Aufenthalt sich dem Ende nähert. Unzählig sind die Freunde, die uns begrüßen, einladen, uns Gutes antun, uns hier und da helfen. Allen Freunden Dank! Die Zeitungen sind voll von uns, die Behörden tun alles für

uns, was sie tun können, sogar meine neuen kistenvollen Sendungen Agfa-Filme und Ullstein-Bücher darf ich mir an Bord packen. Wiederum liegen am Kai einige dicke deutsche Brüder, die Dampfer, die uns Wurst und Twist, Schwarzbrot und weiße Farbe, etwas Staufferfett und Putzlappen, Scheuertücher und Schrubb-Besen „herunterlangen", einige deutsche Firmen an Land helfen dazu, Deutz überholt unsern Motor, eine brasilianische Werft scheuert uns den stark angewachsenen Leib wieder schlank und malt ihn mit schöner Giftfarbe an, damit die Bohrwürmer Magenschmerzen bekommen. Viele Tage bin ich hoch oben im Land, in der Fazenda unseres Freundes Brezing, der rührend für unser Wohl sorgt, in Neufreiburg, oder wie es hier heißt, Novo Friburgo, über dem leuchtend der deutsche Name Arp steht, treffe ich meinen alten Marine- und Tsingtauer Kriegskameraden Hashagen.
Zum Abschied noch einen wunderbaren Flug im deutschen Junkersflugzeug über Rio, eine kleine Vorahnung dessen, was an Schönheit meiner untem am Ende Amerikas harren wird.

*

Mit einem Ruck hält der tadellos saubere Schnellzug, der den Staat Santos durchläuft, auf der Station „Villa Americana", tief drinnen im Land.
Garibaldi, Christiansen und ich, hochbeladen mit Kinos und Kameras und unseren Sachen, steigen aus. Ein großer, ungemein liebenswürdiger Herr tritt sofort auf uns zu, als kenne er uns schon seit Jahren.
„Sie sind doch Kapitän Plüschow mit Ihren Begleitern?"
„Ja, und Sie sicherlich Herr Hermann Müller-Carioba, der uns so freundlich einlud."
Wir schütteln uns die Hände, steigen in einen eleganten Wagen, das Gepäck besorgt jemand anders, wir rasen davon.
Unermeßliches, tadellos bebautes Land um uns herum, es ist in der Dämmerung schwer zu sagen, was da wächst.
Plötzlich wird es schön wie in einem Zaubergarten, riesige Bambushecken stehen an beiden Seiten des tadellosen Fahrweges, prachtvolle Gärten, aus denen es duftet und blüht und in allen Farben schimmert, Häuser, Villen, riesige Fabrikkomplexe, Ordnung, Sauberkeit, Friede und Schönheit.

Ich bin mit einem Ausruf der Überraschung aufgefahren, soviel Schönes habe ich auf dieser Fahrt schon gesehen, dies ist ein Höhepunkt, fast unwirklich, so traumhaft in der sternflimmernden Nacht.

„Ja, ja", sagt lächelnd mein Gastgeber neben mir, „das ist unser Carioba. Das hier hat mein Vorfahr geschaffen. Aus dem tiefsten Urwald ist es in jahrzehntelanger, harter, unermüdlicher Arbeit entstanden, unendlich viel Schweiß ist hier geflossen, bis das wurde, was Sie heute hier sehen."

Da hält der Wagen vor einem grünüberwachsenen Landhaus, eine schlanke feine Frauengestalt kommt uns entgegen, eine blühende Tochter, zwei Jungens – die Familie Hermann Müller-Carioba.

Herrgott, wo bleiben die Tage, wo fliehen sie hin? Sind wir wirklich schon eine Woche hier, habe ich all das gesehen, habe geritten, bin kreuz und quer durchs Land gefahren, bin gastlich aufgenommen, in dem gastlichsten Hause, dessen Ruf weit über die Lande Brasiliens klingt?

Da strecken sich schier unermeßlich weite Felder, sie wogen wie das Meer, sind weiß wie verschneit – Baumwolle in der Ernte.

Am Ende all dieser Felder stehen die Fabriken von Carioba. Auf der einen Seite kommt die Baumwolle in Ballen herein, die eben noch dort draußen auf dem Felde wuchs und von Hunderten von fleißigen schwarzen Händen gepflückt wurde. Nun surren und drehen sich Tausende von Spulen in wahnsinniger Eile, da wird gezupft, gerissen, geballt, gewebt, gesponnen, gefärbt, bedruckt, am anderen Ende dieser Fabrik verläßt dieselbe Baumwolle, nur kurze Zeit später, sauber verpackt das Tor, eilt noch am gleichen Abend zur Bahn, verteilt sich wie ein Strom über das ganze Land Brasilien.

„Das ist ja gerade so", sage ich sinnend zu einem der Brüder Müller-Carioba, der mich herumführt und unermüdlich Antwort auf meine unzähligen Fragen gibt, „gerade so, als habe man in Deutschland vor einem Kornfeld eine Fabrik. In die eine Tür kommt das gemähte Getreide herein, aus der anderen fliegen die fertigen Semmeln heraus!"

„Ja, genau so", lacht mein Begleiter.

Und dann kommen weiter draußen die unvorstellbar großen Felder, Baum steht da an Baum, ausgerichtet wie Soldaten, in langen, kilometerweiten Linien, rot ist die Erde darunter, sie erinnert mich als Westfalen mütterlicherseits lebhaft an die Heimat, die Bäumchen sehen eines aus wie das andere, tragen wundervolle grüne und rote Beeren. Die dunkelroten Beeren sind die reifen, in denen zwei graue Bohnen stecken – Kaffee!

Und da stehen auch Sträucher, genau so ausgerichtet, sie sind nur größer, die Blätter dunkelgrüner, sie brechen fast zusammen unter der Last ihrer goldenen oder grünen Früchte, fast so groß wie kleine Kinderköpfe – Apfelsinen! Zitrussträucher zu Tausenden und aber Tausenden, Kaffeebäume zu Millionen und aber Millionen, und überall dasselbe Lied: Arbeit, rastlose Arbeit, unermüdlicher Fleiß, vorwärts, vorwärts, hier hat man keine Zeit zu nutzlosen Dingen!

Wir haben gefilmt, geknipst, geritten, gesehen, ich habe viele Artikel schreiben und ans Ullsteinhaus senden können, nun müssen wir wieder mal Abschied nehmen. Wie oft müssen wir das wohl noch auf unserer Fahrt!

Ein letzter Besuch am heutigen Nachmittag galt noch dem alten Sklavenhaus, das absichtlich so erhalten ist, wie es vor noch rund vierzig, fünfzig Jahren in Benutzung war. Einige der alten Neger hier in Carioba haben noch in diesem Sklavenhaus eingesperrt gesessen, heute führen sie uns lachend in diesem düsteren Gebäude herum, wo die Käfige, die Holzgitter, die Empore und die Pflöcke im Fußboden, an denen ausgepeitscht wurde, noch erhalten sind.

Doch jetzt sitze ich mit meinen Begleitern an der strahlend hell erleuchteten Festtafel, Silber und Kristall blinkt und blitzt, Kerzen flackern leise im linden Abendwind, der durch die offenen Fenster kommt und eine Vielfalt süßer Düfte mit sich bringt.

Das köstliche Mahl an dieser schönen Abendtafel ist wie eine Krönung, ein Schlußakkord der Schönheit für die vergangenen Tage.

Ich schaue mich um im Kreise.

Fallende Urwaldriesen

„Garibaldi, Achtung!"
„Klar!" tönt es mir irgendwo von unten entgegen.
Garibaldi hat meinen großen Askania-Bamberg-Apparat aufgebaut, steht bereit an der Kinokurbel, jede Sekunde kann er das Agfa-Filmband abrollen lassen, das schon auf so unzähligen tausend Metern belichtet wurde.
„Sie fällt!"
Ein Knistern und Brechen ertönt, dann ein schier ohrenbetäubendes Krachen, nun heult es auf in der Luft, nun erfolgt ein Donnerschlag, die Erde zittert und dröhnt, mit furchtbarer Gewalt ist sie zu Boden gestürzt, ist beim Aufschlag wie ein verwundetes Tier in sich zusammengesunken. Die herrliche, himmelstürmende, alles überragende Krone ist zerschellt, liegt in drei Teile geborsten am Boden. Sie war die schönste und größte von allen, sie überragte alle ihre Gespielinnen, stand stolz und frei wie eine Königin auf dem Bergabhang, stand dort wohl schon weit über hundert Jahre, himmelanragend wie eine ungeheure schlanke Domsäule, glatt und ohne Makel der Leib, breitete erst hoch oben am Himmelsgewölbe ihre riesige Krone aus, schien dort diesen wolkenlosen blauen Himmel stützen zu wollen, brach soeben mit Donnergeroll zusammen, gefällt von dem winzigen Menschen, der schon alle ihre Gespielinnen ringsherum zur Strecke gebracht, der seit einigen Jahren den bis dahin noch nie berührten, noch nie von Menschenfuß betretenen, undurchdringlichen Urwald zu ihren Füßen vernichtet hat. Und nun liegt sie da mit zertrümmerter Krone, sie, die Urwaldaraukarie!
Wer noch nie eine Araukarie in ihrer ganzen Größe und Pracht in freier Wildnis gesehen hat, kann sich keinen Begriff von ihr machen; das Hochland hier um mich herum ist wie ein einziger Wald dieser Araukarien.
Garibaldi kommt mit glühendem Kopf, erregt wie ich von diesem Erlebnis, zu mir herauf, betrachtet die gefällte Königin, er hat den ganzen Vorgang in seinem Kino aufgefangen, wie eigenartig wird es sein, wenn dies alles dereinst in der Heimat an der leuchtenden Leinewand wieder auftauchen wird!
Wir sind jetzt im brasilianischen Staate Paraná, viele hundert Kilometer im Innern. Die „Feuerland" liegt irgendwo dort unten

an der fernen Küste, sie brachte uns heil zum Hafen von Paranaguá, wo sie unser harrt.

Hier aber stehen wir auf äußerstem Vorposten, nur noch wenig weiter, und jede Siedlung hört auf, Hunderte und aber Hunderte von Kilometern erstreckt sich wie ein ungeheures grünes Tuch der dichte, nie berührte Urwald, der sich gegen die bis hierher schon vorgedrungenen Menschen wehrt mit allen ihm zu Gebote stehenden Mitteln, der aber eines Tages doch fallen wird, fallen muß, wie schon dieses Gebiet unterlag, in das wir in langer, mühsamer Fahrt gelangten.

Deutsche Siedler sitzen hier seit sieben Jahren. Sie ringen und kämpfen und wehren sich gegen den Wald, dem sie langsam zu Leibe rücken. Furchtbar ist diese Arbeit, unvorstellbar schwer, langsam kommen die Kolonisten voran, mühselig wird das Dickicht, das in subtropischem Ungestüm immer wieder emporwuchert, vernichtet, Baum fällt dann um Baum, Urwaldriese um Urwaldriese, von schwachem Werkzeug gefällt. Hier im Umkreis sind es fast alles deutsche Kolonisten, die diesen furchtbaren Kampf führen.

Cruz-Machado heißt diese stattliche Siedlung, die ,,Sede" Cruz-Machado ist der zukünftige Mittelpunkt, der ,,Stadtplatz", wie ihn die deutschen Kolonisten nennen. Vorerst stehen nur einige wackelige Holzhäuser, ein kleines Holzkirchlein an staubiger Straße, die sich bei Regen in undurchdringlichen Sumpf verwandelt. Dies soll dann später so eine Art Kreisstadt werden.

Blumenau, Joinville zum Beispiel haben ebenso angefangen.

So werden sich auch die Enkelkinder der heutigen Kolonisten niemals vorstellen können, daß ihre Stadt einst ein sumpfiges Urwaldloch gewesen ist.

Von dieser ,,Sede" aus gehen sogenannte ,,Linien", sie führen alle Namen, es sind Embryos zukünftiger Straßen, von der Regierung einstweilen quer durch das Land und den Urwald geschlagene ,,Wege". An diesen Linien liegen rechts und links die Besitzungen der Kolonisten. Meist sind diese Linien nichts weiter als schmale, in das Urwalddickicht mit dem schweren Haumesser, dem Facão (sprich fassong), oder der langen schweren Stangensichel, der Foice, geschlagene Schlupfpfade, Pikaden genannt, die natürlich immer wieder zuwachsen und oft gar nicht mehr zu finden sind.

Die Besitzung des Kolonisten heißt Lote, jede Lote hat ihre Nummer und ist hier auf Regierungsland fünfundzwanzig Hektar groß. Wir stehen augenblicklich auf Linie Independencia, Lote Nummer 41.

Da kommt schweißtriefend ein grauhaariger schlanker Mann lachend zu uns, hinter ihm zwei prächtige frische Jungens, in den Händen haben sie Äxte, die drei fällten für uns diese Araukarie.

,,Ja, ja," sagt Herr Schröder, ,,als wir vor sieben Jahren hier ankamen, da haben wir zwei Tage gebraucht, um die erste kümmerliche Araukarie zu fällen, nun geht es mit Hilfe meiner beiden Jungens etwas schneller, heute fällt jeder von ihnen, und der Älteste ist doch erst achtzehn Jahre alt, in zwei bis drei Stunden einen Urwaldbaum! — Ja, damals. Sieben Jahre ist es erst her, ich war noch ein junger Mann, heute habe ich graue Haare von den Sorgen und Entbehrungen, von der entsetzlichen Arbeit bekommen. Wenn ich heute nochmal anfangen, alles das nochmal durchmachen müßte, was hinter mir liegt, ich könnte es einfach nicht mehr!"

,,Und Ihre Frau?" fragte ich.

,,Ja, meine Frau, wenn ich die nicht neben mir gehabt hätte! Sie hätten mal sehen sollen, Herr Kapitän, als wir hier bei strömendem Regen ankamen, kein Baum war gefällt, nur dichtester, wildester, undurchdringlicher Urwald umgab uns, da saßen wir denn. Im Dreck lagen unsere Sachen, niemand hatte ein Haus, niemand mehr genügend Kleidung, da konnten wir nicht die Hände in den Schoß legen. Für einen Kolonisten heißt es eben: spuck die in die Hände, arbeite, schufte, kämpfe und ringe, wie du es noch nie in deinem Leben hast tun brauchen, oder — verreck!"

,,Ja, aber heute haben Sie es doch zu was gebracht, sehen Sie sich nur um, wie alles hier gedeiht, was haben Sie arbeiten und schuften müssen, um schon so weit zu kommen!"

Mit berechtigtem Stolz führt mich Herr Schröder, unser Gastgeber, durch seinen Besitz.

,,Alles, was Sie hier sehen, Herr Kapitän, ist durch eigener Hände Arbeit entstanden. Das Haus sowohl wie die Ställe, der Zaun und die kleine Brücke, der Staudamm, der mir immer wieder von den Regengüssen zerbrochen wird, alles Werkzeug, die Rollen, um den ,,fum", den Tabak, zu trocknen, die Bienen-

kästen, kurz: alles was Sie hier sehen, wo noch vor sieben Jahren kein Urwaldbaum angerührt war."
„Dann sind Sie aber auch ein Künstler! Woher können Sie das alles?"
„Ich war Metalldreher in einer Kieler Werft und daher Handarbeit gewohnt. Das andere lernt man sehr schnell hier draußen, denn die Not zwingt einen dazu."
Staunend betrachte ich, was hier von einem einzelnen willensstarken Mann vollbracht wurde, sehe im Geiste, wie er mit Hand und Axt und Foice dem Urwalddickicht zu Leibe ging, den ersten Baum fällte, ihn spaltete, daraus das erste kümmerliche Hundeloch baute, das heute noch in einer Ecke zur Erinnerung steht und jahrelang als einzige Behausung diente. Viele, viele Kolonisten, die es noch nicht so weit gebracht haben wie Schröder, wohnen heute noch, in Lumpen gekleidet und barfuß, mit all ihren Kindern in solchen Hundehütten!
Heute, nach Jahren allerschwerster Arbeit, die diesen verhältnismäßig noch jungen Menschen zum grauhaarigen Mann gemacht haben, kann er mit Stolz um sich und seine Lote blicken. Ringsherum ist der Wald schon geschlagen, wächst Mais und Tabak, stehen unter dem Schatten der wenigen, absichtlich stehengelassenen Araukarien die Matebäume, die den südamerikanischen Tee — Mate —, das grüne Gold liefern, steht vor allem ein schmuckes Holzhaus, daneben zwei tadellose Ställe und Schuppen, die vollständig mit eigener Hand gebaut wurden und für die erst die Bretter aus den an Ort und Stelle gefällten Bäumen mit der Hand ausgesägt werden mußten.
In dieser Wohnung wirtschaftet unermüdlich in härtester Arbeit, alle Unbilden wacker ertragend, die Hausfrau. Es würde sich schon verlohnen, einmal ein Buch über das stille Heldentum zu schreiben, das diese Frauen und ihre Kinder stündlich, täglich, jahrzehntelang ausüben!
„Sorgen um Essen und Trinken habe ich heute nicht mehr", meint Schröder, „das ist aber auch alles. Die wahre Not des Kolonisten ist die: Es mangelt an Kleidung, an Schuhwerk, an Medikamenten, an allem, was nicht auf eigenem Boden wächst, es mangelt — und das ist das Allerschwerste bei uns Kolonisten — an barem Geld, da kein Absatz für unsere Erzeugnisse vorhanden ist. Und gerade dieser Bargeldmangel ist das Furchtbarste!

Wir reiten ein Stückchen durch eine Pikade, die noch nicht mal so breit wie der Bug unserer Pferde ins undurchdringliche Bambusdickicht geschlagen ist. Wir müssen absteigen, gehen zu Fuß weiter, vorsichtig, daß wir nicht auf die spitzen, abgeschlagenen Bambusrohre treten, die scharf wie Lanzenspitzen sind und glatt durch unsere Stiefelsohlen dringen würden.
„Auch das muß man erst lernen, hier barfuß zu gehen."
Plötzlich steht ein kleines Mädchen vor mir, etwas weiter ein Junge, anscheinend sind beide in dem Alter, wo man sie zu Hause als Klippschüler hüten und pflegen würde. Beide haben sie etwas an, das sowohl mal Hemd wie Rock oder gar Hose gewesen sein kann, beide haben lange wirre Haare, sind abgemagert, arbeiten und schuften aber im Schweiße ihres Angesichts, ich weiß nicht, wer von ihnen das Mädchen, wer der Junge ist.
Als sie mich erblicken, einen Fremden — hier einen Fremden! — schreien sie laut auf, rennen mir ihren armen, nackten angeschwollenen Füßchen, ihren erschreckend rot entzündeten Beinchen davon, über die Bambuslanzenspitzen wie die Wiesel entlang, ohne jemals auf eine Spitze zu treten — eine solche Geschicklichkeit sah ich bloß einmal, bei chilenischen Pferden, damals, als ich bei meiner „Segelfahrt ins Wunderland" den chilenischen Urwald in der Hochkordillere durchstreifte.
Wir folgen den Kindern, kommen zu einem Mann, der die lange Stangensichel schwingt wie eine Sense. Rechts, links fällt der Bambus, fallen junge Bäumchen, ungeheuer groß ist die Gewalt dieser Foicen.
Nun blickt der Mann wie zu Wundertieren zu uns auf, auch er hat nur noch Lumpen an, ist barfuß, seit Jahren arbeitet er so, Tag um Tag. Ist erst das Unterholz, das Gestrüpp, der immer wieder nachwuchernde Bambus gefallen, folgen die Urwaldriesen, die jetzt noch stolz dastehen. Als wir weiter schreiten, hören wir ganz fein hinter uns das Geräusch der Sichel, sehen, wie die Kinder uns scheu nachblicken, nun eilen sie zur Arbeit zurück, sie kennen kein Spielen, sie müssen, so jung schon, um ihr Brot, um ihr Leben ringen. Sind sie erst groß, danken sie eines Tages ihren Eltern, daß sie sie zu freien Bauern machten.
Aus allen Richtungen des Waldes, von allen Seiten dröhnt und donnert es, knirscht es wie von Holzsägen, hallt es wider von

Axthieben. „Das ist die tägliche, lebenslängliche Musik das Kolonisten," sagt lächelnd mein Begleiter, „hier wird aus Urwald Kulturland geschaffen."
Kaum sind wir wieder zurück, wieder „zu Hause", betreten eben die Veranda, von Mutter Schrödern aufs herzlichste begrüßt, als ein Blitz vom Himmel fährt. Mit furchtbarem Grollen, als solle die Welt untergehen, folgt der Donnerschlag, der sich in den Bergen, im Urwald fängt und zehnfach widerhallt. Zwei, drei Gewitter stehen gleichzeitig am Himmel. Wieviel Regen, wieviel Gewitter haben wir schon in den letzten Tagen über uns ergehen lassen müssen! Nun jagen diese Gewitter gegeneinander, überbieten sich an Gewalt, brüllend faucht der Sturmwind dazwischen, der Regen rauscht, als ob die Sintflut ausgebrochen wäre, es ist ein Höllentanz, wie ich ihn selten erlebt habe. Hier scheint eben alles, wie in der Natur, wie bei den Einwohnern, in Fruchtbarkeit, in Größenverhältnissen, im Extremen zu liegen. Wie lange würde man wohl brauchen, um dieses ungeheure Land Brasilien wirklich kennenzulernen! In den Donner mischt sich nun ein anderer Ton, es zittert und dröhnt die Erde, bei dem Schein der Blitzbündel, die in ganzen Garben am Himmel hin und her toben, sehe ich die Urwaldbäume, die nun frei und ungeschützt stehen, weil alle ihre Brüder ringsum vom Menschen abgeschlagen wurden, hin und her schwanken wie Masten sturmgepeitschter Segler — nun stürzen viele, brechen in Stücke, graben sich tief in den weichen Urwaldboden hinein, wo sie liegenbleiben, bis sie zu Dünger zerfallen. Jetzt rauscht es dazwischen, die vom Regen gebildeten Wildbäche fließen zu Tal.
„Aber bei solch einem Wetter können doch die Kolonisten heute abend nicht kommen!"
Da legt sich eine schwere Hand auf meine Schulter, ernste Augen blicken mich an: „Bei solch einem Wetter sind wir vor sieben Jahren hergekommen, einfach irgendwo am Rande des Urwaldes ausgeladen, mit allen unseren Sachen in den Dreck geworfen, nun wissen Sie wohl, Herr Kapitän, wie uns zu Mute war, was wir durchmachten."
In stockdunkler Nacht, es ist dabei erst halb acht Uhr abends, hören wir Stimmen durch den Wald, die Gewitter haben sich etwas verzogen, der Regen hat nachgelassen.
Es sind unsere Gäste, die deutschen Kolonisten.

Wir treten mit unseren Laternen hinaus, sehen vermummte, wild aussehende Gestalten auf triefend nassen Pferden, sehen mit Schlamm überzogene Menschen im aufgeweichten Boden waten und bis zu den Waden einsinken, sehen nackte, rote, frierende Kinderbeine, deren Füßchen bei jedem Schritt einen glucksenden Ton im Schlamm machen. Dann kommen andere Pferde, auf denen drei, vier Kinder gleichzeitig sitzen, wieder Pferde, arme dürre Klepper, die Mann und Frau oder Frau und Kinder gleichzeitig tragen während die Männer mit langen Bambusstangen nebenher gehen. Die Bambusstangen dienen dazu, auf der ,,Straße" bei wassergefüllten Löchern erst mal vorzufühlen, zu ,,loten", wie tief es ist und ob die Pferde auch noch hindurchkönnen, ohne zu versinken. Alle diese Menschen haben etwas wilde Gesichter, lachen jedoch freudig, strahlen mit ihren treuen blauen Augen. Hände strecken sich uns entgegen, werden voller Herzlichkeit geschüttelt, man drückt uns fast die Finger ab. Für jeden der Ankommenden hat ,,Mutter Schröder" ein paar freundliche Worte, sie nimmt Frauen und Kinder mit sich, die Männer versorgen erst mal die Pferde.
Im Schuppen, wo Schrödern sonst tischlert oder seinen ,,fum" macht und aufstapelt, ist gegen neun Uhr abends die ganze Linie Independencia versammelt, viele kommen stundenweit her.
Der kleine, natürlich auch selbstgebaute eiserne Ofen strahlt wohlige Wärme, denn wir sind jetzt im Juni, also mitten im südlichen ,,Winter".
Etwas bedrückt sitzen wir rund dreihundertfünfzig Menschen anfangs in diesem kleinen Raum, zusammengepfercht wie die Hühner, erst als Mutter Schrödern die dampfende Terrine hereinbringt, zu der ich tags zuvor vom ,,Vendisten" etwas Rotwein und Zuckerrohrschnaps besorgt habe, taut alles auf.
Nun ist es wie in einem Bienenkorb, aber als Garibaldi, der neben mir sitzt, die ersten Töne auf seiner Zupfgeige erklingen läßt, tritt feierliche Stille ein. Garibaldi ist ein Meister des Gesangs auf diesem Gebiete. Leise stimmt er ein altbekanntes Heimatlied an, leise brummen anfangs einige mit. Beim zweiten Vers fangen viele Frauen und Mädchen schon etwas herzhafter an mitzusingen, und plötzlich ist der Bann gebrochen, nun dröhnt es im ganzen Schuppen wider wie in einer Kirche, mächtig braust es vom allgemeinen deutschen Sang.

Die Augen blitzen, die Wangen glühen, Tränen werden verstohlen aus den Augen gewischt, andere lassen ihnen freien Lauf, bärtige, harte Männer schneuzen sich umständlich. — Diese Tränen sind mir mehr als Zeichen der Abbitte für alles, was sie früher an Deutschland auszusetzen gehabt hatten, allen diesen hier ist in den Jahren längst zum Bewußtsein gekommen, was sie an ihrem alten Deutschland gehabt haben, an dem sie vielleicht damals kein gutes Haar mehr gelassen hatten.

Als die Lieder verklungen sind, beginne ich zu erzählen. Von der Heimat, von Erlebnissen, von der kleinen „Feuerland", die noch einen weiten Weg bis zum Ziel vor sich hat, in keiner Kirche kann es andächtigere Zuhörer geben als in diesem dunklen Holzschuppen im tiefsten Urwald, in dem einige hundert Deutsche eng zusammen sitzen und der kleine eiserne „Selbstgebaute" seinen flackernden Feuerschein wirft.

Nachdem ich geendet, gibt Garibaldi noch einige lustige Jodler zum besten, mitten hinein rollt der Donner, fällt draußen wieder Blitz auf Blitz, strömt der Regen.

„So war das Wetter, als wir kamen", sagt eine alte Frau und fängt in der Erinnerung an all das Schwere laut zu weinen an. Da schwirrt es von vielen Stimmen durcheinander.

„Und unsere Kinder ohne Schutz im Wald." — „Unser ganzes Hab und Gut lag damals am Anfang der Linie, die kaum mehr als ein kleiner Fußpfad durch den Wald war, im Dreck. Jedes Stück mußten wir einzeln auf unsere Köpfe und Schultern laden und tagelang bis zu unserer Lote tragen." — „Und als wir zurückkamen, um den Rest zu holen, war er gestohlen." — „Oh, meine schöne Wäsche," weint eine Mutter, „wenn ich nur an die denken, möchte ich heute noch verzweifeln, seit sieben Jahren schlafen wir auf bloßem Maisstroh, wir haben ja kein Geld, wir können uns ja nichts kaufen." — „Und meine Kinder, sehen Sie sich bloß mal die Beine meiner kleinen Tochter an, wir haben ja keine Schuhe." — „Und mein Mann wurde von einer giftigen Schlange gebissen, wir hatten kein Serum, woher sollten wir es uns denn kaufen?" — „Und meine Jungens sollten zur Schule, aber wir haben keine." — „Wir haben keine Bücher, bekommen keine Post, wir haben nichts als allerschwerste Arbeit." — „Und keine Wege, kein Absatzgebiet, wo wir unsere Erzeugnisse verkaufen könnten, um endlich mal Bargeld in die Finger zu kriegen, zum nächsten „Vendisten" müssen wir Tage zu Fuß wandern!" So schwirrt es um mich herum, ich sehe diese vergrämten, verarbeiteten Gesichter, durch allerschwerste Arbeit gefurcht und zergrämt, die gebeugten Gestalten, sehe harte, schwielige Hände, in Lumpen gehüllte Kinder, rote, zerstochene Beine, geschwollene, bloße Füße, in diesem Augenblick schäme ich mich, daß ich jemals in meinem Leben über etwas geklagt habe.

Da sagt eine alte Frau, als einen Augenblick Ruhe eingetreten ist, laut: „Wir müssen aber auch ehrlich sein. Wir haben keinen Grund zu dieser Klage. Wir haben doch alles vorher gewußt, man hat es uns doch ganz klipp und klar gesagt, wir haben es nur nicht geglaubt. Wir Deutschen wissen ja immer alles selbst viel besser in unserm Dünkel. Klagen und Nörgeln hilft hier nichts, wir müssen jetzt durchhalten und durchführen, was wir uns vorgenommen hatten. Als wir hier ankamen, waren wir arme Schlucker, wir wären auch zu Hause arme Proletarier geblieben, und unsere Kinder und Kindeskinder auch. Heute, schon nach sieben Jahren, haben wir uns unsern eigenen Grund und Boden erworben, haben keinen Hunger mehr, wir sind freie Menschen, jeder Handschlag gehört uns, ich", — und dabei sieht sie sich ernst im Kreise um — „ich will nie wieder nach drüben machen!"

„Und jetzt müssen wir leider nach Haus, die Kinder müssen morgen früh wieder an ihre schwere Feld- und Waldarbeit, da sollen sie vorher noch etwas schlafen."

„Aber es tobt doch wieder ein Gewitter, der Regen strömt herab."

„Das macht nichts", antworteten sie unter Lachen, „das sind wir nicht anders gewöhnt, die Kinder setzen wir auf die Pferde, damit sie nicht im Schlamm umkommen, wir Großen stampfen schon durch. Die Blitze erhellen ja den ‚Weg', und für einen so schönen Abend werden wir gern naß, es war der schönste, seit wir hier draußen sind!"

Sie sitzen auf in strömendem Regen und hellem Blitzgefunkel und rollendem Donner, die Männer ergreifen die Zügel, Frauen und Kinder sind wie Bündel auf den klapprigen Pferderücken zusammengepackt, die wenigen, die sich zur Feier des Tages ihre Stiefel — ein unerhörter Luxus, den nur wenige besitzen — angezogen haben, ziehen sie jetzt aus und tragen sie schonend unter den Jackenfetzen. Bis weit über die Knie geht ihnen der Schlamm der „Linie".

Wie Gespenster sehe ich im grellen Blitzlicht diese Karawane von mehreren hundert Deutschen im Urwald verschwinden, einige schauen sich nochmal um, winken mit der Hand, dann verschlingt sie das Dickicht.

In Gedanken versunken kehre ich ins Haus zurück. Mir hat dieser Abend viel geschenkt. Hat er aber den Kolonisten, die jetzt im strömenden Regen nach Hause stapfen, etwas neuen Mut für ihre schwere Arbeit gegeben, dann ist wieder ein weniges des Zweckes meiner Feuerlandsfahrt erfüllt, dann ist sie nicht vergebens, und dann bin ich glücklich.

Abschied, Abschied — diesmal von Familie Schrödern und vom Urwald.

Die klapprigen Pferde stehen gesattelt vor der Tür, beladen mit unseren Kinos, mit Hunderten von Metern belichteter Filme, die zu Hause Kunde vom hiesigen Kolonistenleben geben werden. Wir drücken Mutter Schrödern, deren Augen feucht sind, immer wieder voll Dankbarkeit für alle Gastfreundschaft die Hand, ebenso den beiden Jungens, die einst ihrem Vater danken werden, daß er ihnen diesen Besitz errang, und die nun frühlich in den Urwald steigen, um ihre tägliche Arbeit des Bäumefällens zu verrichten. Nun schwingt sich der ehemalige Kieler Metalldreher, nunmehreige Großgrundbesitzer Schröder in den Sattel, es geht wirklich los. Einige Kolonisten sind zu Pferde gekommen, sie wollen es sich nicht nehmen lassen, uns ein Stück zu begleiten.

Wir staken vorsichtig durch Schlamm und Dreck.

Rechts und links unseres Weges hoher hellgrüner, undurchsichtiger, undurchdringlicher Bambus, dann Unterholz, darüber ragen Riesenbäume empor, himmelstützende Araukarien, ab und zu kommt eine kleine Lichtung, winzige Gestalten bewegen sich darin — Menschen, die eben angekommen sind, die die erste Kerbe in den Urwald, in ihren zukünftigen Besitz schlagen. Doch wohin auch sonst das Auge blickt — Wald, Wald und wieder Wald!

Überall dröhnt und knistert es, tönen spechtartige Geräusche, kracht es nieder — die ewig sich gleichbleibende Urwaldmusik, der Schwanengesang des Urwaldes. — — Der Mensch ist gekommen, ihn zu vernichten.

Stunde reiten wir um Stunde. Endlich haben wir die breite Regierungsstraße erreicht — die Heerstraße der Zukunft — sie ist etwas besser, nur hin und wieder kommen noch einige hundert Meter Sumpf an Stelle der Straße, dann riesige Felsblöcke mitten im Wege, darüber muß man nun mit Pferd oder Wagen hinweg oder hindurch. Eins nur bleibt sich gleich — der Araukarienwald, der hellgrüne, dichte Bambus.
Endlich senkt sich der Weg in großer Schleife. Durch die Araukarienkronen hindurch sehe ich in einem wundervollen tiefen und breiten Tal eine Art Dorf. Ich meine im Schwarzwald und nicht mitten im Innern Brasiliens zu sein!
,,Das ist die ‚Sede', der Stadtplatz ‚Cruz Machado' ", sagt Schröder neben mir und schreckt mich aus meinem Sinnen auf. Ein früher mal weiß gestrichenes Haus steht an der schier grundlosen Straße, wir halten davor, binden die Pferde, wie man es auf amerikanischen Wildwestfilmen sieht, an den Ringen vor der Haustür an. Ich entdecke eine Tafel, auf die kaum leserlich gemalt ist: ,,Hotel Diamant".
Der Wirt selbst, Herr Diamant, ein Holländer, kommt uns entgegen, führt uns in den ebenfalls an Wildwestfilme erinnernden Salon, einige Männer stehen um die Theke herum, wir treten, selbstverständlich deutsch grüßend und redend, zu ihnen, schütteln uns die Hände.
Einer der Männer starrt mich an, als sähe er eine Erscheinung, stottert, endlich sagt er: ,,Sind Sie es wirklich, damals waren Sie Fähnrich zur See, Sie sind doch Herr Plüschow, kennen Sie mich wieder?"
Ich schaue den grauhaarigen Mann an. Daß ich ihn kenne, weiß ich, es muß aber schon sehr lange her sein.
,,Na, ich bin doch Ihr alter Schneidersgast vom Kreuzer ‚Fürst Bismarck' aus Ostasien, damals, neunzehnhundertundsechs."
,,Ja, nun erkenne ich Sie wieder. Sie heißen Hube, waren in meiner Division und haben mir meine Sachen immer so schön aufgebügelt!"
Da wird eine Lage Bier geholt, dies Wiedertreffen mitten im Urwald von Brasilien, ausgerechnet hier in Cruz Machado, muß gefeiert werden.
Ein neuer Reiter kommt angesprengt, sein Pferd sticht tadellos gegen die armen Kolonistenpferde ab, der Mann hat riesige Packtaschen rechts und links seines Sattels hängen, versorgt

zuerst sein Pferd, belädt sich mit den Taschen, kommt herein zu uns, hört, wer wir sind, drückt uns herzhaft die Hand.
Es ist der evangelische Pastor Wilde, der mindestens vier Tage der Woche im Sattel sitzt, um die ganzen Kolonien abzureiten, immer in schwerster aufopfernder hilfsbereiter Arbeit. Auch dieser Pastor ist einer der ungekannten, ungenannten Männer, die hier draußen stille Pionierleistungen vollbringen.
Mit diesem Pastor Wilde reiten Garibaldi und ich viele Tage in der ganzen Gegend umher, über Wege, durch Schluchten, Abhänge hinab, Berge hinauf, die man für unpassierbar halten würde, wenn Pastor Wilde sie nicht wie etwas Selbstverständliches nehmen würde.
Hut ab vor diesem Mann! geht es mir immer wieder durch den Kopf. Ihm stehen die anderen Männer nicht nach, die wir schon trafen, zum Beispiel der einbeinige Pastor Enders, die unzähligen deutschen Fratres und Patres, die das Land für deutsche Kultur erschließen.
Der mächtige Fluß Iguassú, der sich gerade hier zu wundervollen Wasserfällen verengt, die später mal der ganzen Gegend Kraft und Licht spenden werden, rauscht zum letzten Male vor uns auf, wir müssen zur Küste zurück.
Ein Gefährt, wackelig und fast ohne Sitzkissen, das elegante ,,Regierungsfahrzeug", an dem die fünf davorgespannten Pferde noch klappriger sind, nimmt uns samt Kinos und Kasten, Klapperkiste, Photoapparaten und Gepäck auf. ,,Na, wenn diese armen Schinder bloß die drei Tage durchhalten, die wir benötigen, um wieder in bewohnte Gegenden zu kommen", meine ich zweifelnd.
Und jetzt geht es wieder über Stock und Stein, über Wege, auf denen zu Hause keiner wagen würde zu reiten, geschweige denn zu fahren. Wir sind zwar allerhand an Schlingern von der Holzpantine gewöhnt, aber was dieses arme Gefährt mit seinem polnischen Kutscher und den ,,Kleiderständern", um die Pferdehäute gespannt sind, wie Garibaldi sachverständig als Koch meint, an Stößen und Knüffen, an Schräglagen aushalten muß, ist glattweg nicht zu beschreiben.
So gehen die Stunden dahin, der Abend bricht herein, der Wagen wird einfach stehengelassen, die Pferde laufen frei umher und suchen sich ihr Futter. Wir zünden ein Feuer an und verzehren das bißchen, das wir mit uns nahmen.

Tagsüber wird ohne Pause gefahren. Wenn es gut geht, schaffen wir bis zu dreißig Kilometer am Tag, bei diesen Wegen und diesen Pferden eine Glanzleistung, wir rumpeln ja mitten durch und über die Serra da esperanza.
Eine wilde Reiterschar auf tadellosen Pferden kommt uns entgegen. Wir wollen zur Sicherheit schon nach unseren Waffen greifen, aber unser Kutscher beruhigt uns. Es ist Regierungspolizei, die hinter einer gefürchteten Räuberbande her ist, die erst vor kurzem diese Gegend überfiel, alles raubte und deutsche Kolonisten totschlug.
Nun sind wir wieder mutterseelenallein, seit Stunden schon.
Da überholen wir einen der hochbeladenen Planwagen, wie sie in dieser Gegend benutzt werden, fünf tadellose Pferde sind vorgespannt, der Kutscher bittet uns, sich uns anschließen und gemeinsam mit uns die letzte Nacht verbringen zu dürfen.
Die Pferde können nicht mehr weiter, wir müssen halten.
Ein kleiner freier Platz ist hier am Waldesrand, wir fahren die Wagen etwas von der Straße herunter, zäumen die Pferde ab, lassen sie laufen, schütten vorher noch etwas Mais ins Wageninnere — praktische Urwaldskrippe! Wildwest, richtiges Wildwest, in der Jugend tausendfach erträumt, schöner, wahrer, als die üblichen amerikanischen Wildwestfilme sie uns zeigen, erleben wir nun.
Um uns herum ist tiefster, wunderbarster Friede.
Dazu Wald und immer wieder Wald, dichtester, undurchdringbarer Urwald von Araukarien, fein heben sich deren schlanke Säulen, ihre wunderbaren Kronen am Himmel ab, die Abendsonnenstrahlen vergolden diese Kronen, vergolden nun den ganzen tiefblauen Himmel, kein Laut ist zu vernehmen.
Doch plötzlich erklingt ein Krächzen, als ob Tausende von Krähen aufschrien, nun werden dichte Scharen eigenartiger Vögel sichtbar. Sie flattern krächzend und schreiend und etwas ungeschickt über die Baumkronen, eigenartig schauen die kurzen stumpfen Köpfe aus, nun leuchtet das Gefieder grün und rot, es sind Scharen von — Papageien.
Große und kleine, immer zu ganzen Gattungen, ganzen Scharen beieinander, sie lassen sich auf der Krone einer der höchsten Araukarien nieder.
Immer neue Scharen kommen herbei, sie schwatzen wie alte Weiber durcheinander. Andere erscheinen, jede Gruppe scheint

ihren Stammbaum, ihren Stammsitz zu haben. In der Ferne brüllt nun auch noch tief und aufschreckend ein Brüllaffe — aber mit dem Sinken und Verblassen der Sonne schweigt langsam das Getier, nun ist es stumm, Papageien und Brüllaffen schlafen wohl — wunderbarster, tiefster Friede, Ruhe und Schönheit ziehen ein.
Wir haben längst Holz gesammelt, ich habe keuchend und schwitzend meinen ersten Urwaldbaum gefällt, nun schleppen wir Bäume und Holz und Äste herbei, im Nu flackert ein mächtiges Feuer empor, schnell sinkt die subtropische Nacht herab. Das Wasser summt im Kessel, die Cuia, der ausgehöhlte kleine Kürbis ist längst mit zerstampftem grünen Mate gefüllt, das heiße Wasser wird darübergegossen, das Saugrohr, die Bombilla hineingesteckt — der Chimarão (sprich Schimarong), ohne den kein Mensch hier leben würde, ist fertig, er macht die übliche Runde.
Wir sitzen still im Kreise ums Feuer herum, wie unter einem Bann vor der Schönheit des Abends, vor der Größe des Waldes, der Mächtigkeit der Natur. Die Cuia mit dem bitteren grünen Trank geht von Hand zu Hand, das Rohr darin von Mund zu Mund, niemand spricht ein Wort.
Noch eine Weile geht die Cuia im Kreise, dann legen wir uns, wo wir gerade sind, in eine Decke gehüllt zum Schlafen nieder. Dann ist plötzlich der Tag wieder da, die ersten Araukarienkronen leuchten goldrot auf, die Papageien erwachen und setzen ihre erregten Gespräche, die sie gestern abend unterbrechen mußten, weiter fort, nun schwirren sie wieder zu Scharen tiefer in den Urwald hinein. Die Pferde werden eingefangen, gefüttert, eingeschirrt, das Feuer lodert wieder empor, der Chimarão geht im Kreis wie am Abend vorher. Als die Siegesgöttin Sonne endlich über den Wäldern thront, rumpeln und rattern wir mit unserm Gefährt weiter, heute vielleicht noch sind wir der Kultur zurückgegeben.

Piraten des Ozeans

Weiter heißt unsere Parole. Weiter und immer weiter. Noch fern da unten liegt das Ziel, das Feuerland, wenn wir ihm auch schon mächtig nahe auf den Pelz gerückt sind.
Florianopolis, die Hauptstadt des Staates Santa Catharina auf der gleichnamigen Insel, zieht wie ein schöner Traum vorüber. Der Leib der „Feuerland" wird hier nochmal vor dem Ziel abgescheuert, alles gründlich überholt, denn nun beginnt der Ernst der Seefahrt, wir kommen in rauhe Gegenden. Tagelang rast ein Sturm über uns hinweg, kaum hält noch unser Anker im Grund, wir müssen einen anderen Ankerplatz aufsuchen. Es flaut ab, stürmt von neuem los. Als es etwas besser zu werden scheint, mache ich seeklar, nehme Abschied von so vielen lieben Menschen, die uns gastlich aufnahmen, südwärts geht wieder unser Kurs.
Diese Gegend, die für die Ostküste Südamerika dasselbe ist wie für Europa die Biskaya, ist berüchtigt. Der Golf von Santa Catharina trägt sogar auf der Seekarte die wenig aufmunternde Bemerkung: „Achtung! Bei aufkommenden Südostwinden steht schwere See und schwerer Strom auf die Küste zu." – Auf diese langgestreckte Sandküste zu, an der es vor Rio Grande do Sul keinen einzigen geschützten Hafen gibt.
Doch Glück muß der Mensch haben. Gerade diese Strecke, vor der ich eine geheime Angst gehabt habe, ist die einzige, an der wir gutes Wetter treffen. Sonst kennen wir überhaupt nur schlechtes Wetter in See.
Als dann der gefürchtete Südost losbricht, haben wir in zweiundfünfzigstündiger Fahrt die Molenköpfe von Rio Grande do Sul erreicht. In ohnmächtiger Wut stürzen sich die Wogen über die granitenen Mauern, hinter denen wir wohlgeborgen zu Anker liegen.
Wieder zieht es wie ein wunderschöner Traum an uns vorbei. Rio Grande, Porto Allegre, Pelatos, was uns früher kaum dem Namen nach bekannt war, ist zu einem festen Begriff, zu einer wunderschönen, unauslöschlichen Erinnerung geworden. An die 500 000 Deutsche wohnen im Staate Rio Grande do Sul.
Nun sind wir wieder draußen – Brasilien liegt hinter uns.

*

„Motor stopp! Äußerste Kraft zurück! Hart Backbord!" Aus dem Nebeldunst, in dem wir seit einer Stunde dicht unter der uruguayischen Küste segeln, taucht dicht vor uns eine feine, schäumende Brandungslinie auf, dahinter hebt sich, kaum sichtbar, ein graues Felsengewirr aus der blauen Flut. In der Mitte türmen sich diese Felsen zuhauf, als seien sie von Zyklopenhänden aufgestürzt. – Die Insel Castillo Grande liegt vor uns. Etwas reichlich genau „auf den Kopf" haben wir sie bei diesem Nebel und Dunst bekommen. Schmitt steht am Ruder, wirft das Handrad und damit das Schiff herum; gehorsam folgt die brave Holzpantine unserm Gebot. Nebel umfängt uns sofort wieder; wie ein Traum, wie ein Schemen sind Brandung, Insel und Felsgetüm wieder verschwunden.
Wurden wir genarrt, haben wir uns geirrt? Im Nebel sieht man auf See oft Dinge, die nicht vorhanden sind, im Nebel, der nicht ohne Grund so gefürchtet ist, verzerrt, verwirrt sich alles.
War es wirklich die gesuchte Insel? Wo liegt sie denn jetzt, wo die Felsenriffe? Wie können wir uns ihnen ohne Gefahr nähern?
Langsam und vorsichtig schiebe ich mich wieder auf den alten Kurs, Schmitt steht wie ein Luchs am Ruder, Christiansen, der heraufgestürzt ist, neben mir vorne im Schiff, wir versuchen den Nebel zu durchdringen, alle unsere Nerven, unsere Sinne sind aufs äußerste gespannt.
„Da liegt die Insel", rufe ich plötzlich, „Motor stopp!"
„Riechen Sie nicht diesen entsetzlichen Gestank, Christiansen? So riecht es auf Walfischstationen, den Tiergeruch kenne ich. So riechen aber auch Seelöwen in großen Massen."
Und plötzlich erleben wir wieder einen jener Augenblicke in See, um die es sich schon verlohnt, Sturm und Gefahr zu bestehen und mit einer Holzpantine durch die Weltenmeere zu torkeln.
Wie mit dem Zauberstab berührt, mit einer Plötzlichkeit, wie ich sie selten in meinen vielen Seefahrtsjahren erlebt habe, ist der Nebel fortgeblasen. Mit wunderbarer Bläue strahlt der makellose Himmel, strahlt warm die Sonne, bescheint das wunderbare Meer, aus dem sich weiß umbrandet die traumhaft wilde Felseninsel hebt.
Und die ganze Insel – lebt!
Tausende und aber Tausende von Seelöwen aller Größen und Gattungen liegen auf den dunkelgrauen Granitfelsen schlafend in der warmen Sonne, auch nicht das winzigste Grashälmlein ist zu erblicken.

„Das schickt uns unsere Schützerin, mit ihren strahlenden blauen Augen", denke ich, „das ist ihr Geschenk, nun geht auch die schwere Fahrt bis Montevideo gut aus!"
Wir liegen jetzt dicht unter den Felsen der Insel.
Schäumend und brandend rollt das Meer hinauf, fließt zurück, ewig, immer wieder jung ist dieses Spiel.
Nun kommen die ersten Seelöwen zu uns herangeschwommen, umtanzen, umspielen uns, tauchen bis zum halben Leib aus dem Wasser, bellen und grunzen gemütlich, machen tiefe Verbeugungen, tauchen unter, springen wieder aus der Flut heraus, quirlen um ihre Längsachsen, sehen uns mit ihren großen treuen Augen an, lachen dann, daß ihre struppigen Bärte wie Besenborsten abstehen, und schwimmen zur Insel zurück.
„Haben Sie Mut, Garibaldi, mit mir zur Insel hinüberzupullen? Es ist verdammt gewagt, die Brandung leckt hoch hinauf, nirgends ist ein ruhiges Landungsplätzchen."
Garibaldi sieht mich nur groß und vorwurfsvoll an, denkt wohl bei sich: „Und der Stier bei den Botokuden?", geht, ohne zu antworten, in seine kleine Dunkelkammer, taucht nach Augenblicken mit Kinos und meiner Miroflex wieder zur Oberwelt empor. Christiansen hat inzwischen unser Floßboot Möwe klar gemacht, der Blasebalg hat es stramm aufgeblasen, Garibaldi und ich steigen ein, für alle Fälle sehr leicht bekleidet, und setzen ab.
„Passen Sie auf, Garibaldi, tun Sie nur das, was ich Ihnen sage. Pullen Sie um Ihr Leben, wenn es sein muß; ich handhabe die Paddel achtern und lenke das Kanu."
Wie eine wirkliche Möwe gleitet unser Gummikanu durchs Wasser, kaum nähern wir uns den Felsen, als uns die See und die Brandung faßt. Nun heißt es aufpassen! Ich suche eine geeignete Landungsstelle und sehe hinter zwei torartig nebeneinander stehenden Felsen, durch die die Brandung besonders wild hereinwäscht, hinter der es aber sehr schön ruhig ist, ein großes Felsenrund, wie eine riesige runde granitene Badewanne. Darin tummeln sich – unzählige Seelöwen.
„Da gehen wir jetzt hindurch, Garibaldi, warten wir die zwei Brandungswellen ab, dann losgepaddelt, was das Zeug hält, sonst scheitern wir an den Felsen!"
Wir liegen vor dem Tor, die Bootsnase hineingekehrt, und warten. Da kommt die erste See, hebt uns hoch, will uns querschlagen, Garibaldi und ich halten aber das Kanu krampfhaft auf Kurs. Nun

kommt die zweite, höhere, sie hat einen schäumenden, sich überschlagenden Kopf, sie rollt heran, nun –. Wie es gekommen ist, weiß ich nicht. Gesehen haben weder Garibaldi noch ich etwas, wir werden plötzlich gehoben, sind umtobt von schäumendem Gischt, werden unwiderstehlich mitgerissen – halten dabei aber umbewußt die Nase des Kanus in der Fahrtrichtung – berühren rechts und links beinahe zwei hohe feuchte graue Granittürme und sind ebenso plötzlich im „Schwimmbad" angelangt. Leicht pendelt darin unser Kanu.

Doch jetzt geschieht etwas Merkwürdiges. Das Wasser beginnt zu kochen und zu zischen, ein Höllenspektakel setzt ein, das Boot ist umringt von Hunderten von Seelöwen, die empört sind, daß jemand es wagt, ihre beschauliche Ruhe zu stören.

„Garibaldi, schnell, sonst werfen die Kerle uns um!"

Von allen Felsen, aus allen Ecken springen in eleganten hohen Luftsprüngen die Seewöwen und Seehunde ins Wasser, als wäre es ein Sprungwettbewerb. Wir sind von den Spritzern bis auf die Haut durchnäßt, nur gut, daß keiner der kühnen Harrasse in unser kleines Kanu hineinspringt.

So schnell wir können, paddeln wir an einen flachen Felsen heran, Garibaldi springt behende hinaus, nimmt seine Apparate an Land, ich folge, und ehe die Brandung das Boot vollschlagen kann, haben wird es hoch und trocken auf die Felsen gezogen.

Einen Augenblick sehen Garibaldi und ich uns an, dann atmen wir tief auf und – beginnen wie die Tollen zu lachen, bis uns fast die Tränen aus den Augen kullern. Denn unter uns, in dem herrlichen granitenen „Badebassin" tummeln sich die Seelöwen. Sie schauen uns groß und verwundert an, heben sich bis zur halben Leibeshöhe aus dem Wasser, und plötzlich, wie auf Kommando, fängt die ganze Gesellschaft an, laut zu schimpfen und zu bellen. Man sieht ihnen direkt an, wie sie sich ärgern, daß wir so heil entkommen sind. Und nun gar schiebt sich plötzlich, ganz dicht hinter unseren Köpfen, ein ungeheures, mit riesiger brauner Mähne behangenes Haupt hervor. Der Seelöwe glotzt uns mit großen entsetzten Augen an, reißt den Rachen auf, der mit riesigen gelben Zähnen bewehrt ist, schüttelt sein weises Haupt grunzt wie ein junger Elefant, watschelt wie ein altes, rothaariges, beleidigtes Dienstmädchen ganz dicht an uns vorüber, springt dann aber mit einem kühnen Satz ins Wasser und führt jetzt dort unten den Chor der Rache mit Mißakkorden an.

Garibaldi und ich nehmen Kino und Fotoapparat zur Hand und durchwandern die rund zweihundert mal zweihundert Meter große Felsenburg.

Was wir jetzt hier im strahlenden Sonnenschein, angesichts des blauen Himmels und des blau leuchtenden Meeres und der schäumenden, dröhnenden Brandung erleben, läßt sich kaum beschreiben. Ich wenigstens kann es nicht, dazu fehlen Worte. Das kann man nur selbst erlebt haben und – im Film wiedererleben.

In ganzen Familien, zu ganzen Kolonien, zu ungeheuren Herden liegen die Seelöwen auf den sonnenbeschienenen Felsen, etwas abseits meist ein mähnenbehangener, uralter Bulle, der eigentlich aufpassen soll, der aber umso fester schläft und erst schimpfend aufwacht, wenn ich ihm sanft meinen Fuß in die Seite stoße, damit er sich bewege und Garibaldi ihn auf unser Filmband zaubere.

Wenn man fette, mißgelaunte, gern Bier trinkende und Karten spielende Männer grundlos aus dem Sonntagnachmittagsschlaf weckt, machen sie ebensolche Gesichter und aufgesperrte Rachen und grunzen genau so.

Wir wandern nun um die ganze Insel.

Überall das gleiche Bild. In einigen versteckten Ecken ruhen unbeobachtet sein wollende Liebespärchen, meist ist es ein alter Mähnenlöwe mit einer jungen, schlanken Schönen mit schmalem Kopf und ausdrucksvollen Augen. Wir sind Kavaliere und lassen sie in Frieden. Wir sind sogar so taktvoll, sie nicht ins Bild zu bannen, bis auf einen Fall. Da war es fast menschlich, wie ein alter, ungeheurer Kerl vergblich um ein schlankes Fräulein balzte, wobei ihm buchstäblich die Tränen aus den großen Kulleraugen liefen.

In der Luft kreisen Möwen und Albatrosse, im Wasser tummeln sich zu Tausenden die schlanken, behenden Tiere, quirlt es auf von unzähligen Fischen, die zur Mahlzeit direkt einladen, von allen Seiten leckt die Brandung empor, und dahinter liegt wartend die kleine weißleuchtende „Feuerland".

Als alle mitgenommenen Filmrollen und Kassetten aufgebraucht sind, wandern wir zu unserm Boot zurück.

Da aber sehe ich plötzlich die Kehrseite des Lebens: riesige Lachen Blutes versperren uns den Weg, ringsherum liegen schwerverwundete Tiere, einige sind tot, weit sind ihre Flanken aufgerissen, mit klaffenden Wunden die Körper bedeckt; auch hier gibt es Kampf ums Leben, Kampf ums – Weibchen.

Auf demselben Wege, auf dem wir in unser prächtiges Ganitbassin hineingekommen sind, gelangen wir wieder heraus, gefolgt, umbalgt von Hunderten von schlanken, aus dem Wasser ragenden und bellenden Köpfen. Jetzt scheinen sie sich zu freuen, denn niemand hat ihnen etwas zuleide getan.

Als ich eben an Bord bin und wieder Kurs aufnehmen lasse, nähert sich uns um die Inselspitze herum, wie aus dem Meer emporgetaucht, ein großes Boot.

Ein weiß schimmerndes Segel bläht sich im Winde, zehn, zwölf Riemen werden von braunen Fäusten durchs Wasser gezogen, diese Fäuste gehören zu etwas wüst aussehenden Gesellen. Ein bißchen unheimlich wird mir zumute.

Wir könnten zwar davonlaufen, mit Motor und Segel lachend abziehen, aber das Abenteuer reizt mich. Ich drehe bei.

Das Boot kommt längsseit; achtern in seinem Heck sitzt der wildeste von den Kerlen und schwenkt die Flagge von Uruguay, in dessen Gewässern wir uns ja befinden.

„Das sind Piraten, Christinsen", sage ich leise, „Vorsicht, holen Sie unbemerkt unsere Parabellums herauf. Passen Sie auf, wenn was passiert!"

„Wir sind Regierungsfahrzeug, wir schützen die Seelöwen. Ihr habt die Insel ohne Erlaubnis betreten, wir müssen euch gefangennehmen!" tönt es aus dem Boot.

Da sehe ich mir diese wilden, halbzerlumpten Kerle etwas belustigt an, ich habe sie für harmlose Piraten gehalten, und nun entpuppen sie sich gar als Regierungsmänner.

Als das Boot unsere Bordwand berührt, springen zehn dieser Gesellen, in ihren Fäusten unheimliche blutige Knüppel, mit denen sie sonst die Seelöwen totschlagen, auf unser Deck. Wir paar Mann sind sofort umringt.

Der grimmige Führer tritt sofort auf mich zu (ich habe noch weniger an als er!) und herrscht mich an: „Wer sind Sie, und wie können Sie es wagen, die Seelöweninsel zu betreten? Sie wissen doch, daß das verboten ist!"

„Wir? Wir sind Piraten des Ozeans, wir ziehen in der Welt umher als freie Seeleute. Wir fahren dorthin, wo es uns gefällt, und niemand kann uns hindern."

Die blutigen Knüppel senken sich, der Führer wird sichtlich freundlicher. „Haben Sie Seelöwen geschossen?"

„Ja, viele, sehen Sie her, Garibaldi ist gerade bei seinem Maschinengewehr und ‚schießt' die letzten."

Mißtrauisch tritt die ganze Bande an unser Kino. Dann sehen sie uns etwas verblüfft und unsicher an, aber ohne recht zu wissen, ob sie lachen oder böse werden sollen. Schließlich kommt der Führer meiner Einladung nach und geht mit mir in meine Kajüte hinunter. Bei einer guten Zigarre und einem tüchtigen „Feuerlandswasser" wird der Friede feierlich geschlossen.
Viele andere Zigarren und Zigaretten und manch „Feuerlandswasser" wandern an Deck, nun kommt das ursprünglich Kindhafte, Freundliche dieser braven Menschen durch, sie lachen und freuen sich, tollen an Deck, im Motorenraum, im Logis herum, sie lassen ihr Boot von uns schleppen und lotsen uns ihrerseits durch ein paar Felserriffe hindurch, womit wir viele Seemeilen Weg sparen.
Als wir sie loswerfen müssen, will das Händeschütteln kein Ende nehmen.
„Viva Uruguay!" rufen wir zum Abschied.
„Es leben die Piraten des Ozeans!" tönt es begeistert aus rauhen Kehlen zurück.

*

Viele Stunden sind wieder vergangen. Das herrliche Wetter hat angehalten, schon blitzen die ersten Lichter von Montevideo auf. Eine der schwersten Strecken unserer Fahrt liegt glücklich hinter uns.
Halb im Einschlafen höre ich dann die Wache oben an Deck gehen, höre die Segel, höre das Ruder, das gelegt wird. Das gleichmäßige Lied unseres guten, treuen Motors wiegt mich in den Schlaf.
Da taucht im Traume „die blaue Stunde" wieder vor meinem Geiste auf, zwei blaue Augen blicken wie leuchtende Sterne wachend und schützend auf die kleine Holzpantine, ich sehe zwei bittende, schützende Hände, eine Traumgestalt zerflattert im Tanz, dann sinke ich ins Nirwana – ein Pirat des Ozeans.

*

Wie ein Märchen versinkt Montevideo, die Hauptstadt von Uruguay, im Mündungswasser des La Plata.
Ein kleines New York ist diese Stadt mit ihren ragenden Steinbauten. Märchenhaft ist ihre Entwicklung durch den Krieg und

nach dem Kriege. Wunderbar schön sind die Straßen, die Parks, die weiten, schimmernden Strande, das überelegante Leben, die kaum noch zu entwirrenden Automassen. Und ebenso wunderbar ist die Goldwährung dieses kleinen Musterländchens, das als einziges in der Welt einen höheren Kurs als der allmächtige nordamerikanische Dollar hat. Am märchenhaftesten sind aber in dieser Stadt die unerschwinglich hohen Preise. Für die Taxe einer rund einstündigen Autofahrt zum Beispiel könnte man in den Staaten sicherlich schon ein recht gut fahrbares Auto kaufen.

Wir schwimmen jetzt im La Plata, dem „Silberfluß". Ein steifer Südost, der hier für uns zum ersten Male aus einem ewigen Feind zum Freund wurde, fegt in unsere Segel, eine hohe, kabbelige See, wie draußen im freien Ozean, umtanzt uns und läßt uns in allen Gangarten mittanzen. Man glaubt auf diesem ungeheuer großen Fluß, der dabei noch nicht mal einer der größten amerikanischen ist, irgendwo draußen im Meere zu fahren.

Und vom Silber dieses Siberflusses merkt man gar nichts. Höchstens denken wir wehmütig daran, wieviel Silber wir in Montevideo loswurden und wahrscheinlich ab morgen in Buenos Aires noch loswerden sollen!

Oder stammt der Name davon her, daß man an den Ufern dieses Flusses schon viel Silbergeld verdient hat? Heute verdient man zwar kein Silbergeld mehr, aber das aus Papier ist nicht minder gut, nur kostet es heute etwas reichlich mehr Arbeit, es zu verdienen.

Das Flußwasser um uns herum ist schmutziggrau, es trägt Unmassen von Erde und Humusboden mit sich for; weit, weit draußen in See kann man in dem sonst glasklaren Meer den Auslauf des La Plata bemerken und fast danach navigieren. Einen Tag, eine traumhafte Nacht dauert unsere brausende Fahrt, dann taucht bei Sonnenaufgang, genau gegenüber dem sich aus dem Flußbett erhebenden glühend roten Ball, ein zweites Märchen auf, ein zweites kleines New York, doch viele Male größer und mächtiger als die Schwester Montevideo: Buenos Aires! Die Stadt der „guten Winde", die Hauptstadt des Riesenlandes Argentinien, die Stadt, das Land der märchenhaften Größen, Schönheiten und Reichtümer. Hier in dieser einen Stadt konzentrieren sich beinahe der Wohlstand und die Kraft des mächtigen Landes mit seiner ungeheuren Zukunft; auch hier grenzt jetzt

schon die Entwicklung durch den Krieg und nach dem Kriege ans Unwahrscheinliche. – „Armes Europa mit all deinen kleinen Sorgen und Zänkereien!" muß ich immer wieder denken.
Wie es sich für einen „Seekreuzer" gehört, liegen wir um zehn Uhr vormittags tadellos aufgemacht vor der Einfahrt zum Nordhafen von Buenos Aires.
Im Vortopp weht mein Jachtklubstander, darunter die argentinische Flagge nach Vorschrift, am Klüverbaum die blaue Ullsteinhaus-Flagge mit dem gelben Uhu, achtern meine deutsche Seeflagge mit dem Eisernen Kreuz in der Gösch und an der Gaffel, zur Feier dieses großen Tages, leuchtend rot, wie eine Oriflamme, der Wimpel der „Feuerland"
Das ganze Schiff ist wie geleckt, schneeweiß die Farbe; frisch wie aus einer Spielzeugschachtel entnommen, schaut unsere brave Holzpantine aus. Wir wissen, was wir unserm Namen und der Hauptstadt des uns so befreundeten Landes Argentinien schuldig sind.
Vor dem Argentinischen Jachtklub, einen imposanten Gebäude am Kopfe der Nordeinfahrtsmole, drehen wir auf, dippen die Flagge zum Gruß, heulen dreimal mit unserer Sirene und – warten.
Kein Arzt, keine Hafenbehörde, kein Zoll erscheint, um uns abzufertigen. Endlich kommt eine gemütliche kleine Hafenbarkasse an uns vorüber; der dunkelhaarige, freundlich lachende Bootsführer ruft uns zu: „Hier kommt keiner für Sie, Sie müssen außen herum und zum Südhafen!"
Lacht, winkt, klascht in die Hände, heult dreimal mit seiner kümmerlichen Pfeife uns zum Guß und dampft ab.
„Also zum Südhafen, Christiansen, hart Backbord, wieder raus aus der Bude!"
Nach einer Stunde kommen wir glücklich im Südhafen an. Es wimmelt von Dampfern und Fahrzeugen aller Art und aller Nationen, um uns kümmert sich niemand. Da pendele ich denn gemächlich weiter, immer im Hafen entlang, und winde mich durch ein geradezu unheimliches Gewühl von Dampfern. Die Hafenanlagen von Buenos Aires könnten heute schon das Mehrfache so groß sein, sie würden trotzdem noch zu klein für diesen nach dem Kriege riesenhaft angewachsenen Verkehr sein.
Alle Nationen geben sich hier ein Stelldichein, man kann hier alle Flaggen der Welt studieren, auch solche, die es früher noch nicht gab. Viele deutsche Flaggen, meist von den schönsten und größten

Dampfern, grüßen in der wunderbaren Frühlingssonne. Wir haben ja jetzt September, hier unten ist also Frühling. Wenn wir an deutschen Brüdern vorbeikommen, heult unsere Sirene besonders laut den dreimaligen Gruß, senken sich die gemeinsamen Farben freundschaftlich und einig voreinander.
Plötzlich ist unsere Entdeckungsfahrt anscheinend aus. Zwei große Brücken riegeln den Schlauch, in dem wir fahren, ab.
Doch siehe da, als wir näher kommen, öffen sich wie auf ein Zauberwort diese Drehbrücken, wie ein Nußschälchen laufen wir zwischen den hohen Granitmauern durch, auf beiden Seiten stehen Haufen von Menschen, man winkt uns freundlich zu, man klatscht in die Hände, viele schwenken Mützen und Hüte, rufen: „Viva Alemania, viva la chica goleta alemana!" Wir sind hier offensichtlich bekannt. „Viva Argentina!" rufen wir immer wieder zurück.
Über diesen Empfang sind wir einfach sprachlos, obwohl wir auf unserer langen Fahrt wirklich allerhand Freundliches erlebt haben.
Neue Brücken kommen, dahinter immer wieder ein neues Bassin, alle sind zum Bersten voll von Dampfern, Schuten, Fahrzeugen aller Art. Oft würden wir nicht klarkommen, wenn man uns nicht von allen Seiten gern und freundlich Platz machte.
Nach zwei Stunden haben wir den ganzen Hafen durchfahren und sind – wieder vor dem Argentinischen Jachtklub im Nordhafen angelangt, wo wir heute morgen zuerst waren. Nur sind wir diesmal von „innen" gekommen.
Jetzt hat unsere Odyssee plötzlich ein Ende.
Ein Boot des Jachtklubs kommt längsseit, weist uns die allerbeste Festmacheboje direkt vor dem Jachtklub an und versorgt uns mit allem Notwendigen. Wir sind von nun ab Gäste des größten und schönsten Klubs Argentiniens.
Irgend jemand hat an Land wohl telefoniert, denn am Nachmittag kommen die gänzlich überraschten Behörden an Bord, um uns abzufertigen. Das geschieht mit ungemeiner Liebenswürdigkeit, alle nur denkbaren Erleichterungen bekommen wir jetzt und während des ganzen Aufenthalts in Argentinien.
Die argentinischen Zeitungen sind voll von uns, der deutsche Name wird überall ehrenvoll genannt, eine der kleinen geheimen Aufgaben, die ich mir gestellt habe, geht damit in Erfüllung.

Und nun ergießt sich ein Strom von Freunden über die kleine, schmucke Holzpantine. Die deutschen Zeitungen an der Spitze, Fotografen, Kinoleute, Presseleute, alle argentinischen, italienischen, amerikanischen, englischen Zeitungen, Deutsche, Deutsche, Deutsche, alte Kameraden aus frühester Kadettenkorpszeit, Marinekameraden, Kriegskameraden, Schicksalsgefährten, in fünf verschiedenen Sprachen muß ich immer und immer wieder dasselbe erzählen, muß mit meinen Fahrgenossen, vor allem mit „Schnauf", dem solche Aufmerksamkeit gar nicht behagt, immer wieder stillhalten, wenn fotografiert wird. Mir schwirrt der Kopf.

Als ich endlich abends die strahlend erleuchtete, lebendigschöne Stadt betrete, prangt mir von allen Seiten das Bild der „Feuerland" und seiner Besatzung entgegen, alle Blätter bringen uns schon spaltenlang, ganze Seiten, am häufigsten steht darin: „Schnauf, el mascote del commandante."

Hier wird schon mit nordamerikanischer Schnelligkeit gearbeitet; Tempo ist die Parole.

Und nun diese Stadt der guten Winde selbst! Wie eine schöne, recht dezent geschmückte Frau breitet sie sich uns lächelnd im strahlenden Frühlingssonnenschein dar, wir greifen zu, herzhaft und ganz.

Imposante Häuser, prachtvolle Parkanlagen, vollkommen newyorkähnliche Straßen, verlockende Geschäfte, wogendes, rasendes Leben und ein Gewimmel zu manchen Tageszeiten, daß man kaum noch vorwärts kommen kann. Zu gewissen Stunden sind einzelne Straßen für den Autoverkehr völlig gesperrt. Das schwere Problem streckt auch hier schon seine Grimasse über die Stadt: Wie soll in Zukunft dieser stets anwachsende Verkehr bewältigt werden?!

In den eleganten Läden und Geschäften ist alles zu haben, was sich ein verwöhnter Europäer wünscht, nur zu enormen Preisen selbstverständlich. Elegante, schöne, unnahbare Frauen, gut angezogene Menschen, alles geht mit größter Höflichkeit und Zuvorkommenheit zu, ganz erstklassige Restaurants, darunter italienische, in denen man beinahe besser „italienisch" ißt als in Italien selbst.

Doch eins steht lichterloh über der Stadt: Arbeit, Arbeit, und wieder: Arbeit und – Tempo!

Unsere hilfsbereiten Freunde haben uns erst recht nicht vergessen.

Als erste sind die Herren von Deutz da, die sich während des ganzen Aufenthalts rührend um uns bemühen. Sie wurden uns treue Freunde. Dann kommen die Herren von Bosch, der Agfa, Zeiß, sie alle wollen uns helfen, nehmen die Holzpantine unter ihre Fittiche. Wir sind glücklich über so viele Beweise der Freundschaft und Hilfsbereischaft.
Meine Fahrtgenossen finden beim Besitzer des neuen deutschen Bundes, Herrn Wiesener, dem „Freunde der Feuerland", tagtäglich gastliche Aufnahme, die Palermobrauerei stiftet für die armen verdursteten Seemannskehlen kühle Medizin. Natürlich bleiben die deutschen Dampferagenturen, die verschiedenen „dicken deutschen Brüder", unsere ganz besonders mitfühlenden Freunde, nicht zurück. Eines Tages rauscht sogar der Traum von Schönheit, das „Schwesterschiff" der „Feuerland" vorbei, die „Cap Arcona". Schmunzelnd betrachten nach solchen Besuchen Christiansen und ich unsere kleine Proviantlast, unser winziges Hellegatt, wo dann plötzlich einige gute deutsche Dauerwürste, etwas weiße Farbe, ein Ballen Twist, Schiemannsgarn und – Schwarzbrot hängen und stehen. Dank euch guten Freunden allen!
Mein Segelfahrtsfilm läuft eines Abends unter großem Erfolg, meine Ullsteinbücher werden mir wiederum fast aus der Hand gerissen, ich muß zu meiner Freude zum fünften Male um Ersatz ans Ullsteinhaus nach Hause drahten.
Dann sind auch wir bereit zu unserer kleinen Mission, soweit unsere Kräfte ausreichen.
Täglich kommen Interessenten an Bord. Sie sehen sich immer in erster Linie unsren Deutz-Diesel-Motor an, unsere Kinos, Instrumente, die Agfaerzeugnisse, das Schiff selbst, kurz diese ganze schwimmende kleine deutsche Ausstellung, die die Holzpantine nun mal unbewußt geworden ist.
Sehr eingehend sind stets diese Besichtigungen, wir fahren oft weit hinaus, das Schiff voller Interessenten, Sachverständigen, Konkurrenten. Alle sind befriedigt, und ich – bin glücklich. Ich sehe und fühle: außer meiner eigentlichen Aufgabe kann ich wieder mal, wie in fast allen anderen Häfen, ganz still für uns allein, ohne Tamtam, fürs deutsche Vaterland wirken.

*

Plötzlich bin ich mitten in der Pampa.
Wie das Meer selbst, so groß, so weit, so unendlich schön umgibt sie mich. Ich reite, liege stundenlang im Grase, staunend immer und immer wieder, was hier geleistet und gearbeitet wird, wovon wir in Deutschland gar keine Ahnung haben.
Ich jage stundenlang im Sattel mit den Peons hinter den Kindern her, jage mit unserm deutschen Gastgeber, Herrn Lupp, von der deutschen Estancia Isla Verde durch Teile seines Gebietes. Sie hat ja „nur" zweihundert Quadratkilometer, ist „nur" fast neunzigtausend Morgen groß, sie ist die kleinste von den umliegenden Estancien, die kleinste der Kompanie Engelbrecht Hardt, die mich und Garibaldi einlud.
Immerhin sind einzelne der Camps so groß, daß man ihre Drahtzäune nicht mehr sieht, da sie bereits hinter dem Horizont liegen. Hier hat man absolut das Gefühl, in wirklicher, freier Pampa zu sein, so, wie es uns aus frühester Kindheit, aus unsern Gauchobüchern her in Erinnerung ist.
Auch hier steht über allem: Arbeit, Arbeit und wieder Arbeit!
Der letzte Pampatag ist da, die Zeit verging, ich weiß nicht wie. Im Abendschein sehen wir noch vom Sattel aus Tausende von wunderschönen Rindern vorbeiziehen, die in einen Sonderzug verladen werden. Eine Stunde später eilen sie nach Buenos Aires, morgen um diese Zeit schwimmen sie längst, in tadellose Stücke zerlegt, mit Gazehemden bekleidet, auf dem Ozean, auf dem Wege nach Europa. – Tempo!
Dann werden die letzten Pferde, die heute vor unseren Augen „gebrochen", also zum ersten Male aus der Wildnis eingefangen und geritten wurden, von ihren Marterpfählen losgebunden.
Sie lernten zum ersten Male in ihrem Leben kennen, was Arbeiten heißt.
Die „Feuerland" rüstet zum Abschied.
Viele Freunde kommen nochmal an Bord. Deutz sendet einige Pullen eiskalten Champagner. Als ich die Gläser vollschenken will, perlt, kling, kling, Badesalz ins Glas. Der Sekt ist so gut kalt gestellt worden, daß er in den Flaschen gefroren ist. Dann löst sich das „Badesalz" plötzlich auf, und Duft strömt durch meine kleine Kajüte.
Tausende haben sich auf der Nordmole eingefunden, schwer wird uns der Abschied. Hände werden gedrückt, Blumen füllen alle Räume, hier und da wird manch Tränlein verstohlen getrocknet,

ein großer Schlepper voll von Deutschen, der aber nur einen Bruchteil von den Freunden tragen kann, die gerne mit wollen, gibt uns das Geleit.
Dann heulen die Sirenen, senken sich die Flaggen, Argentiniens wundervolle Hauptstadt mit ihrer märchenhaften Zukunft sinkt im gelben Flußwasser mit der untergehenden Sonne hinab.
In meiner Kajüte aber berge ich vier wichtige Schreiben von den argentinischen obersten Behörden. Ich darf nicht nur über argentinisches Gebiet fliegen, wo es mir beliebt, es sind darunter auch drei Befehle an alle unterstellten Behörden, sich unserer, der Holzpantine und des Flugzeuges mit aller Sorgfalt anzunehmen.
Hab Dank, du gastliches Land Argentinien!

Das Staatswappen der Republica Argentina in den zwanziger Jahren unseres Jahrhunderts.

Auf Legerwall

„Na, Seppl Schmitt, so langsam kommen wir in die Nähe unseres Kap Horn, was?" Seppl hat Wache, er steht meben mir an Deck und schaut zu der kleinen Insel hinüber, die eben aus der Flut taucht und die wir ansteuern. In beispiellos schneller und guter Fahrt sind wir von Buenos Aires hier heruntergesegelt, sind schon jetzt an den fünfundvierzigsten Breitengrad heran, sind dabei erst sechs Tage wieder in See. Im Geiste drahte ich schon nach Hause, daß wir glücklich unser Ziel erreichten.

Der Wind ist völlig flau, der Himmel blau, die See ruhig, mit starker Dünung, leider aber fällt das Barometer langsam.

Nun haben wir die Felseninsel Rasa, kurz vor dem argentinischen Hafen von Puerto Desado, erreicht. Sie ist völlig menschenleer und absolut vegetationslos, dafür wimmelt es aber auf ihr von Seelöwen. Glaubten wir neulich schon, als wir „Piraten des Ozeans" waren, etwas Besonderes erlebt zu haben, so merken wir hier erst, was es heißt, wenn viele Tausende von Seelöwen völlig ungestört zusammenhocken.

Alle Mann sind an Deck, Garibaldi baut gerade unseren Askaniaapparat auf und will kurbeln. Das kleine Beiboot wird ausgeworfen, um vielleicht von Lee her an Land zu gehen. Leuchtend steht die Sonne am Himmel, und schäumend bricht sich die lange Ozeandünung als mächtige Brandung an den steil aus der Flut ragenden Felsenmassen. Wir sind kaum noch zwanzig Meter von der Insel entfernt, der Motor hat gestoppt, läuft ausgekuppelt und leise brummend mit.

Vor uns ein Anblick, der einfach unbeschreiblich ist. Seelöwen von ungeheurere Mächtigkeit, mit riesigen braunen wallenden Mähnen strecken uns ihre Häupter entgegen, im Wasser wimmelt es, alles grunzt und bellt durcheinander. Hierher kommen ja so selten Menschen, daß die Tiere sich absolut nicht stören lassen. Ich stehe vorn neben Garibaldi, der gerade die Kinokurbel ergreift.

Da Plötzlich ertönt ein furchtbares Krachen, als ob das ganze Schiff auseinanderfliegen will. Sind wir auf ein Felsenriff gerannt? Garibaldi und Schmitt springen wie losgelassene Teufel in den Motorenraum. Stille, der Motor stoppt.

An Deck ist außer mir nur Garibaldi geblieben, Harry sitzt unten im Logis und futtert mal wieder, die „Feuerland" segelt wie magnetisch angezogen auf die Brandung, auf die Felsen zu, die nur noch zehn, fünfzehn Meter von ihr enfernt sind. Da springe ich ans Ruder, werfe es nach hartbackbord herum, wie ein Verzweifelter laufe ich an die Großschot, hole sie dicht, ich weiß selbst nicht, woher mir plötzlich diese Kräfte kommen.

Jetzt, im Augenblick allerhöchster Gefahr, ist in mir völlige Ruhe; in wenigen Minuten muß sich das Schicksal der „Feuerland" entscheiden. Unten im Motorenraum arbeiten Christiansen und Seppl wie die Wilden, der Motor springt endlich wieder an, wieder dieses furchtbare Krachen, der Motor stoppt abermals, traurig und etwas blaß, aber völlig ruhig wie immer, kommen beide endlich aus dem Motorenraum heraus. „Motorpanne", sagt Christiansen nur kurz, sieht nach vorn, sieht die Gefahr mit einem Blick und nimmt mir das Steuerrad aus der Hand.

Werden wir zerschellen, werden wir freikommen? Wir haben keinen Wind, kein Mittel, uns zu bewegen, nun hilft uns nur noch der Himmel!

Da, im letzten Augenblick, kommt ein leiser Luftzug von der Insel her, es ist wohl eine Art leichter Luftzirkulation. Die „Feuerland" beginnt ganz langsam dem Ruder zu gehorchen, langsam, o wie langsam fällt der Bug ab, nun haben wir die Nase des Schiffes wieder zur freien See gekehrt. Ich packe den stets kauenden Harry am Kragen, springe mit ihm in unser Beiboot, mache achtern eine Leine fest, nun rudern wir beide um Schiff und Leben.

Endlich sind wir frei, und ich atme auf.

Nach Stunden kommen die beiden Anderen ins Boot, lösen Harry und mich ab, nach Stunden sind wir wieder dran.

Unser braver guter Motor schweigt! Derselbe, der bisher so treu Tausende und aber Tausende von Seemeilen, Tausende von Stunden, ohne auch nur einmal zu versagen oder Launen zu zeigen, unter den denkbar schwersten Bedingungen treulich gearbeitet hat.

Einer jener lächerlichen Zufälle im Leben ist auch bei uns eingetreten. Durch das schwere Arbeiten des Schiffes in der hohen Dünung hat sich ein Motorteil gelöst, und gerade der betreffende Ersatzteil ist nicht an Bord. Wir müssen also irgendwohin zur Küste zurück.

Als ich wie tot in meine Kajüte herunterkomme, den ersten Blick auf den Schreibbarographen werfe, geht die feine blaue Linie bereits senkrecht abwärts. Das bedeutet Schlechtwetter, bedeutet Südostwind. Ausgerechnt Südost, hier, an der völlig ungeschützten, hafenlosen Küste, und ohne unsern Motor!

Die Nacht bricht herein, wir haben uns mit List und Tücke und mit angespanntester Arbeit in die Nähe der Küste, dicht an die Felseninsel Leones, auf der ein bewachter Leuchtturm steht, herangearbeitet.

„Da kommt ein Dampfer", ruft Seppl Schmitt und zeigt durch die Nacht nach vorn, wo eben schwach ein rotes und grünes Seitenlicht auftauchen.

„Darauf zuhalten! Wollen sehen, ob er Nachrichten von uns mitnimmt." Der Wind ist aufgefrischt, die See noch verhältnismäßig niedrig, wir segeln mit voller Leinwand, wunderbar hält die kleine Holzpantine ihren Kurs.

Da schieße ich einen weißen Stern, noch einen, nun einen roten. Wie Kometen, wie damals in der Winternacht in der Biskaya – Herrgott, wie lange ist das schon her – steigen die leuchtenden Kugeln in die Nacht hinauf.

Wir sind dicht am Dampfer, er hat gestoppt. Unser Beiboot ist immer noch aus und schleppt hinterher. Ich springe hinein, Harry und Garibaldi pullen, wir gehen zum Dampfer hinüber, der wie ein ungeheurer Walfisch dunkel und schwer im Wasser liegt. Nun sind wir längsseit, mal sind wir so hoch wie die Reling, mal tief, tief unten irgendwo in einem Wellental, endlich haben wir die Vorleine. Die Lotsenleiter wird herabgeworfen, ich klettere an Deck.

Wie ein Gespenst, wie ein richtiger Pirat werde ich in meinem Aufzug – schön und gepflegt sehen wir „Feuerländer" in See ja nicht aus! – an Deck angestarrt. Endlich gelange ich auf die Brücke.

„Wohin des Weges, Kapitän?" frage ich.

„Nach Buenos Aires. Wollen Sie mit? Was ist Ihnen passiert? Wo kommen Sie überhaupt her?"

„Ach, weiter nichts, schade nur, daß Sie nicht nach Comodoro Rivadavia gehen, wir haben etwas Eile, Sie hätten uns schleppen können, nun kreuzen wir allein dorthin, wir sind nämlich von der kleinen Goleta, der „Feuerland".

Damit schütteln wir uns die Hände. Der Kapitän ist so liebenswürdig, und das ist mir das Wichtigste, einen Brief nach Buenos Aires zu unseren Freunden mitzunehmen, damit sie uns den Ersatzteil schnell schicken können.

Diese kurze Unterhaltung war Veranlassung, daß in alle Welt geradiot wurde, die „Feuerland" sei treibend und in Seenot im Ozean aufgefischt und nach Comodoro geschleppt worden. Als

wir Wochen später diese Schauermär lasen, denen sich dann noch viel dümmere zugesellten, haben wir herzlich gelacht. Wir sind an ihnen völlig unschuldig, wir haben uns brav und ehrlich allein durchgerungen.
Der erste Windstoß fegt über das Wasser, er kommt – aus Südost!
„So, Jungens, jetzt geht's um die Wurscht! Jetzt heißt es ein paar Tage: die Zähne zusammen, eisern aufpassen, wir müssen jetzt beweisen, daß wir was können."
Die „Feuerland" tanzt wie immer in schwerer See, wir sind das ja gewöhnt. Sonst hatten wir aber stets unsern Motor bei uns, jetzt sind wir reine Segeljacht. Hoch, so hoch wir können, liegen wir am Winde, alle Segel stehen, wir kreuzen, kreuzen, wir liegen auf Legerwall.
So heißt der seemännische Ausdruck für das, was wir jetzt tun.
Nur wenige Menschen in der Welt wissen heute überhaupt noch, was es heißt, auf Legerwall zu liegen, nur wenige erleben es noch.
Ich persönlich habe an diesem einen Male genug!
Zu unserer Rechten erstreckt sich die argentinische Küste, völlig schutzlos, die Brandung rollt hoch hinauf. Davor ist die Insel Leones, ihr Leuchtfeuer winkt uns wie zum Troste, wie ein gütiger Finger Gottes durch die Nacht.
Von der Südostspitze dieser Insel aus geht ein unheimlich langes Riff viele Seemeilen in See hinaus, dieses Riff wollen wir umsegeln, um dieses Riff kämpfen wir, vor diesem Riff liegen wir auf Legerwall.
Denn der Wind steht so, daß wir mit allen Finessen kreuzen müssen, um so hoch zu kommen, daß wir gut frei segeln und die tiefe Bucht von Comodoro gewinnen können.
Daran hindern uns der Sturm und der starke Strom.
Und so segeln wir, so kämpfen wir, so kreuzen wir, tanzen wie im Tollhaus hin und her, wenden, segeln, wenden wieder – mit jedem langen Schlag kommen wir um Meter den entsetzlichen Riffen näher. Wenn nicht endlich der hohe Seegang aufhört oder der Wind seine Richtung ändert, können wir uns ausrechnen, wann wir auf den Felsen sitzen und die Haie unsere Knochen abknabbern.
Tag und Nacht kämpfen wir nun schon so.
Wieder ist ein Morgen angebrochen, wir liegen hart am Winde, ich stehe an Deck, wir alle sind müde zum Umfallen, an Schlafen ist in solchen Zeiten nicht zu denken.

„Klar zum Wenden!"
Schmitt legt langsam Ruder, vorn wirft Harry die Vorschoten los, jetzt killen die Segel wie wahnsinnig, es ist der Augenblick, wo selbst die stärksten Segel zerreißen können. Die Riffe schäumen nur wenige hundert Meter vor uns, jetzt müßten wir mit der Nase durch den Wind, da kommt eine neue See herangerollt, höher als alle übrigen, wirft sich mit Macht gegen unsern Bug, wirft uns auf die alte Seite zurück, der Strom packt uns, wir fegen auf die schäumende Linie zu, unter der die Riffe heimtückisch lauern, wir sind nur noch ein willenloses Stück Holz.

„Alle Mann auf! Klar zum Halsen!" Nun wird es sich entscheiden, ob wir am Riff ruhmlos zerschellen werden.

Auf meinen „Alle-Mann-Ruf" sind die anderen, todmüde wie sie sind, an Deck gestürzt, ganze vier Männekens stehen neben mir, arbeiten wie die Verzweifelten, ruhig wie echte deutsche Seeleute.

Am Ruder steht Schmitt, achtern am Besan der Kameramann Garibaldi, am Großsegel Christiansen mit mir, an den Vorsegeln Harry, Schnauf schaut ganz verwundert aus seiner „Villa Schnauf" heraus, verkriecht sich aber schnell wieder, denn er riecht dicke Luft. Bei uns ist jeder Nerv angespannt. Je drohender die Gefahr, um so ruhiger werden wir. Langsam, o wie langsam, fällt endlich unser Bug ab, füllen sich die Vorsegel, Garibaldi wirft nun den Treiber los, endlich, endlich schlägt das Großsegel, wie irrsinnig tanzt die „Feuerland" in der groben Kabbelsee. Mit furchtbarer Gewalt geht nun der Großbaum über, füllt sich das Großsegel mit Sturmwind, nun bekommt auch der Treiber Wind, drückt das Heck herum, endlich nimmt unsere Pantine wieder Fahrt auf, fährt eben den Strom aus, ganz langsam bleiben die Felsenriffe hinter uns liegen.

Das, was mit unserm braven Motor eine verhältnismäßig leichte Sache ist, ist für uns, die wir keine Segeljacht sind und nicht für reines Segeln gebaut, ein schwieriges Manöver. Jetzt erst merken wir, was wir bisher an unserm wundervollen Motor gehabt haben und wieder haben werden, sobald er wieder arbeitet. Nun aber ist mir auch klar, was für eine Leistung zum Beispiel Kapitän Kircheiß mit seiner „Hamburg" vollbracht hat (wenn sie auch viel größer war als die „Feuerland"), als er, fast immer unter Segel, die Welt umrundete, und was für eine unerhörte Leistung die alten Seefahrer mit ihren Segelpötten vollbrachten, wenn sie an dieser unwirtlichen patagonischen Küste entlangfuhren und, wie der Seeheld Magalhães, das Feuerland und die ganze Welt umschifften.

„Christiansen, wir wollen doch versuchen, hinter die Insel Leones zu kommen, obgleich wir wissen, welch mächtiger Strom dort setzt, aber schlimmer wie dies hier kann es nicht werden, und so kann es nicht weitergehen!"

Daß dort dieser unheimlich starke Strom setzt, ist das einzige Positive, das wir wissen.

Mit vom Sturme geschwellten Segeln laufen wir nun ganz dicht unter der Insel entlang, auf ihrer Höhe steht der einsame Leuchtturm, unser Freund in der Not. Mit unsern Gläsern können wir sehen, wie oben die Leuchtturmbesatzung steht und uns mit Fernrohren verfolgt.

Wir sehen auch die argentinische Flagge am Mast wehen. Trotz unserer Lage vergessen wir die Höflichkeit nicht und dippen die unsrige zum Gruß.

„Hart Backbord, klar bei Fallen und Schoten! Schmitt, hart um die Felsenhuk herum halten, ich will versuchen, in die kleine Bucht einzulaufen."

Mit Blitzesschnelle folgen meine Kommandos, meine braven Fahrtgenossen greifen zu, daß mir ordentlich das Herz im Leibe lacht.

Mit rauschender Fahrt nähern wir uns jetzt dem Felsenvorsprung, ich hoffe schon, daß wir in den Wind und damit in die Bucht hineinschießen können – doch die Strömung ist zu stark, packt uns, treibt – die FEUERLAND im Kreise herumdrehend – wieder in den Kanal hinaus.

Platt liegen wir abermals vor dem Winde, die Segel stehen zum Bersten, mit rauschender Fahrt gehen wir durchs Wasser. Als ich einen Blick auf die Felsen rechts und links von uns werfe, stockt mir fast das Blut – obwohl wir mit so großer Fahrt vorauslaufen, gehen wir in Wirklichkeit schrittweise rückwärts. Die Strömung ist noch stärker, wir sind nur noch eine willenlose Nußschale.

Doch nun erst recht nicht nachlassen, nun erst recht bäumt sich mein Wille auf! Da rückt von achtern eine eigenartige schäumende Linie auf uns auf, immer näher und näher kommt sie, da können doch keine Felsenriffe sein?

Und plötzlich hat uns die Linie erreicht, es ist eine der schwersten Stromkabbelungen, die ich je erlebte. Kein Wunder, hier, wo Sturm und Strom so gegeneinander ringen.

Was nun geschieht, ist uns allen später nicht mehr recht klar geworden, Garibaldi kurbelt jedenfalls die See mit seinem Kinamo, wir anderen stehen mit den Händen in den Hosentaschen an Deck, schauen um uns herum, auf die See, auf unsere prallstehenden Segel, auf die Felsen an Land, die immer näher kommen, wir suchen uns schon im Geiste die Stelle aus, wo wir in Bälde, wie so viele andere Seeleute, ruhen werden!
Doch wir haben die Rechnung ohne unsere wackere kleine „Feuerland" gemacht. Sie tanzt zwar wie toll, wird von der Strömung gepackt, aber sie steuert wunderbar ruhig.
Gerade öffnet sich neben uns eine neue kleine Bucht, an deren Eingangsfelsen wir vorbeischrammen, da – „Hart Backbord, hol an Vorschoten, los Treiberschot, hol langsam an Großschot, in die kleine Bucht hineinhalten!"
Wie die Wiesel laufen meine Leute auf meine Kommandos, die „Feuerland" fällt ab, kommt in die Bucht hinein, schießt in den Wind, wenige Meter vor dem Strand sehe ich Kelp, das sicherste Zeichen für Ankergrund. „Fallen Anker!" Wie in Abrahams Schoß liegen wir hier plötzlich. Draußen aber tobt die Hölle! Nun kommt die Reaktion über uns. Einen Augenblick sitzen wir alle stumm zusammen an Deck, keiner kann ein Wort hervorbringen. Dann sehen wir uns an, und plötzlich beginnen wir zu lachen. Wie die Kinder freuen wir uns, daß wir ein so gutes Schiff unter den Füßen haben.
Ich gehe an Land.
Pinguine hocken und nisten dort zu Tausenden. Sie verbreiten einen penetranten Gestank, schauen drollig aus, schreien in entsetzlichen Mißtönen, recken ihre Hälse, verdrehen ihre ulkigen Köpfe, watscheln um uns herum und denken gar nicht daran, uns aus dem Wege zu gehen. Schnauf greift sie kampflustig an und wird gehörig von ihnen am Ohr gerissen. Wie eine kleine Furie stürzt er sich, obwohl er schon tüchtig blutet, auf die Pinguine. Garibaldi kann gar nicht so schnell kurbeln, denn Schnauf ist schon bei der nächsten Gruppe angelangt und stiftet dort Unfrieden.
Nun kommen wir zur Höhe.
Als wir den Leuchtturm fast erreicht haben, kommen uns zwei Männer entgegen, der Chef des Leuchtturms, Señor Alcorte, und sein erster Assistent Victorel.
Wie alte Freude schütteln wir uns die Hände, eine ungemeine Herzlichkeit, gepaart mit echter argentinischer Liebenswürdigkeit, strömt von diesen Männern aus. „Sie brauchen mir nichts zu

sagen, Señor Kapitän, ich habe Ihren Kampf die letzten Tage verfolgt, ich bin selbst alter Seemann, ich weiß, was Sie gearbeitet haben. Doch nun sind Sie bei uns; alles, was wir besitzen, gehört Ihnen, Wir helfen allen, die an unser einsames Gestade gespült werden. Daß es Deutsche sind, denen, wir helfen können, macht uns besonders glücklich."
Ich drücke diesen braven Menschen gerührt die Hand, auf so einen freundlichen Empfang war ich allerdings nicht gefaßt.
Da sind wir plötzlich im Leuchtturm selbst, wo alle Jubeljahre mal ein Fremder hinkommt, die Tafel ist bereits gedeckt, die Frau des Chefs hat eigenhändig Spezialgerichte „für die armen Schiffbrüchigen" gekocht, die ganze argentinische Gastlichkeit und Liebenswürdigkeit strömt von neuem über uns aus.
Die Pinguine schreien und watscheln zu Hunderten und aber Hunderten, wie geordnete Regimenter, unbeholfen ins Meer, wo sie plötzlich höchst gewandte Schwimmer und Taucher werden. Garibaldi hat viele Rollen mit ihnen belichtet. Schnauf kann sich immer noch nicht beruhigen, daß diese krächzenden, stinkenden, schreienden, kopfverdrehenden Biester nicht einfach stillhalten und sich von ihm beißen lassen, sondern sich höchst wirksam ihrer Haut wehren. Auch uns bluten die Hände – Zeichen der scharfen Schnäbel dieser urdrolligen Tiere.
Das Unwetter ist nach Tagen vorüber, nun müssen wir günstigen Strom und Wind abpassen, um aus unserem Loch auch heil wieder herauszukommen und ohne zu stranden – was bei dem Strom in jedem Augenblick möglich ist – die freie See zu gewinnen. Wir liegen dazu klar, die Segel stehen wieder.
„Christiansen, schnell ankerauf, der Strom kentert gerade und setzt günstig für uns um die Felsenspitze herum!" Der Anker kommt hoch, der Strom packt uns, nimmt uns, höchstens einen halben Meter vom äußeren Riff ab, in seine Arme und führt uns hinaus!
Dort tanzen wir wieder herum, Nebel und Regen kommen auf, ausgerechnet jetzt, wo wir keine genaue Karte haben und die gänzlich ungeschützte, uns völlig unbekannte, gefährliche Küste ansteuern und ohne Motor ansegeln müssen.
Aber die „Feuerland" hält sich fein, ordentlich stolz sind wir alle auf unsere kleine brave Holzpantine. Gerade durch die Ereignisse der letzten Tage ist dies Vertrauen erheblich gestiegen, nun wissen wir eigentlich erst so recht, was für ein gutes Schiff wir besitzen.

Da tauchen am zweiten Abend Brandung und Land aus dem Nebel, der Wind steht direkt auf Land, unser Manöver muß mit dem ersten Ansetzen gelingen, bei einem Versagen ist an ein Freikreuzen von der Küste, bei diesem Wind und dieser unheimlich hohen Dünung, bei den Riffen, Felsen, Untiefen um uns herum, nicht zu denken.
So ein klein wenig Sorge durchzieht doch meine Brust, um so ruhiger werde ich aber.
Da taucht wie ein Gespenst ein kleines Feuer auf, wir hören Brandung, sehen können wir sie des Nebels wegen nicht, mit Krach geht ausgerechnet jetzt unser dicker Klüverbaum in Stücke, das Segel zerfetzt, noch schwerer steuert sich jetzt die Holzpantine. Der Ostwind heult auf, Regen rauscht in Sturzbächen herab, die Nacht sinkt nieder, jetzt – – –
„Hol nieder Vorsegel, hart Backbord, hol an Besanschot, mittschiffs Großbaum – fallen Anker!"
Die „Feuerland" hat allen Segelmanövern und dem Ruder wunderbar gehorcht, nun steht sie einen Augenblick still, nun rauscht auch schon das Großsegel nieder, der Anker hält, wir sind in Comodoro Rivadavia, in der kleinen geschützten Caleta Cordoba eingelaufen.
Eine kleine Barkasse kommt längsseit, drinnen sitzen fünf große blonde Männer mit blitzenden blauen Nordlandsaugen – unser zukünftiger Freund Knudsen ist es mit seinen Mannen. Knudsen, ein Norweger, wie man ihn sich nicht großartiger vorstellen kann, wird einer unserer Freunde der ganzen Feuerlandsfahrt. Seine Leute sind Schweden, Norweger, Dänen, Finnen, Deutsche, sie alle sprechen natürlich fließend Deutsch, füllen mit ihren Riesengestalten das kleine Deck der „Feuerland", trampeln mit ihren Kähnen von Seestiefeln darüber her, und da meine Jungens ja auch nicht gerade von Pappe sind, könnte man denken, ein Schiff voller abenteuernd durch die Meere ziehender Winkinger vor sich zu haben.
Alles, was wir bisher an Gastlichkeit und Hilfe erhalten haben, verblaßt gegen die Aufnahme bei unserm Freund Knudsen und seinen Wikingern, die hier an der fernen argentinischen Küste Petroleum bohren.
Denn hier ist die ehemals deutsche Erdölgesellschaft der „Astra". Weiter hin dehnt sich die Stadt der Bohrtürme, Comodoro Rivadavia, die heute schon einen erheblichen Teil des

Erdölkonsums Argentiniens deckt, obwohl die nordamerikanische Konkurrenz versucht, es durch noch niedrigere Preise zu verhindern. Auf die Dauer wohl vergeblich.

Doch jetzt stürzen sich die „Nordmannen" Knudsens über die Holzpantine, aus einem ehemaligen riesigen Telefonmast wird ein neuer wunderbarer Klüverbaum, das kleine Beiboot wird fast neu gezimmert, unser DKW-Außenbordmotor daran befestigt, Deutz hat die nötigen Ersatzteile aus Buenos Aires geschickt, Brennstoff für unsern Motor liefert ja das Erdinnere dieser Gegend in Fülle, der Leib der „Feuerland" wird bei Ebbe trocken und daher tadellos geschrubbt und neu mit Giftfarbe versehen, die Tage, die Wochen eilen nur so dahin in rastloser Arbeit, endlich ist alles wieder so weit.

Zwar sind vier kostbare, unwiderbringliche Wochen, gerade jetzt im Frühling, für uns verloren, die im Feuerland durch nichts wieder einzuholen sind, aber wir können glücklich und froh sein und stolz, daß wir trotzdem alles so gut schafften.

Dann stehen die Wikinger zum letzten Male bei uns an Deck, in ihren blauen blitzenden Augen steht sehnsüchtig geschrieben: könnten wir doch bloß mit! Herrgott, was gäbe das für ein Fahrzeug, mit allen diesen Riesen als Besatzung!

Nun sinkt die Küste um Comodoro Rivadavia ins Meer, hoch oben, mitten in der tiefsten Pampa liegt eine kleine deutsche Schaf-Farm, Cerro Romberg, wo wir Tage in herrlichster Wildnis, voll wilden Lebens verbringen durften, auch an die Familie Romberg denken wir jetzt, wie an unsere Kameraden, die Winkinger und an unsern Freund Knudsen.

Tümmler umtollen und umtoben uns, es sind große, weiße Tiere mit schwarzem Fleck auf Rücken und Kopf und leuchtend weißer Bauchseite, die größten dieser Art, die wir bisher erblickten. Garibaldi steht längst mit seinem Kino an Deck und kurbelt die lustigen Gesellen. In diesem glasklaren Wasser hindert ja nichts die völlig klare Sicht.

Christiansen kommt natürlich sofort mit seiner Harpune an Deck, steht wie eine Erzsäule einen Augenblick im Vorschiff, dann pfeift die schwere Harpune durch die Luft, trifft einen der breiten Rücken und fährt dem Riesenfisch durch den ganzen Leib, mit solcher Wucht hat Christiansens Faust nachgestoßen. Eine riesige Blutbahn färbt das blaue Wasser grünlich, der Motor stoppt, der erste Tümmler zappelt an der Harpune, wird mit Mühe

von vier Mann an Deck geheißt, gibt frischen Braten. Christiansen will noch einen harpunieren, auch an Schmitts Fäusten kribbelt es, nun will gar noch Garibaldi auf Jagd gehen, selbst Harry steckt seinen Kopf aus der Koje. Wir könnten Hunderte erbeuten, aber ich lasse es nicht zu, wozu unnötig diese wunderschönen, sich ihres Lebens freuenden Spielgefährten ins Jenseits befördern?!
Im übrigen haben wir auch Eile, der Motor brummt wieder sein altvertrautes Lied, die Segel stehen voll, wir rauschen nur so an der südpatagonischen Küste von Argentinien herab – unserm Ziele entgegen.

*

Heute ist Sonntag, der 21. Oktober 1928.
Am gleichen Sonntag, ebenfalls den 21. Oktober, nur schrieb man damals noch das Jahr 1520, fuhr genau dort, wo wir augenblicklich das Wasser durchfurchen, eine spanische Karavelle mit hohen Aufbauten an der Küste entlang. Auf dem achteren Aufbau stand einsam ein Mensch. Sinnend blickte er zu der langgestreckten sandigen Linie zu seiner Rechten, so wie wir es augenblicklich auch tun.
Es war der große portugiesische Seefahrer und Kosmograph Fernão de Magalhães, dem Spaniens Kaiser Karl V. ein kleines Geschwader mit dem Flaggschiff „Trinidad" anvertraut hatte. Und da er in spanischen Diensten stand, wurde er Fernando de Magallanes genannt und behielt auch diesen Namen.
Wie mochten wohl die Gedanken gewesen sein, die das Hirn dieses Mannes durchtobten? Viel Schweres hatte er durchmachen müssen, seit er Spanien verließ. Sogar unter seinen besten Kapitänen war Meuterei ausgebrochen. Die Aufrührer hatte er von der eigenen Mannschaft an den Rahen aufhängen lassen. Ein Schiff war desertiert, ein anderes zerschellt. Das geschah an dieser Küste ohne Schutzplätze. Es war überhaupt ein Wunder, daß eins der Schiffe heil geblieben war.
Drei Karawellen nannte er nur noch sein eigen.
Aber er hatte nicht locker gelassen, unbeugsam war sein Wille, hart, unerbittlich gegen sich selbst wie gegen seine Unterstellten. Das war das Holz, aus dem man die großen Entdecker und Seefahrer vergangener Jahrhunderte schnitzte. Erst 1492 war es

doch gewesen, daß der arme, kranke, gefangengesetzte Kolumbus die Neue Welt entdeckt hatte, und erst seit 1513, also erst seit sieben Jahren, wußte man überhaupt, daß es sich um einen neuen Weltteil handelte und nicht um das vermeintlich gefundene Indien!

Also mußte der Seeweg nach diesem Indien weitergesucht werden. Magallanes hoffte ihn zu entdecken, wenn er um dieses neue Land herumsegeln würde, von dem man natürlich nicht ahnte, wie weit es sich nach Süden zog.

Wie lange sollte er noch südwärts segeln? Er befand sich augenblicklich erst auf rund zweiundfünfzig Grad Südbreite und hatte Befehl gegeben, mindestens noch bis zum fünfundsiebzigsten Grad Südbreite zu fahren – sie alle, diese Menschen, die aus Sonnenländern kamen, ahnten ja gar nicht, daß auf fünfundsiebzig Grad Südbreite längst das Grausen ewigen Eises herrschte!

Da fesselte plötzlich ein hohes Kap zur Rechten die Blicke Magallanes', die Schiffe hielten darauf zu, das Kap fiel nach Süden steil ab, eine tiefe Bucht öffnete sich, eine Art Fahrrinne – das mußte die gesuchte Fahrstraße sein, erkannte Magallanes' Genie sofort. Und da gerade Sonntag war, der Tag der heiligen Ursula und ihrer elftausend jungfräulichen Gefährtinnen, so taufte er dieses hohe Felsenende: Kap der elftausend Jungfrauen. Später wurde es dann der Einfachheit halber nur noch Kap der Jungfrauen, Cap Virgenes, genannt, wie es auch jetzt noch heißt.

Magallanes fuhr nun tatsächlich in die sehr viel später nach ihm benannte „Magallanesstraße" hinein, sah zur linken das „Festland" sich weiter gen Süden recken, sah darauf Tag und Nacht viele Feuer der nackten, von ihnen allen so gefürchteten Eingeborenen brennen und nannte dies Land deshalb Tierra del Fuego" – „Feuerland". Er ahnte nicht, daß er selbst dabei war, das Südende des Festlandes zu umsegeln, und daß das „Feuerland" nichts weiter war als ein Gewirr von Inseln, Gletschern, Kanälen, Gebirgen, undurchdringlichen Urwäldern, wo damals noch riesenhafte, völlig nackte Eingeborene hausten, die angeblich jeden Fremden mit Gemütsruhe verspeisten, der an diese Küste verschlagen wurde.

Magallanes hatte in den Tagen ausnahmsweise gutes Wetter, er gelangte unangefochten durch die ganze Magallanesstraße, fand den neuen Ozean und da auch dort zufällig und seltenerweise gutes Wetter herrschte, nannte er diesen Ozean den „stillen". Er wußte nicht, welchem Schicksal, welch furchtbarer, fast immer nur von Weststürmen umbrauster Gegend er entronnen war.

Nun fuhr dieser kühne Seefahrer unerschrocken nach Westen weiter, erreichte nach unsagbaren Leiden die Molukken und die Philippinen, wo er bei einem Überfall der Eingeborenen seinen tragischen Tod fand. Von seinem ganzen Geschwader kehrte nach Jahren nur sein letztes kleines Flaggschiff, die „Victoria", nach Spanien zurück – die erste Weltumseglung war vollendet!

Der Name dieses großen Seehelden lebt heute noch fort. Unzählige Schiffe fahren durch seine Magallanesstraße, heute ist auch die chilenische Hauptstadt der dortigen Provinz, bisher Punta Arenas, nach ihm benannt worden, sie heißt Magallanes.

Es ist Sonntag, der 21. Oktober heute, der Tag der Entdeckung, nur – vierhundertundacht Jahre später!

Die kleine „Feuerland", viel kleiner als Magallanes' kleinstes Schiff, umrundet soeben sein Kap der elftausend Jungfrauen.

Der Himmel ist völlig wolkenfrei und dunkelbau, steifer Wind bläht unsere Segel, das Meer leuchtet blau um uns herum. Eben begrüßten wir die argentinische Flagge auf dem Cap Virgenes, jetzt, einen Augenblick später, die chilenische, die auf der Landzunge weht, denn hier treffen sich ja die Festlandsgrenzen dieser beiden großen benachbarten südamerikanischen Republiken.

Wir stehen alle an Deck, eigenartig ist uns zumute, nun so dicht vor unserem Endziele zu sein. Sehr ähnlich den unseren werden auch des Magallanes' Gedanken gewesen sein.

Gut zehntausend Seemeilen hat die kleine Holzpantine zurückgelegt, das muß gefeiert werden. Verstohlen geht Christiansen nach unten und kommt mit einer goldbehalsten Flasche zurück. Sie sieht denen, aus denen wir damals in Buenos Aires „Badesalz" bröckelten, das sich nachher in wunderbaren Champagner auflöste, verdammt ähnlich.

Das Getränk perlt in den Gläsern, wir haben die Einfahrt gewonnen, hinter uns liegt schon das hohe Kap, gerade wollen wir anstoßen, da – heult und braust es durch die Luft, eine furchtbare Sturmbö trifft ganz unerwartet, aus heiterem blauen Himmel, ganz ohne vorherige Ankündigung die „Feuerland". Die Vorsegel fliegen mit lautem Knall in Stücke, als seien sie alte Zeitungen,

die ganze Takelage ächzt und stöhnt, um uns kocht und brodelt eine wildgewordene Hölle, das Deck ist überflutet, die „Feuerland" auf die Seite geworfen, als solle sie kentern, heulend und pfeifend geht der entfesselte Sturm durch die Takelage. Ohne sich auch nur einen Augenblick zu besinnen, ist Christiansen an das Großfall gesprungen, Schmitt steht neben ihm am Piekfall, rauschend, wild schlagend fällt das Großsegel herunter, wird gepackt, bezwungen, geborgen, langsam richtet die „Feuerland" sich wieder auf.
Und nun heult und rast der Sturm um uns herum, die See kocht grün und mit weißen Schaumköpfen – ist das das Ende?
Langsam entwirrt sich das Chaos an Deck, langsam kommen wir zur Besinnung und sehen, was los ist. Unermüdlich, trotz der furchtbaren Stöße und des unerwartet eingedrungenen Wassers brummt und dröhnt unser Deutz-Diesel-Motor. Beide Reefs sind ins Großsegel geschlagen, Sturmklüver gesetzt – das erstemal auf dieser ganzen Reise! Wir sind ein kämpfendes, ringendes Schiff geworden.
Und nun heißt es wieder: Kreuzen, kreuzen und durch!
Einer jener gefürchteten, plötzlich aus heiterem Himmel losbrechenden Stürme hat uns ausgerechnet getroffen. Selbstverständlich rast er aus der Richtung, in die wir hinein müssen! Vor uns liegt die Magallanesstraße, liegen die beiden Engen mit dem reißenden Strom, durch den die Wellen an Gewalt noch mehr zunehmen, die Nacht steht uns bevor.
Und wir kreuzen!
Kämpfen und ringen Stunde um Stunde, Tag um Tag, Nacht um Nacht, immer torkelnd, ein Spielball der Wellen, preisgegeben der Gewalt des Windes, an beiden Seiten drohende Felsenküsten, einsam und allein muß die Holzpantine ihr Schicksal ertragen.
Ist das eine Mahnung des Schicksals?
Will es uns zurufen: Halt, du kleine Nußschale, bis hierher! Diese zehntausend Seemeilen waren nichts, ein Kinderspiel, jetzt erst müßt ihr zeigen, ob ihr würdig seid, die Magallanesstraße zu befahren, ob ihr wert, die unermeßlichen Wunder und Schönheiten des Feuerlandes und Patagoniens zu erspähen, jetzt erst zeigt mal, daß ihr wirkliche Seeleute seid, mit dem Herzen auf dem rechten Fleck, daß eure kleine Holzpantine für würdig befunden wird, in diesen Gewässern zu kreuzen!
Wir nehmen den Kampf auf, die Holzpantine siegt!

Fünfzig Stunden dauert dieser Kampf, fünfzig Stunden, in denen keiner ein Auge zutun kann, in denen jeder um sein Schiff kämpft und arbeitet, in denen der Strom uns immer wieder in Kürze das Stück zurück setzt, das wir uns in stundenlangem Kampf mühselig errangen, dann endlich bricht Sonnenschein durch; von Gischt umsprüht, die Segel fast aus den Lieken gerissen, hart am Winde, mehr U-Boot als Fischkutter, laufen wir frühmorgens, den 23. Oktober 1928, einer entzückend von See aus anzuschauenden Stadt ein – Magallanes, das noch vor kurzem Punta Arenas hieß.*

Rasselnd geht der Anker in den Grund, wie die Berserker stürzen sich meine wackeren Fahrtgenossen auf die Segel, machen sie fest – unser fernes Ziel ist erreicht!

---
* Sie nannte sich nur von 1927 bis 1937 Magallanes und heißt seitdem wieder Punta Arenas.

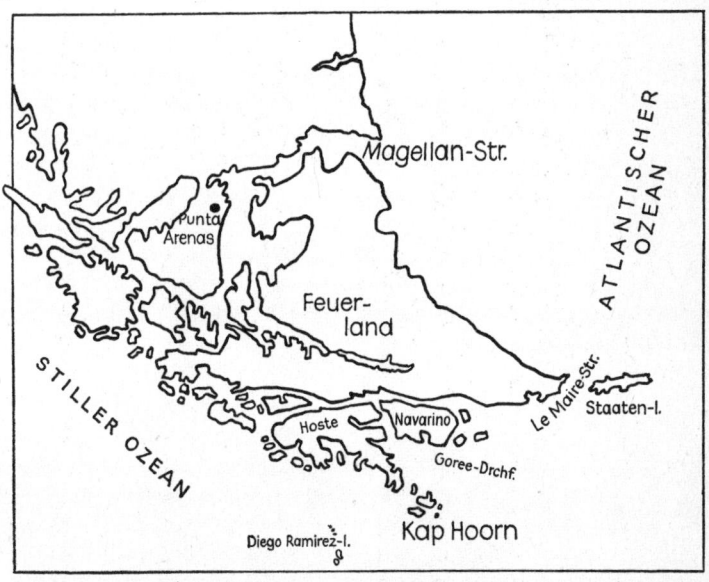

Auf dieser Karte ist die zeitweilig so genannte Stadt Magallanes unter ihrem jetzt wieder gültigen Namen Punta Arenas eingezeichnet. Ihr gegenüber liegt die große, im linken Teil chilenische, im rechten argentinische Insel Feuerland mit ihren vorgelagerten Inselgruppen. (Karte: Ernst A. Eberhard, mit freundlicher Genehmigung von Koehlers Verlagsgesellschaft, Herford, dem Buch von Hans Georg Prager „F. Laeisz" entnommen.

Das Feuerland ruft!

Dort unten, wo sich der Atlantik und der Stille Ozean in wildem Ungestüm vermählen, wo sie mit aller Wucht brüllend zusammenprallen, wo Meer und Wellen, Strömungen und verschiedene Luftschichten aufeinandertreffen und Bedingungen schaffen wie kaum sonst noch in der Welt, es sei denn in polaren Regionen, liegt ein geheimnisvolles, bis auf den heutigen Tag nur wenigen glücklichen Menschen einigermaßen bekanntes Land – das Feuerland!

Weit streckt es sich nach Süden, bedeutend südlicher liegt es als alle anderen Weltteile der südlichen Halbkugel. Dort, wo das Feuerland aufhört, ist ringsum Meer, Meer und wieder Meer.

Eine ungeheure, fast unvorstellbare Wasserwüste, die sich rings um den Südpol zieht, nur wenige antarktische Eilande schwimmen darin, bis dann das kontinentale Festlandeis des sechsten Erdteils, am Südpol, aus der ungeheuren Tiefe steigt.

In einer solchen „Gegend", wo namentlich der die nördliche, glücklichere Erdhälfte segnende und lebenspendende Golfstrom fehlt, müssen auch ganz besondere Bedingungen, ganz eigentümliche Verhältnisse vorhanden sein.

Der eigenartigste Zustand ist der der fast ewig wehenden Westwinde und Weststürme, der von weither ständig heranwogenden Wolken und Feuchtigkeiten, die mit aller Wucht auf das sich plötzlich in den Weg türmende Hindernis der Kordillere aufprallen und sich als fast ewiger Dauerregen auf der Westseite der Kordillere abladen.

Das Feuerland ist ein Inselgewirr, das vom Festland durch die Magallanesstraße getrennt ist, praktisch ist es dessen Fortsetzung nach Süden.

Zerrissen und zerzaust sind diese Inseln, bilden überall tiefe Risse, Buchten und Fjorde, in denen sich die Stürme, die Fallböen, die Regengüsse in ungezähmter Wildheit austoben. Schroff und steil fallen die Gebirge ins Meer, von ewigem Eis sind ihre Höhen bedeckt, aus denen nach allen Seiten hin wunderbare Gletscher ins Meer fließen. Langsam flacht sich die Kordillere nach Osten ab, die Gebirge werden hier vom Flachland, ja von der Pampa selbst abgelöst. So verschieden und zerrissen die Landformationen sind, so verschieden sind die Klima- und

Niederschlagszonen, vom ewigen Sturm und Regen im Westen langsam übergehend zur absolut „trockenen Zone", die im Osten flach ausläuft.
Dieses Feuerland, namentlich der westliche Teil, der fast immer unter tief hängenden Wolken verdeckt ist, in dem sich die fast ewigen Weststürme und Regengüsse austoben, hat seit Jahrhunderten eine geheimnisvolle Anziehungskraft auf die Menschen ausgeübt.
Man sah nämlich ab und zu an den sehr seltenen klaren Stunden oder gar an einem der noch selteneren klaren Tage ganz plötzlich an Stelle der düsteren Wolkengebilde ein märchenhaft schönes Bild aus der dann blauen Flut steigen. Da ragten plötzlich weißglitzernde Zinnen, ungeheure Steinburgen, schimmernde Gletscher, ganze eisbedeckte Gebirgszüge aus dem Meer. Sie standen für kurze Zeit am südlichen Horizont, selbst vom Festlande aus zu erblicken, bis sie ebenso plötzlich wieder verschwanden,- wie ein schöner kurzer Traum, um wieder Sturm und Regen und tiefen, blauschwarzen Wolken Platz zu machen.
Langsam nur drang man in die Geheimnisse dieser Wunderwelt vor, fast alle Nationen haben sich an dieser Forschungsarbeit betätigt. Man fand dort Lande von unerhörter, unbeschreiblicher Schönheit, wenn ausnahmsweise die Sonne sie mal beschien – von ebensolcher Wildheit und Großartigkeit aber, wenn Stürme und Regen tobten.
Auch mich hat dies Feuerland eigenartig gepackt, angezogen, mich geheimnisvoll gerufen, seit frühester Kindheit.
Als ich nämlich vor über dreißig Jahren ins Kadettenkorps gesteckt und damit meiner köstlichen Freiheit beraubt wurde, fiel mir eines Tages, als ich mich besonders stark aus den Mauern und Gittern dieses Gefängnisses heraussehnte – denn ich hatte bis dahin, in Rom aufgewachsen, eine Jugend voll wunderbarster Schönheit und Freiheit genossen –, ein eigenartiges Bild in die Hand.
Auf diesem Bild war ein deutscher Kreuzer abgebildet, der vor einem waldumrauschten Gletscher verankert lag, im Feuerland! Sofort war meine Kinderphantasie mächtig ergriffen, ich war ja zu Hause in lauter Schönheit aufgewachsen, wie mußte daher dieses Bild auf meine empfängliche Kinderseele wirken.
Natürlich hatte ich damals als kleiner Sextaner keine Ahnung, was das Feuerland war und wo es lag, obgleich ich schon viel von

der schönen Welt gesehen hatte. Aber dies Bild packte mich so, wühlte mich innerlich derart auf, daß ich es andächtig aufhob, mir an meine kleine Spindtür heftete, wo es sieben Jahre lang blieb, ein kleiner Tempel, zu dem ich Zuflucht nahm, wenn ich verzweifelt war und, nach Freiheit lechzend, voller Sehnsucht an die weite Welt außerhalb unserer Mauern und Gitter dachte.

Sicher unbewußt für mich, vielleicht Schicksalsfügung, vielleicht logische Folgerung in meiner ganzen Entwicklung, wurde dies Bild bestimmend für mein ganzes Leben, denn ganz zwingend, ganz plötzlich, aber klarbewußt stand in meinem Geiste von diesem Augenblick an: Du gehst später zur See, du wirst alles daransetzen, eines Tages dieses Feuerland selbst aufzusuchen. Das war um so merkwürdiger, als ich eigentlich bis dahin keinerlei Beziehung zur See gehabt hatte. Und wirklich gelang es mir, mit meiner ganzen Energie, alle Widerstände und Hindernisse zu überwinden. Als sich nach sieben Jahren endlich die roten Mauern für mich öffneten und die Freiheit winkte, konnte ich meinen kleinen Schatz, das nunmehr vergilbte, oft gestreichelte Bild, von meiner Spindtür abnehmen. Der erste Schritt zu meinem Feuerland war getan, als stolzer Seekadett zog ich zur kaiserlichen Marine.

Nie hat es in meinem Leben eine schönere Zeit als bei unserer alten Kriegsmarine gegeben, nie schönere Jahre, als wenn ich draußen im Auslande weilte oder fremde Meere durchzog! Ein Wunsch nur blieb mir versagt, so sehr er auch unauslöschlich in meiner Seele brannte – ich kam nie nach Südamerika, und damit nie in mein Feuerland!

Dann war meine gewählte Laufbahn plötzlich aus, es schien alles und endgültig verloren. Doch das Meer rief unwiderstehlich, eines Tages war ich wieder draußen in freier See, fuhr mit der Viermastbark „Parma" zu meiner Segelfahrt ins Wunderland hinaus. In der Gegend des Kap Horn tauchte da eines Tages aus Sturm und Regen ein geheimnisvolles, wildes und düsteres Land aus den sturmgepeitschten Wogen – mein Feuerland!

Das war vor drei Jahren. Es blieb bei diesem Anblick, betreten konnte ich auch damals das Feuerland nicht, jetzt aber, wo ich etwas davon erblickt hatte, war der Wunsch in mir zum Zwang geworden.

Und heute endlich, wir haben jetzt Oktober 1928, stehe ich vor dem Tore dieses meines Sehnsuchtstraumes.
Wird er jetzt, nach fast fünfunddreißig Jahren, in Erfüllung gehen?

*

Der Sturm der letzten Tage hat endlich nachgelassen, mein kleines Schiff, das den stolzen Namen „Feuerland" trägt, liegt klar zum Auslaufen an der Mole von Magallanes.
Ich stehe an Deck, bespreche mit meinem Steuermann die letzten Einzelheiten für unsere Fahrt, Harry kommt gerade hochbeladen mit Proviant an Bord, auch „Willy", unser neuer Bordgenosse für die Monate im Feuerland, stellt sich mit seinem Kleidersack ein.
Plötzlich bleibt Christiansen mitten im Satz stehen, starrt nach Süden, als schaue er ein Wunder, zeigt mit der Hand darauf hin, nun sehe ich es auch – dort ruft mein Feuerland!
Die schwersten Wolkenballen der letzten Sturmtage sind plötzlich zerrissen, das Meer ist dunkelblau im sinkenden Frühlingssonnenschein, dort, wo bislang die Welt zu Ende zu sein schien, wo Wolken, Regen, Sturm einherjagten, tritt greifbar nahe, glasklar, wie eine unerhörte Fata Morgana ein neues Land aus der Flut, schimmert und gleißt wie eine ungeheure Gralsburg mit Zinnen und Zacken, weiß leuchtenden Domen und Türmen, gleißend und glitzernd wie reines, flüssiges Eis. Nun liegt glührot die Abendsonne darauf, langsam verblassen die Farben, ziehen sich die Wolken wieder zusammen.
„Herrgott, Willy, was war denn das, ist das wahr gewesen, wurden wir nicht nur genarrt?"
„Nein, Herr Kapitän", sagt Willy ruhig, der schon unzählige Jahre hier haust, aber diesen Anblick so selten erlebte, daß er ihn an den Fingern einer Hand abzählen kann, „das war wirklich das Feuerland, ich glaube, wir haben Glück, wir werden gutes Wetter dort haben."
„Klar zum Manöver!"
Der Motor brummt, die Segel stehen, der Frühlingsabend dämmert herauf, die See ist ruhig, leise bläht der Wind die Leinwand, wir streben nach Süden, zur ersten Feuerlandsfahrt.

Wir gleiten an der Küste der Halbinsel Brunswik, auf der Magallanes liegt, entlang und durch den berüchtigten Froward-Kanal. Wer das Meer so ruhig sieht wie wir heute, der kann sich gar nicht vorstellen, daß hier, selbst mitten in den Kanälen, so schwere Stürme losbrechen können.
Der Morgen dämmert. Wir haben den Magdalenenkanal erreicht, sind plötzlich von allen Seiten von steil aus dem Meere ragenden Gebirgen und Gebirgszügen umgeben, das Tor zu den eigentlichen Wundern des Feuerlandes öffnet sich uns, die ersten Sonnenstrahlen glitzern über die eisbedeckten Zinnen zu unserer Linken.
Diese erste Fahrt ist für Schiff und Besatzung eine Art Vorarbeit für die kommenden Wochen und Monate. Wir wollen uns zunächst mit den Verhältnissen des Feuerlandes vertraut machen, wollen Schiff und Besatzung für die kommende Arbeit eintrimmen, wollen das Fahrwasser kennenlernen, suchen uns vor allem Ankerplätze und Zufluchtsorte für schlechtes Wetter und die geeignete Basis, von der aus ich dann später mit Schiff und Flugzeug die eingehendere Arbeit im Feuerland ausführen kann. Denn Zeit haben wir nicht viel für diese Gegend und diese Wetterverhältnisse, um so intensiver, um so unermüdlicher muß gearbeitet und geschafft werden.
Ruhe, Pause kennen wir nicht.
Bei gutem Wetter und bei Tage ist das Befahren der Feuerlandskanäle verhältnismäßig leicht. Flache, den Schiffen gefährliche Stellen, die mitten im Wege liegen, sind Ausnahmen. Meist kündigen sie sich durch Kelp, eine besonders schöne und große Art Seegras, an.
Mit einem so guten, seefesten Schiff wie der „Feuerland", die ihresgleichen weit und breit nichts auch nur einigermaßen Ebenbürtiges hat, mit einer so ausgesucht guten, in allen Situationen erprobten und bewährten Besatzung, wie ich sie habe, trage ich keine Bedenken, diese Gebiete bei jedem Wetter zu befahren. Schwieriger ist schon das Finden geeigneter Ankerplätze bei Anbruch der Dunkelheit oder bei Ausbruch von Stürmen, denn das Wasser ist tief und fällt steil mit den Felsufern ab, an den wenigen flachen Stellen ist der Boden dazu noch steinig, schwer findet der Anker hier Halt. Und selbst die verlockendste Bucht mit dem schönsten Ankergrund ist gefährlich, wenn die Bäume am Ufer krumm gebogen sind. Das ist ein Zeichen für die plötzlichen, furchtbaren Fallwinde. Wehe, dem Unerfahrenen, der sich, sein

Schiff und seine Nachtruhe einer solchen Bucht anvertraut. (Wir haben in den langen Monaten, in denen wir diese Gegenden des Feuerlands eingehend und nach allen Richtungen und Ecken und Enden befuhren, reiche Erfahrungen gesammelt. Es gibt nicht viele Menschen, die das Feuerland so gut wie wir an Bord der Holzpantine und mit unserm Flugzeug kennen lernten).

Mittag ist vorüber. Ab und zu leuchtet die Sonne auf Minuten durch das wallende Gewölk. Nach Westen zu, wo die Wolken sich in dichten Schwaden ballen und auf und nieder steigen, wo es eigenartig brodelt wie in einem Hexenkessel, muß wohl der Monte Sarmiento liegen, der König der Feuerlandsberge. Selten enthüllt er sein eisgepanzertes Haupt, nur wenige Sterbliche sahen ihn von nahem in seiner ganzen ungeheuren Größe.

Wir stehen an Deck, Garibaldi hat meine Kinos aufgebaut, plötzlich fängt er an zu jodeln und zu juchzen, springt wie ein Besessener an den Kurbelkasten, wie gebannt stehen nun auch wir an Deck – aus dem wallenden Gewölk hat sich ganz plötzlich, so echt feuerlandsmäßig, der Sarmiento herausgeschält, steht leuchtend da mit seinen zwei wunderbaren Zinnen, nach allen Seiten fließen mächtige Gletscher seine Flanken herab, strömen ins Meer, nun strahlt und glänzt die Sonne voll auf ewiges, schneefreies Eis, als sei es flüssig, dann wallen die Wolken wieder auf. Minuten hat diese Erscheinung nur gedauert, nur wenige Meter hat Garibaldi kurbeln können. Dann ist alles wieder versunken, als sei es ein Spuk, ein Gruß des Himmels gewesen.

Noch ganz hingerissen von diesem Anblick, will ich nach vorne gehen, als etwas Neues, etwas Unbeschreibliches, überirdisch Schönes mich fesselt, daß ich wie erstarrt, wie im Traume, wie verzaubert stehenbleibe, nicht fähig, einen Laut von mir zu geben. Viel sah ich in dieser wunderschönen Welt, es gibt kaum etwas, wo ich nicht gewesen bin; was sich aber jetzt vor mir ausbreitet, ist das Allerschönste, das das Schicksal mir vergönnte zu erblicken und mit ganzem Herzen, ganzer Seele in mich aufzunehmen.

Der Kanal, der sich jetzt plötzlich vor uns öffnet und in den wir hineinbiegen, ist der De Agostinifjord. Er ist absolut wolkenfrei, blau strahlt der Himmel über diesem schmalen Meeresarm, während ringsherum die Wolkenmassen sich ballen. Auch das gerade ist typisch für das Feuerland, oft hat jeder einzelne Kanal sein Extrawetter, seinen eigenen Wind. Wenn es im einen stürmt

und regnet, kann im Nachbarfjord das schönste Wetter herrschen. Die Sonne flimmert herab, strahlt tausendfach wider, leuchtend wie blaues, weißes, grünes Kristall fließen zwölf Gletscher auf der einen Seite dieses verhältnismäßig kleinen Kanals ins rivierablaue Meer, wunderbare hellgrüne Urwälder rahmen diese Gletscher ein, sie kommen hoch aus der Höhe, die eben noch von Wolkenmassen bedeckt ist. Kein Laut, kein Ton stört diese paradiesische Schönheit und Stille, nichts, was wir später auch vom Feuerland gesehen haben, ist mit diesem Fjord vergleichbar, er ist wie ein Wunder, wie ein Stück aus dem Paradiese selbst, unsere kühnste Phantasie verblaßt gegen diese Wirklichkeit.
Das ist das Feuerland, das ich mir erträumt habe, nur – tausendfach schöner ist die Wirklichkeit.
Eng sind wir von ungeheuren Gebirgsmassen umschlossen, die steil aus dem Meere emporsteigen. Bis zu rund siebenhundert Meter Höhe sind diese düsteren Gebilde von wunderbar grünen Bäumen bedeckt, die sich meist zu kaum durchdringlichen Urwäldern verdichtet haben. Weiter oben kommt dann eine Zone nackten, kalten, schwarzen Felsens, dann beginnt ewiger Schnee, der mit der Höhe in ewiges Eis übergeht.
Jetzt, wo wir ja im Oktober Frühling haben und die so seltene Sonne durchbricht, leuchtet alles in unerhörten Farben, vom Dunkelblau zum hellen Waldgrün, zum Weiß, Blau, Grün der Gletscher, schneeweiß leuchten im Meeresblau die großen schwimmenden Eisbrocken.
Zu dieser erhabenen Schönheit der Natur paßt das absolute Schweigen. Wenn wir, wie jetzt, den Motor stoppen, erdrückt uns fast die Stille. Sie lastet auf unsern Herzen, unsern Gemütern, nie spricht die Allgewalt der Natur so laut zu uns wie in diesem Schweigen.
Nirgends wohnt ein Mensch!
Wir hier auf der kleinen „Feuerland" sind die einzigen menschlichen Lebewesen. Es kann Jahre dauern, ehe die Ruhe und die Schönheit dieser Gegend gestört wird. Aber es ist auch fast eine Unmöglichkeit, Menschen, die hier verlorengingen, die hier Schiffbruch erlitten, zu finden, zu retten. Das Feuerland läßt nicht mit sich spaßen und verkauft seine Unberührtheit teuer.
Aber es ist nicht diese Stille allein, sind nicht die eisgegürteten Gebirge, nicht Kanäle, grüne Urwälder, leuchtende Gletscher, die

das Feuerland so einzigdastehend in der Welt machen. Es ist erst der Zusammenklang all dieser Dinge, der Zusammenklang von Meer, grünen Urwäldern und ungeheuren Gletschern, die aus der Höhe wie geronnene silberne Flüsse herabrieseln, sich mitten durch die Wälder hindurchzwängen, bis ans Eis heran umrahmt vom Grün, die dann in steilem Absturz, ab und zu vor einer baumbestandenen Endmoräne haltmachend, ins Meer fallen. Nirgends wieder auf der Erde gibt es diesen Zusammenklang wie hier im Feuerland und etwas nördlicher in Patagonien, es ist eine einzige ungeheure Symphonie von tiefstem Schweigen, ungeheuren Eis- und Gletschermassen, grünen, schier undurchdringlichen Wäldern, blauem Meer, düsteren Kanälen, blau-grün-weiß schimmernden und schwimmenden Eisblöcken, steil aus der Flut bis zu fast dreitausend Meter emporragenden Bergen, deren Gipfel aus einem einzigen Stück Eis bestehen, um die aber fast immer die Wolken wallen.
Ich fahre auf.
„Christiansen, bitte, werfen Sie das Kanu für mich über Bord, ich will an Land, die anderen können etwas später folgen!"
Ja, ich will an Land, auf mein Feuerland, ich will ganz allein sein, Jahrzehnte wartete ich auf diesen Augenblick, länger, als mein Steuermann überhaupt am Leben ist.
Wie eigenartig ist mir doch zumute, als ich in meinem kleinen Boot sitze und langsam, wie in einem Traum, zum Ufer paddele.
Jetzt fährt der Kiel knirschend auf dem Sande auf, mit einem Satz springe ich heraus, ziehe das Boot hoch hinauf, mir klopft das Herz fast hörbar, so bin ich bis ins Innerste ergriffen.
Die Sonne läßt auch alles in so wunderbaren, so märchenhaft schönen Farben leuchten und spielen, mit ganzer Wucht überfällt mich dazu die Stille, dies absolute Schweigen, als ich einsam an Land stehe.
Einige Schritte vom Ufer entfernt beginnt schon der immergrüne feuchte Feuerlandswald, wie eine grüne Mauer steht er undurchsichtig vor mir, als wolle er mir die Aussicht auf die hinter ihm liegenden Wunder verbergen. Kleine, entzückende, glänzendschwarze Kolibris, mit einem roten Tupfen, fliegen unbekümmert um mich in den Zweigen, bleiben neben mir sitzen, schauen mich an, sie kennen keine Menschen.
Als beträte ich einen mächtigen Dom, trete ich andächtig in das Grün hinein, mein Fuß sinkt dabei tief ins Moos, ich gehe wie auf

Torfland. Dorniges Gestrüpp und ineinander verflochtene Zweige machen mir das Vordringen schwer, überall duftet es nach Blüten, grünen Blättern und Frühling.
Ich muß mir meinen Weg richtiggehend erkämpfen. Dann lichtet sich plötzlich der Wald. Vor mir, getrennt nur durch einen schmalen Meeresarm, fällt in bizarren Kaskaden ein ungeheurer Gletscher aus schwindelnder Höhe ins milchfarbige Gletscherwasser.
Herrgott, wie ist das schön, entfährt es mir ganz unbewußt und laut, dies ist mein Feuerland, dies ist mein Traum.
Ich lege mich unter die Bäume zu Füßen der Eismassen, am Rande des Wassers, kein Laut durchbricht diese Stille. Plötzlich jedoch geht ein eigenartiges Knistern und Knirschen durch die Luft, es wird stärker und stärker, verwundert schaue ich zur Eiswand hinüber – ein Teil ihrer Vorderseiten ist ins Wanken geraten, nun kippt sie nach vorne um, Donnergeroll erfüllt die Luft, die abgebrochenen Eismassen sind ins Wasser gestürzt, rauschend untergetaucht, schießen nun rauschend wieder hervor, fallen um, zertrümmern, schwimmen als große leuchtende Eisbrocken im Wasser, das sich in einen brodelnden See verwandelt hat. Hochauf läuft die entstandene Flutwelle, leckt zum Strande herauf, fast bis hierhin, wo ich liege, ebbt zurück, läßt auf dem Sande große Eiskloben liegen. Der Gletscher „kalbt". Unaufhörlich arbeitet die Zeit, nagt der Zahn der Erdgeschichte auch an diesen scheinbar unveränderlichen, urewigen Gebilden. Noch ganz aufgewühlt von diesem Erleben, gehe ich langsam am Waldesrand und am Gletschersee entlang, der mit dem Fjord draußen in Verbindung steht und in den Gletscherwasser und Eisblöcke hineinströmen. Ich winke zur „Feuerland" hinüber, nun sollen auch meine Fahrtgenossen dies Wunder erleben.
Sie haben immer gelacht, wenn ich auf der Fahrt vom Feuerland schwärmte, glaubten, ich übertriebe, nun bin ich doch gespannt, wie die Wirklichkeit auf sie wirkt. Ich liege wieder unter meinen Bäumen, nun höre ich meine Leute lachend und scherzend an Land kommen, sie springen voller Ungestüm in den Urwald hinein, näher und näher kommen ihre Stimmen, tönt ihr fröhliches Lachen.
Doch mit einem Male ist es stumm, wie abgeschnitten. Sie sind wohl am diesseitigen Waldesrand angelangt, müssen nun den Gletscher vor sich haben.

Leise trete ich näher. Da stehen sie, die mit mir über den Ozean gekommen sind, um das Feuerland zu erschauen, starr unter den im Sonnenlicht aufleuchtenden Bäumen und blicken stumm und in Ergriffenheit um sich. Lachen und Scherzen ist ihnen bei diesem überwältigenden Anblick vergangen.

Endlich höre ich Garibaldi, unsern Künstler, aufatmen, er, der Hochalpinist, meint ruhig: „Ja, Herr Kapitän, ich als alter Schneeschuhläufer war immer etwas mißtrauisch gegen das Feuerland, aber was ich hier sehe, übertrifft alles, was die Phantasie sich ausmalen kann."

Da lagern wir uns friedlich zusammen unter den Bäumen, sehen hinüber, wenn die Eismassen wanken und stürzen, wenn der kleine See zu unsern Füßen wie unter einem Seebeben kocht und die Erde vom Donnergeroll und vielfachen Widerhall zittert, sehen in die lachende Sonne, die all diese wunderbaren Farben um uns hervorzaubert, diese Sonne, die uns das Feuerland wie zum Willkommensgruß in seiner so seltenen Schönheit schenkt. Wir wissen noch nicht, wie groß dies Geschenk ist, denn viele Monate haben wir noch hier gelegen, und ein solch leuchtender Sonnenscheintag ist nur noch einmal gekommen.

Wir reißen uns los, müssen an Bord zurück, der Abend will hereinbrechen, die Gletscher bekommen schon lange Schatten und dort, wo sie noch von der Sonne getroffen werden können, grünen und roten Schimmer. Wir haben ja noch keinen Ankerplatz, wo sollen wir die Nacht bleiben?

Langsam fahren wir tiefer in den Agostinifjord hinein, ein Gletscher nach dem andern ergießt sich zu unserer Rechten ins Meer, mal stürzt er mit hohem Absturz hinein, mal hat er Urwald und Endmoräne vor sich hergeschoben, mal verläuft einer ganz flach bis zum Rande des Strandes, wir fahren immer nur wenige Meter davon entfernt. Endlich müssen wir stoppen, wenn nicht die Dunkelheit über uns hereinbrechen soll.

Ganz dicht gehe ich an den Rand des flach verlaufenden Gletschers heran, wo gleichzeitig mit dem Eise der Urwald das Meer berührt. Nur wenige Meter vom Strande entfernt finde ich endlich Ankergrund, zur Sicherheit bringen wir aber noch eine Leine an Land aus und schlingen sie um einen Baum, die andere Leine befestigen wir am Gletscher selbst, um einen großen Eisblock; für diese eine Nacht wird hoffentlich das Wetter ruhig bleiben! Phantastisch ist diese erste Feuerlandsnacht.

Der Vollmond steht am wolkenlosen Himmel, ergießt ein ganz wunderbares grünes und goldenes Licht über den Fjord, geheimnisvoll leuchten die unzähligen Gletscher in diesem Silbergefunkel auf, die Urwälder sind daneben schwarz wie die Unterwelt, die riesigen Eisbrocken gleiten gespensterhaft an uns vorbei, alle Augenblicke grollt und donnert es, zittert die Luft, rauscht das Wasser auf, unaufhörlich brechen die Gletscher ab, stürzen die Vorderwände ins Meer.

Leuchtend geht am andern Morgen die Sonne wieder auf, ein unerhörter Duft strömt aus den Wäldern, vom Lande, vom Eise zu uns herüber, die kleinen Kolibris sind erwacht, schwirren um uns herum, die „Feuerland" ist völlig vom Eis eingeschlossen!

Wind und Strom sind umgesprungen, haben das Treibeis, die Gletscherbrocken auf unsere Seite herübergetrieben, haben sich in der kleinen Bucht, in der wir liegen, angesammelt, haben sich aufgetürmt, zusammengeschoben, nur einige Schritte weiter grünt und blüht der wunderbarste Wald, duften Blumen, hinter dem Eise leuchtet so blau wie an der Riviera das Meer des Kanals.

Wir lassen uns Ruhe und Zeit, genießen in vollen Zügen dieses wie vom Himmel extra für uns geschenkte Bild. Willy, der nun schon viele Jahre im Feuerland gewesen ist, hat einen solchen Tag, nun für uns gar schon zwei Tage, selten erlebt.

Jetzt schieben wir uns, um unsere Zeise-Bronzeschraube nicht zu beschädigen, langsam und vorsichtig aus dem Eis wieder raus, kommen endlich frei, fahren wieder durch Sonne und Licht und Eis und Schönheit, durch den ganzen Agostinifjord, nutzen die Sonne, um unsere besten Filme zu drehen, gehen hier und da an Land, laufen bei einigen Gletschern, die mit riesigem Absturz ins Meer fallen, ganz dicht an die Eiswand heran, unter der die Holzpantine wie ein Bröcklein Eis liegt. Ein einziger großer Block brauchte nur von dort oben herabzudonnern – von der „Feuerland" käme nie wieder eine Kunde!

Gerade haben wir den mächtigsten Gletscher verlassen, Garibaldi hat von Land und von See gekurbelt, gerade laufen wir wieder dem Fjord zu, als die Vorderwand des Gletschers wie betrunken, wie im Seegang torkelt, nun beugt sie sich ganz sachte vor, als verbeuge sie sich vor uns, dann stürzt sie um, verschwindet im tiefen Meer, schießt wie ein ungeheurer Keil wieder heraus, fällt um, zersplittert, die dadurch enstandene

Links: Seine ausgesprochen halsbrecherischen Flüge mit einer primitiven „Rumpler-Taube" machten Gunther Plüschow als „Flieger von Tsingtau" international berühmt. Als einziger Aufklärungspilot in der eingeschlossenen, vom Nachschub abgeschnittenen Fernost-Festung Tsingtau (Qingdao) flog er 1914 mit einem Ersatzpropeller aus sieben mit gewöhnlichem Tischlerleim zusammengeklebten Teilen, die mit der Axt aus Eichenbohlen herausgehauen waren. Nach jedem Flug mußte der Propeller abgenommen und neu verleimt werden! Die Einschußlöcher im stoffbespannten Rumpf und in den Holz-Leinwand-Tragflächen wurden jeweils mit Hühnereiweiß und Flicken zugeklebt. Man beachte die Drahtverspannung der vermodert per Schiff angekommenen Ersatztragflächen und die Zellophan-Fensterchen in den Leinwandflanken jener „Maschine", die man in Fliegerkreisen als „Drahtkommode" titulierte.

Unten: Kurz vor der Kapitulation der Festung Tsingtau am 7. November 1914 brach Plüschow auf Order des Gouverneurs in einer Mondnacht mit wichtigen Dokumenten aus und landete am Ende der Reichweite seiner „Taube" in Hai-Dschu/China. Die fassungslos herbeigelaufenen Einwohner der Provinz Kiangsu hatten noch nie ein Flugzeug gesehen.

Rechts: Gunther Plüschow (in Zivil) übergibt aus Neutralitätsgründen den abgeschlagenen Motor seines Flugzeugs an den Mandarin von Hai-Dschou.

Unten: Das Flugzeug wird bald nach seiner Landung auf chinesischem Boden, im Morast eines Reisfeldes, verbrannt. Vieles spricht dafür, daß sämtliche Fehlgeburten, Mißernten und Fehlschläge der nächsten zwei Jahre von den abergläubischen Chinesen dem Erscheinen des seltsamen Himmelsvogels zugeschrieben werden, der so seltsam schreiend und brummend ihre Stadt bedroht habe!

Links: Nachdem Plüschow aus chinesischer Internierung entkommen ist, reist er als angeblicher ,,Mr. McGarvin'' über Japan und Hawaii (Bild) nach San Franzisko. In Gibraltar von Bord geholt, dann kriegsgefangen in England, treibt er sich nach der Flucht aus dem Lager als Vagabund (rechts) in London herum und entkommt als ,,Blinder Passagier'' auf einem holländischen Dampfer nach Vlissingen. Nach Rückkehr in die Heimat fliegt er wieder, bald als Kommandeur von Seeflugstationen im Baltikum (unten).

Am 15. September 1925 tritt der inzwischen Kapitän auf Großer Fahrt gewordene Autor als Verwalter auf der Viermastbark PARMA der Hamburger Reederei F. Laeisz seiner ersten Ausreise nach Südamerika an. Das Foto zeigt ihn beim Laschen seiner schweren Filmkamera auf der Oberbramrah des Windjammers, mit dem er Kap Hoorn umsegelte.

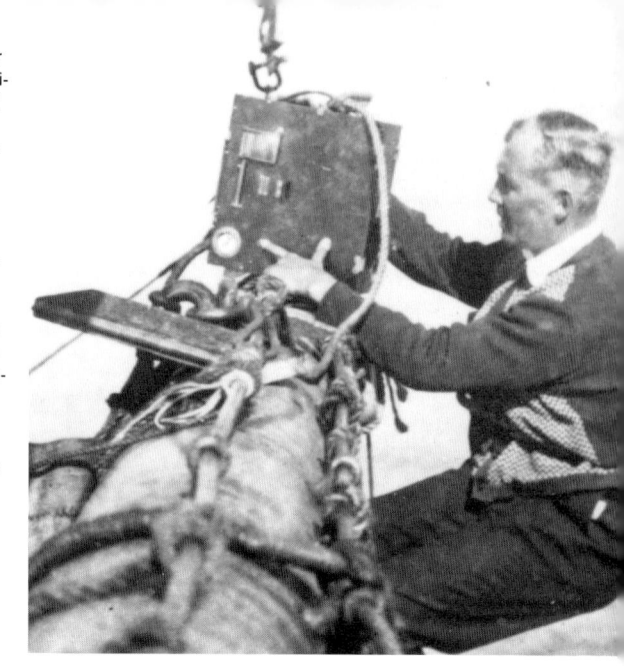

Unten: Bei seiner ersten Expedition durch Patagonien durchstreift Plüschow (Mitte, im Poncho) Dschungel, Pampa und Kordillerenkarst-Gebiete von Patagonien — allenfalls von Indios begleitet. Nach Rückkehr in die Heimat (1926), erneut um Kap Hoorn, werden Film und Buch ,,Segelfahrt ins Wunderland'' zum Erfolg.

schows kleiner
hn Gunter Guntolf
ft 1927 den vom
leger Karl Ullstein
chts) mitfinanzier-
 Forschungskutter
 den Namen
UERLAND. Bild-
te: Der Autor.

oßer Tag für die
nwohner des
hleswig-holsteini-
hen Fischerei-
ens und Nordsee-
des Büsum: Der
gelkutter FEUER-
ND gleitet gleich
n der Helling der
sumer Schiffswerft
ämer, Vagt & Beck-
ann in sein
ement.

Links: Nach der Abnahmeprobefahrt drückt Plüschow dankbar dem Obermeister der Büsumer Werft die Hand. Eine grundsolide Arbeit wurde pünktlich fertig. (Unterm Arm hält der „Skipper" der Rauhhaar-Terrier „Schnauf".)

Unten: Expeditionskutter FEUERLAND im Hafen von Büsum. Dieser wird Ende November 1927 Ausgangspunkt für die 10.000 Seemeilen lange Reise nach Feuerland (rechts).

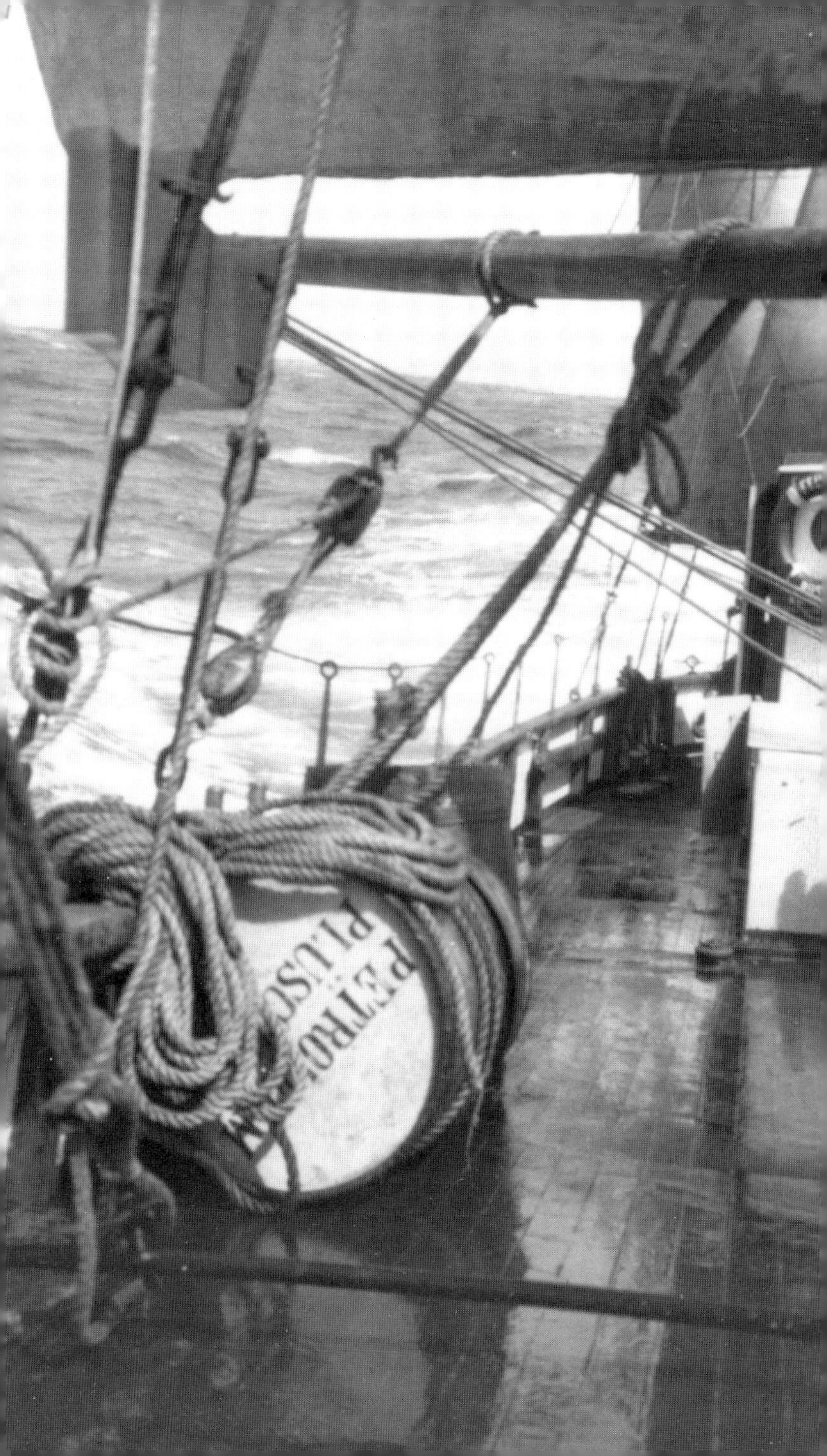

Oben: ,,Nicht totzukriegen'' ist der kregele Kameramann Kurt Neubert, genannt ,,Garibaldi''.

Links: Als ,,Smuttje'' hält Frau Isot Plüschow tapfer bis Lissabon durch, aber die winterliche Biskaya macht ihr schwer zu schaffen.

Unten: Die ,,Crew'' der ,,Holzpantine'' FEUERLAND — links Karl Kolbe (,,Schiffsjunge Harry''), Mitte Maschinist Josef Schmitt (,,Seppl''), rechts (mit Ziehharmonika) Steuermann Paul Christiansen. Vor ihnen der ,,Skipper'' mit dem Bordhund ,,Schnauf''.

Links: Die ,,Kapitänskajüte'' der FEUERLAND als Autorenwerkstatt. Auf dem Bord Exemplare des Buches ,,Segelfahrt ins Wunderland'' als Gastgeschenke für Südamerika.

Unten: Seppl Schmitt und sein unermüdlicher, 50 PS starker Deutz-Dieselmotor.

Steuermann Paul Christiansen als ,,Meister der Nadel'' bei seemännischen Näharbeiten. Rechts die hölzernen Kojen von Steuermann und Maschinist. Man beachte an der Wand das primitive Röhren-Radiogerät mit Akku — die gesamte ,,Funkausrüstung'' des Wissenschaftlichen Forschungsschiffes FEUERLAND!

Links: Recht originelle, improvisierte Pressekonferenz an Oberdeck in Lissabon: Plüschow (Mitte) zwischen portugiesischen Journalisten

Oben: Es geht äquatorwärts — der erste Hai ist geangelt worden.

Unten: Schließlich dümpelt die FEUERLAND mit schlaffen Segeln in der Flaute des Kalmengürtels, aber die Atlantikdünung macht sich auch hier bemerkbar.

echts: Nachdem Plüschows Frau von ssabon aus mit der CAP ARCONA nach ause fuhr, war er mit dem Küchendienst an — allerdings kam ,,Harry, der Frika-•llenschmied", mit seiner engen Kom-•se nicht recht klar. Er konnte von Glück •den, daß das Naturtalent ,,Garibaldi" ch überreden ließ, zunächst die leibliche etreuung der FEUERLAND-Crew zu über-•hmen.

Links: Der ,,Große Teich" wäre erst einmal geschafft. Nach der Atlantik-Überquerung ankert die ,,Holzpantine" in einer stillen Bucht des brasilianischen Hafens Bahia.

roßer Abschied in der -Plata-Mündung. Ein charterter Schlepper ller Landsleute der utschen Kolonie enos Aires gibt üschows auslaufen-m Segelkutter das •leit: ,,Goden Wind gode Reis' no erland!" schallt es attdeutsch herüber.

Für alle an Bord ein großer Augenblick — das Reiseziel Feuerland ist erreicht. Genau am Sonntag, dem 21. Oktober (wie seinerzeit Magellan im Jahre 1520) läuft die „Holzpa tine" in die Magellanstraße ei und setzt die Fahrt durch den Froward-Kanal, einen der feue ländischen Fjorde, fort.

Unten: Der „Skipper" fiebert förmlich den Ereignissen entgegen. Bald wird er sich davo überzeugen können, in welchem Zustand sich die Schwimmermaschine TSINGTAU befindet — der „Silberko dor", das per Dampfer nach Chile geschickte Expeditionsflugzeug.

en: Treibeis im Fjord unweit des Buckland-Massivs.

ten: Am Ende des Admiralty-Fjordes wohnen einige Deutsche, die in dieser Einsamkeit ein
gewerk betreiben. Der Besuch des Segelkutters löst unbeschreibliche Freude aus.

Oben: Erprobung des auf Schwimmer gesetzten offenen Doppeldecker-Schulflugzeugs vom Typ He 24 beim Ernst-Heinkel-Flugzeugwerk in Warnemünde. Die Kenn-Nummer D-1313 wurd auf Betreiben Plüschows zugeteilt, er hielt sie für seine ,,doppelte Glückszahl".

Turbinenfrachter PLANET (5821 BRT) der Hamburger Reederei F. Laeisz brachte das in sein Bestandteile zerlegte Wasserflugzeug nach Punta Arenas (Magallanes).

us diesem Gerippe
it bereits wieder an-
esetztem Motorblock)
ue mal jemand in
genarbeit ein start-
ares Flugzeug zu-
mmen! Aber Ernst
reblow, graduierter
genieur der Askania-
erke, für die Plü-
how-Expedition „aus-
liehen", bringt in Ge-
einschaftsarbeit das
nststück tatsächlich
stande.

Links: Ungeschützt gegen Wind und Wetter arbeiten Dreblow (rechts) und Plüschow auf dem Gelände der kleinen Reparaturwerft Braun & Blanchard in Punta Arenas (damals Magallanes) — unter primitivsten Verhältnissen, ohne Kran und sonstige Hebezeuge.

Unten: Nach Bespannen des Rumpfgerippes, Montage der Motorverkleidung und der Schwimmer sieht der auf den Namen TSINGTAU getaufte Vogel allmählich einem Flugzeug immer ähnlicher. Das Ansetzen der Tragflächen samt Streben und Verspannungen wird noch besondere Sorgfalt erfordern.

Links: Endlich ist das schwierige Werk vollbracht. Nach geglücktem Probeflug stellt sich die stolze Besatzung des „Silberkondors" für ein Selbstauslöser-Foto auf. Dritter „Mann" im Bunde ist der der Foxterrier „Schnauf", der bei diesem denkwürdigen Flug mit von der Partie war.

Unten: Auch das schwimmende Basislager der Expedition ist am Ziel — geradezu winzig erscheint die FEUERLAND vor der Mächtigkeit eines Gletschers im Agostini-Fjord.

Staunend werden die Expeditionsteilnehmer das Gewimmel brütender Tauchervögel auf der Insel Marta/Magallanes-Straße gewahr.

Rechts: Bei Anäherung an ein Nest nehmen die Brüterinnen drohende Abwehrhaltung ein.

Unten: Welch eine Nachbarschaft der flackernden FEUERLAND — die Felsen ringsum sind voller Robben.

Sonderbarer Zeltplatz auf der Felseninsel Marta in der Magallan-Straße, von Mallepuks und Albatrossen umsegelt.

Oben: Das große Schweigen umgibt die einsamen Flieger bei ihren höchst riskanten Erkundungen.

Unten: Das Ende des Augustini-Fjords, im Hintergrund die Darwin-Kordillere.

Klein wie ein Schmetterling liegt der „Silberkondor" in der Bahia Encanto, der „Zauberbucht", unweit des Buckland-Massivs, vor Anker.

en: Der Gipfel des Monte Sarmiento (2300 m), des Königs der Feuerland-Berge.

ten: Zwischen Punta Arenas und Puerto Williams besteht der chilenische Teil Feuerlands wiegend aus einem phantastischen Gewirr von Gipfeln und Gletschern, die sich in die Ur- ɔmtäler der Fjorde hinunterschieben.

Oben: Jede Wasserlandung vor einer Gletscherfront bedeutet Gefahr jederzeit möglicher Flutwellen, verursacht durch das Kalben des Gletschers.

Unten: Was bis dato noch keines Menschen Auge sah — die Gletscherwelt im Zentrum der Darwin-Kordillere zwischen Admiralitäts-Fjord und Beagle-Kanal.

oben: Nur für kurze Zeit geben die Wolkenmassen den Blick auf den Oberteil des San-Rafael-Gletschers frei.

unten: Urwald, Gletscher, Meer und Flugzeug — das Zusammentreffen der Gegensätze in den ,,Kanälen'' (Fjorden) Feuerlands, die fast immer durch treibendes Eis die Schwimmer des ,,Silberkondors'' gefährden.

Abendfrieden in Feuerland — im Hintergrund der Monte Sella (1400 m).

Rechts: Verlegt nach Patagonien, liegt der "Silberkondor" in der von Plüschow so getauften "Tsingtaubucht" des Lago Sarmiento — Startplatz für die Erstbesteigung des Cerro Paine.

Unten: Neben der selbstgebauten Angelbake spiegelt sich der bis zu 2734 m hohe, schroffe Cerro Paine im Wasser des Sees wider. Seit Jahrmillionen steht das Massiv wie ein stummer Wächter über der 1929 noch unerforschten Bergwelt der Andenkordillere. Plüschow und Dreblow werden die ersten sein, die sich dort Einblick erkätzen.

Rechte Seite/oben: Ein Prachtexemplar von Kondor. Die Flügelspannweite verdeutlicht, wie gefährlich der Angriff solcher Anden-Geier auf den nur stoffbespannten Doppeldecker der beiden Flieger wurde.

Links: Gunther Plüschow mit patagonischen Räubern, mit denen er sich angefreundet hat. Sie tun dem „Gringo" nichts.

Unten: In Patagonien bleibt nur das „Campamento" in der Pampa als Basislager übrig. Rechts Ingenieur und Flugbegleiter Ernst Dreblow, links der Pilot Gunther Püschow.

ten: Dieses und das auf der nächsten Seite folgende Foto dürften die beiden letzten Aufnahmen der beiden Flieger sein. Die belichteten, noch nicht entwickelten Platten wurden we- später aus dem abgestürzten Flugzeug geborgen. Beide Fotos lassen den Betrachter mit haudern erkennen, wie eng der Höllenkessel des „Felsenkraters" in der Hochkordillere ist, f dessen Eiswasser der „Silberkondor" notlanden mußte. Notdürftig versuchen die durchfro- en, hungernden Flieger, Kleidung und Decken in den Hangwinden zu trocknen, bevor der zte) Start doch endlich gelingt.

Der „Felsenkrater" in der Hochkordillere, der schon fast zur Todesfalle der beiden Flieger geworden wäre.

en: Am 28. Januar 1931 erfüllt sich das Schicksal der beiden Flieger-Forscher, deren
nierleistungen in Südamerika unvergessen sind. Schon beim Landeanflug auf den Lago
entino, stürzt die Maschine aus etwa 600 m Höhe, sich dauernd überschlagend, ab.

:en: Zwei argentinische Polizeibeamte, zwei Augenzeugen von der nahegelegenen „Estan-
Lago Rico" und ein herbeigebrachter Arzt bergen die Habseligkeiten der beiden Toten,
unter die Gummistiefel von Ernst Dreblow. Er hatte sie verloren, während er sich — ohne
geschnallten Fallschirm — am abstürzenden Flugzeug festhielt, bis ihn die Kräfte verließen.

Oben: Die Urnen der beiden tödlich verunglückten Flugpioniere werden 1931 bei Ankunft im Hamburger Hafen für eine würdig gestaltete Totenfeier an Bord des HAPAG-Turbinenschiffes GENERAL SAN MARTIN, im Beisein der Hinterbliebenen, feierlich geschmückt.

Unten: Eine unübersehbar große Zahl von Berlinern aus allen Schichten der Bevölkerung gib den Urnen mit der Asche Gunther Plüschows und Ernst Dreblows auf dem Friedhof beim Th ner Platz in Berlin-Lichterfelde das letzte Geleit auf dem Wege zur Beisetzung.

chts: Plüschow-Denkmal im dtdistrikt Palomar der argentinischen Hauptstadt Buenos Aires. In Ushuaia ist eine aße nach dem Flieger benannt, auch trägt der Flugplatz El Calafate neuerdings den nen „Aeropuerto Plueschow".

en: Pfadfinder halten 1932 Todestag des berühmten gers Grab-Ehrenwache. s mit dem faksimilierten Namenszug Gunther Plüschows sehene schlichte Grab in lin-Lichterfelde wurde auf schluß des Berliner Senats 2. Juli 1985 zur 410. Ehgrabstätte Berlins erklärt. Grabpflege hat man dem tenbauamt Berlin-Steglitz rtragen. Die Urne von Plüows Fliegerkameraden st Dreblow wurde 1935 auf nsch der Angehörigen nach henow an der unteren el überführt.

Bevor Gunther Plüschow und Ernst Dreblow im Herbst 1930 zur zweiten Flugexpedition nach Südamerika ausreisten, von der sie nicht lebend zurückkehrten, entstand dieses Bild des Autors. Kurz zuvor wurde die Uraufführung seines Filmes „Silberkondor über Feuerland", des ersten abendfüllenden Kulturfilms in Deutschland, zu einem durchschlagenden Erfolg. Sie fand im „UFA-Palast am Zoo" in Berlin statt. Damit trat der bewußt noch als Stummfilm konzipierte Streifen seinen „Siegeszug" durch Europa, Nord- und Südamerika an. Das verschaffte dem mittlerweile erschienenen gleichnamigen Bestseller zusätzlich Popularität.

Dünungswelle hätte uns beinahe überspült, donnernd poltern die Eisstücke gegen unsere Bordwand, wo sie gottlob an unserm festen Eichenholz zertrümmern – wir gehen von jetzt ab etwas vorsichtiger an solche Gletscher heran.

Der Abend ist da, diesmal haben wir am Ende des Fjords, der von zwei ungeheuren Eiswänden abgeschlossen wird, die direkt aus dem Zentrum der Darwinkordillere kommen, guten, sicheren Ankergrund gefunden. Das ist unser Glück.

Nachts frischt der Wind auf, heult und pfeift über die Bucht, als wir morgens aufstehen, ist alles um uns herum tief verschneit, das Deck liegt unter einer leuchtend weißen Decke vergraben, ab und zu kommt die Sonne wieder durch, leuchtet auf die grünen Urwälder, auf den darauf liegenden frischen Schnee, ein neues Schneegestöber setzt gleich darauf wieder ein, alles ist nun bis dicht zum Wasser herunter verschneit – Feuerlandszauber!

Aber ebenso plötzlich ist alles wieder vorüber, der Schnee schmilzt in den niedrigeren Höhen schnell ab, die Sonne bricht wieder durch, wir setzen unsere Fahrt fort.

Kurz vor der Einfahrt zum Agostinifjord, diesmal aber an der Nordseite, öffnet sich eine halbkreisförmige, riesige Bucht. Sie ist wie ein Amphitheater umrahmt von wunderbaren Gebirgen, im Hintergrund schaut aus den Wolken das ungeheure Bucklandmassiv zur Hälfte heraus, gleich rechts ist eine kleine Zweigbucht durch zwei Landzungen gebildet. „Bahia Encanto" hat Agostini das ganze Rund genannt – die „Zauberbucht".

„Was meinen Sie, Dreblow, ist das hier nicht wie geschaffen als Flughafen für die Arbeiten und Flüge in dieser Gegend?"

Ernst Dreblow nickt bloß stumm, steht groß und breit neben mir, er ist kein Mann von vielen Worten. Dafür schafft er aber um so mehr. Die Askania-Werke in Berlin beurlaubten ihn liebenswürdigerweise, damit er sich an meiner Expedition beteiligen könne. Mit meinem Flugzeug kam er Ende 1927, als wir mit der Holzpantine ausliefen, an Bord des Dampfers „Planet" nach Magallanes heraus, lud unsern künftigen „Silberkondor" aus, schaffte mit größten Mühen die riesigen Kisten an Land, baute draußen an der FT-Station mit Kistendeckeln und Kistenholz und einigen Blechplatten ein kleines Häuschen, wie ein Schwalbennest an einen Schuppen angeklebt, und stellte dort den Rumpf unter. Die Tragflächen kamen in einen leeren Raum der Funkstation selbst, Motoren, Schwimmer, Reservekisten in einen Raum des Regiments,

die chilenischen Behörden halfen in denkbar zuvorkommender Weise in allem aus.
Dann saß der brave Dreblow in Magallanes und – wartete.
Da aber die Holzpantine nicht ganz so schnell heruntergelangen konnte wie unsere Ungeduld das wünschte, wurde es Dreblow in Magallanes zu langweilig. Seinen Schützling hatte er ja aufs allerbeste untergebracht, er zog also in die Pampa zu meinen Pampafreunden Lauezzari, die ihn aufs gastlichste aufnahmen, und wartete weiter. Wartete voller Sehnsucht auf uns, geduldig und treu, überzeugte sich ab und zu, daß der „Silberkondor" immer noch tadellos verstaut war, saß dann wieder in der Pampa, angesichts der Kordillere, des Cerro Paine, den wir als erste Menschen bezwingen sollten, wartete monatelang – fast ein Jahr!
Da lief endlich die Nachricht ein, daß die Holzpantine im Anmarsch wäre. Dreblow verließ die Pampa, packte sein kleines Bündel, eilte nach Magallanes, kam dort gerade an, als die „Feuerland" ablegen wollte, sprang fröhlich an Deck und ist nun unser Fahrtgenosse geworden.
„Ja, Dreblow, diese kleine Bucht hier ist wie eine Traumbucht. ‚Hafen der Träume' wollen wir sie nennen, hier soll unsere erste Flugbasis des Feuerlands sein!"
Wir dampfen aus der kleinen Bucht wieder heraus, nachdem wir festgestellt haben, daß sie den besten Ankergrund, gute Ankertiefen und einen tadellosen Strand hat, alles Dinge, die so selten in den Kanälen anzutreffen, für uns aber von größter Wichtigkeit sind, besonders schön, wenn, wie in diesem Falle, der kleine Hafen auch völlig windgeschützt liegt.
Noch einen Blick werfe ich nach rückwärts in den Agostinifjord hinein, dann verschwindet er hinter einer Landzunge, und wir biegen in den Magdalenenkanal ein. Zu unserer Linken liegt irgendwo der Monte Sarmiento, wir sehen nur seine mächtigen Gletscher, besonders den Schiaparelligletscher, aus den Wolken fließen und mit breitem, hohem Abbruch ins Meer fallen. Der König selbst geruht sein wunderbares, eisgepanzertes, zweigezacktes Riesenhaupt in Himmelshöhen hinter Wolken zu verhüllen.
Links beißt sich wieder eine tiefe Bucht ins Land, an ihrem Ende flimmert einer der allerschönsten Gletscher, zu dem man sich aber erst mühsam den Weg durch Urwald und über drei Endmoränen bahnen muß, eine Arbeit, die wir anfangs unterschätzen,

die wir später zur Genüge kennengelernt haben. Es ist der Negrigletscher, dem wir nur einen kurzen Besuch abstatten.
Überhaupt dient ja diese erste Fahrt mehr der Information, ich will mir ein ungefähres Bild dessen machen, was unser wartet, will mir die schönsten Punkte aussuchen, um dort filmen und fotografieren zu können, suche Stützpunkte und Notlandungsplätze für mein Flugzeug. Die Kleinarbeit kommt dann in späteren Fahrten.
So ackern wir denn unermüdlich durchs Wasser und halten uns nur dort auf, wo es nötig ist. Ab und zu zieht Willy geheimnisvoll an Land uns stellt dort irgend etwas auf, das er auf dem Rückwege, meist mit guter Beute gefüllt, wieder aufnimmt. Unsere größte Sorge ist die, immer rechtzeitig vor Dunkelheit einen guten Ankerplatz zu finden, denn mit dem guten Wetter scheint es aus zu sein.
Es ist schon spät am Nachmittag, als wir endlich den gefürchteten Cockburn-Kanal hinter uns haben und in den Brecknock-Kanal einbiegen wollen. Der starke Gegenstrom hat uns wider Erwarten lange aufgehalten.
Diese Ecke hier ist fast gefürchteter als das Kap Horn, hier steht gewöhnlich eine ganz außerordentlich starke See, fegt der Wind aus dem freien Ozean ungehindert herein. Wenn hier unser guter Motor versagte!
Endlich haben wir die Umrundung geschafft, sind wie ein Spielball hin und her geworfen worden, steifer Wind kommt auf, ich atme erleichtert, daß dies ungemütliche Stück vorüber ist.
Dafür ist es aber leider schon dunkel geworden. In welche Bucht wir auch einbiegen und dicht ans Ufer herangehen, entweder finden wir keinen Ankergrund, oder die Bäume am Ufer sind völlig krumm gebogen und platt zur Erde gedrückt. Gebiete der schweren Fallböen. Da ist es besser, die Nacht zwischen dem Felsgewirr zu verbringen, als sich hier einem mehr als ungewissen Schicksal preiszugeben.
Es ist schon völlig Nacht, als eine winzig kleine Bucht zu unserer Linken zu sehen ist. Die Eingangsfelsen stehen so dicht nebeneinander, daß die Einfahrt nur einige Meter breiter als die „Feuerland" ist. Vorsichtig schieben wir uns in der gespensterhaft dunklen Nacht durch diese in der Dunkelheit eigenartig verzerrt erscheinenden Tore hindurch.
Werden wir auf einen Stein, einen Felsen stoßen, werden wir uns die Flügel unserer Schraube abhauen?

Ein kleines Stückchen holen wir uns noch in dieses Loch hinein, dann haben wir Kelp unter uns, der Anker rauscht hinein, findet Grund. Das Bassin ist gerade so groß, daß die kleine „Feuerland" hineinpaßt, wir bringen nach zwei Seiten Leinen aus, die um die Felsen geschlungen werden, eine dritte Leine kommt an Land um eine Baumwurzel. Das ist so richtig ein Feuerlands-Ankerplatz, wir haben ihn später noch öfters benutzt.
Und nun heult der Wind draußen unheimlich auf in der Nacht, wir hören den Abprall der Wogen, die aus dem Brecknockkanal kommen, gegen Felsen und hohe Steilküste. Wir hier drinnen in unserer Badewanne liegen besser als in Abrahams Schoß.
Am nächsten Morgen geht die Sonne wieder mal auf, was so selten ist, daß ich es ausdrücklich erwähnen muß. Wir schauen um uns und wissen selbst nicht, wie wir es in dunkler Nacht geschafft haben, in dieses kleine Loch unbeschädigt hineinzugelangen. Am Tage hätten wir es sicherlich nicht gewagt.
Denn die schwerste Aufgabe für mich, die größte Sorge ist die: unter allen Umständen das Schiff und später in erhöhtem Maß das Flugzeug heil und unbeschädigt zu lassen. Die geringste Panne, die das Schiff lahmlegt, ist fast gleichbedeutend mit der Besiegelung des Schicksals der ganzen Besatzung. Hier in dieser Gegend, in der kein Mensch wohnt, kommt alle Jubeljahre einmal durch Zufall, so wie wir jetzt zum Beispiel, ein Lebewesen. Wir haben keine Funkeinrichtung, keine Mittel, uns bemerkbar oder verständlich zu machen, wir ziehen wie ein Nußschälchen einsam und allein in diesem ungeheuren Gewirr von Kanälen, Gebirgen und Meeren dahin. Niemand weiß, wo wir uns gerade befinden, da wir ständig unterwegs und in Fahrt sind. Es heißt für mich also doppelt und dreifach: Vorsicht, aufpassen, seemännisch handeln, halt Schiff und Flugzeug unter allen Umständen heil!
Ich glaube, oft hat der liebe Gott selber die Hand über uns gehalten oder mindestens dauernd einen besonders treuen Schutzengel für uns Wache gehen lassen.
So ziehen wir unserer Bahnen.
Wenn die Sonne aufgeht, und das ist jetzt mitten im Frühling, in diesen Breiten, außerordentlich früh, gehen wir Anker auf, fahren und fahren, laufen ein, laufen aus, sehen uns Gletscher und Buchten an, kurbeln und knipsen. Willy geht hier und da an Land, kommt schmunzelnd zurück, Wildgänse zu Tausenden

sitzen an den Ufern und beginnen Eier zu legen, Christiansen schießt uns täglich unsern Mittagsbedarf an prachtvollen Wildgänsen zusammen, Schmitt, mit den größten Händen, sammelt herrlich frische Gänse- und Enteneier, Harry, der nun „Smutje" ist, da Garibaldi seit dem Eintreffen im Feuerland nur noch Kameramann spielt, ist ein wahrer Künstler im Zubereiten von Gänsebraten geworden.

Kurz vor Dunkelheit haben wir dann unsern Ankerplatz gefunden, müde fallen wir in unsere Kojen, denn die Sonne geht bald wieder auf, rastlos, unermüdlich müssen wir arbeiten und tätig sein, wenn wir unsere Aufgabe schaffen wollen.

Tage sind wir so unterwegs, schwimmen im Beagle-Kanal, der die mächtige, unerforschte Darwinkordillere, das gewaltige Rückgrat des Feuerlandes, nach Süden begrenzt. In unerhörtem Absturz fällt das mächtige Gebirgsmassiv ins Meer, in den tiefen Gebirgsfurchen leuchtet und schimmert es von Gletschern, die in phantastischem Absturz aus der Höhe kommen, durch die Urwälder brechen und dann mit hohem Steilsturz ins Meer abfallen.

Sie sind zwar schön und mächtig, diese Gletscher – der schönste unter ihnen ist der Italia-Gletscher, der in einer einzigen, bizarren Kaskade vom fast zweieinhalbtausend Meter hohen Monte Italia in einem einzigen glitzernden Eisstrom herabströmt –, aber sie verblassen doch gegen den einzigdastehenden Anblick des Agostini-Fjords mit seinen rund zwölf Gletschern, die alle gleichzeitig vom Eingang dieses Fjords aus zu sehen sind und ihm daher die Krone der Schönheit des gesamten Feuerlandes verleihen.

Schwerer Weststurm rast plötzlich hinter uns her, ich muß mich schleunigst nach einem geschützten Platze umsehen, wo ich mich verkriechen kann. Wer weiß, was dieser Sturm noch alles mit sich bringt!

„Da vor dem Frances-Gletscher ist ein sehr guter Naturhafen, Herr Kapitän, dort liegen wir sicher", meint Willy.

Wir drehen hart Backbord ein, eine schmale Fahrrinne öffnet sich uns, eine wundervolle, langgestreckte Bucht mit feinem Sandgrund liegt zwischen Gebirgswand und waldbestandener Landzunge, hier ist ein Hafen, so schön und sicher – ein großer Dampfer könnte hier bequem liegen.

Wir fahren ganz ans Ende der kleinen Bucht, dort ist es völlig windstill und ruhig, auf fünf Meter fällt der Anker in den Schlick.

Der Übergang von der tobenden See da draußen zu dieser traumhaft schönen Bucht ist ganz plötzlich. Draußen ziehen mächtige Wolkenballen, heult der Sturm, hier scheint die Sonne, beleuchtet einen wunderbaren Wald, einen feinen, weißen Strand, zu unserer Rechten stürzt der riesige Frances-Gletscher zwischen Felsenmauern nieder. Er hat breite, hohe Endmoränen vor sich abgelagert, die mit dichtestem, undurchdringlich frischgrünem Urwald bedeckt sind, ein Gletscherfluß rauscht mit reißendem Strom in unsere Bucht und füllt sie mit schimmernden Eisbrocken.

In dieser Bucht bleiben wir einige Tage liegen und lassen den Sturm sich draußen austoben. Uns schert er nicht weiter, wir liegen so fest und sicher, wie wir nur wünschen können, hier scheint sogar die Sonne. – Gegensätze, so typisch für das Feuerland. – Wir führen ein Indianerleben, ein richtiges Nomadenleben, wie wir es uns als Kinder erträumt haben und wie es sich, glaube ich, die heutigen Jungens auch noch ab und zu ersehnen.

Jeder tut, was ihm beliebt, wir machen Kinos und Fotoapparate, Fallen und Harpunen, Fischnetz und Gewehre klar, beladen die Boote damit, fahren an Land, fahren hinaus, wir werden ja hier vom Sturme festgehalten, wir müssen uns unsere Frischnahrung selbst besorgen.

Dicht am Ufer, an einer lichten Stelle des sonnendurchleuchteten Waldes finden wir menschliche Spuren!

Von Menschen aber, die längst vergangen, vernichtet, ausgerottet sind, von Menschen, denen ehemals dies ganze Land mit seinen Kanälen gehörte, als noch keine „Kulturträger" hierherkaen. Es waren freie, nackte Indianer in zerbrechlichen Baumrindenbooten, mit immer brennenden Feuern in diesen Booten, ihnen gehörten damals Land und Busch und Getier auf dem Lande und im Wasser. Wir hier auf unserer Holzpantine können verstehen, wie diese Menschen ihre Freiheit liebten, wie sie lebten, denn etwas Ähnliches machen wir ja selbst hier durch.

Mit den Spitzen oben zusammenstoßend, sind kreisrund Baumäste in den Boden gerammt, es sind die „Zeltstangen" der alten Indianer. Um diese Stangen herum hängten sie ihre Felle auf, und die Hütte war fertig.

In der Mitte eines solchen Zeltes sehen wir noch schwach die Feuerstelle, sehen die beiden Lager aus Zweigen und Blättern für

die Großen und die Kinder. Sie müsssen Geschmack und viel Schönheitssinn gehabt haben, diese Wilden, denn eine schönere Stelle hätten sie weit und breit nicht finden können.
So tun wir es unsern braunen, nackten Vorgängern gleich, wählen auch diesen Platz zu unserer Lagerstatt. Von hier aus, in Sonne und unter grünen Urwaldbäumen liegend, übersehen wir die ganze Buch, die Gebirge, den Gletscher, den Urwald, die kleine weiße „Feuerland". Wie schön ist es hier, wenn draußen der Sturm heult und man nichts von ihm merkt.
Harry ist bereits an Land. Von unserm Schnauf, der vor Freude, daß er wieder festen Boden unter seinen vier Pfötchen hat, wie irrsinnig mit dem Steert wackelt, umbellt und umtollt, schleppt er ganze Armevoll Brennholz herbei, entfacht, wie sich das für einen so alten Indianer gehört, ein mächtiges Feuer, wirft ganze Bäume hinein, hoch lodern die Flammen empor.
Wir anderen gehen „auf Arbeit".
Garibaldi und ich ziehen mit Kinos und Kameras durchs Land, durch den Wald, zur Brandung, zum Gletscherfluß, zum Gletscher selbst. Willy hat sich mit seinen Fallen stillschweigend und schmunzelnd auf den Wege begeben.
Christiansen, dieser Meisterschütze – ich möchte bloß mal wissen, wo dieser Nachfahr eines Klaus Störtebeker bei der Nordseefischerei so gut schießen gelernt hat! –, hat sein Gewehr geschultert, Patronen haben wir ja gottlob genügend, er zieht den Strand entlang, bald künden Schüsse durch die Stille, daß frische Gänse-und Entenbraten besorgt sind.
Seppl Schmitt sammelt Eier, legt dann unser Netz aus . . . wie reich ist doch die Natur! Mit vollen Händen spendet sie uns von ihrem Übefluß. Der Wald gibt so viel Brennholz her, als wir nur wollen, ganze Bäume wandern in die Glut, von allen Seiten rinnen glasklare, eisgekühlte Bäche und Gletscherflüsse ins Meer mit köstlich frischem Trinkwasser, die Ufer sind buchstäblich übersät mit Wildgänsen und Wildenten, von der rostbraunen, wundervollen Brandgans bis zur schneeweißen Polargans. Gut ein Dutzend verschiedene Arten zählten wir in diesen Tagen. Sie legen augenblicklich herrlich frische Eier, wir brauchen nur zuzulangen, es ist wie Manna, das vom Himmel fällt.
Das Meer spendet dazu köstliche Fische und große Taschenkrebse, die berühmten Centollas, die zarteres Fleisch haben als die prächtigsten Hummern und als große Delikatesse in ganz

Chile gesucht sind. Wir sind der Natur dankbar für soviel köstliche Gaben. Mühsam schlage ich mich mit Garibaldi durch den Wald, alle Augenblicke bleiben wir keuchend stehen, wir benötigen unsere ganze Energie, unsere Zähigkeit, um nicht schlappzumachen, nicht auf halbem Wege umzukehren. Aber reichlich Lohn wird uns dann, wenn wir den Gletscher selbst erreicht haben und ihn auf unseren AGFA-Rollen einfangen, durch die er ja in Bälde in Deutschland wieder ans Licht der Kinowand kommen wird.

Am Spätnachmittag finden wir uns alle wieder zurück und um unser loderndes Feuer zusammen.

Etwas wüst und wild sehen wir zwar aus, alles andere als salonmäßig, mit unseren verwitterten Gesichtern, teilweise zerfetzten Kleidern, in hohen See- oder Gummistiefeln. Sehr viel anders werden die Flibustier vergangener Zeiten auch nicht ausgeschaut haben! Aber wir sind fröhlich und guter Dinge, verbrannt von Sonne, Gletschereis und Sturmwind, gesund wie junge Bären, eine durch Sturm und Not zusammengeschweißte Gemeinschaft. Das Wunderbarste an unserm Zusammensein ist, daß es nie Streit, nie ein mißvergnügtes Gesicht gibt, unser fröhliches Lachen klingt durch den ganzen Tag.

Christiansen ladet seine Wildgänse ab, die Harry sofort rupft und an den Spieß steckt, Seppl schleppt Fische und Centollas herbei, Willy hat stillschweigend drei langgestreckte, prachtvoll behaarte Tiere an Deck gelegt, Garibaldi und ich verstauen unsere vielen Meter Film, auf denen wir diese Schönheiten einfingen. Dann futtern wir, trinken vom klaren Quell, die Raucher rauchen die letzten „Dannemänner" und „Suerdieckens", mein prachtvolles Electrola wird von Bord geholt, schade nur, daß es nirgends mehr Indianer gibt, denen wir die Lieder vorspielen können!

Der Sturm hat ausgetobt, das Indianerleben ist vorübergehend beendet, wir sind wieder draußen und fahren mit Ostkurs weiter.

Nun liegt schon der Beagle-Kanal hinter uns.

Da stehen einige Inseln im Wege, wir rauschen zwischen ihnen durch, nun kommt eine langgestreckte schützende Landzunge, nun tauchen einige Dächer auf, ganz rechts ist ein eigenartig strahlenförmig gebauter, düsterer Gebäudekomplex, – wir liegen vor der südlichsten Stadt der Welt, vor Ushuaia, das zum argentinischen, also östlichen Teil des Feuerlandes gehört.

Von den argentinischen Behörden aufs allerfreundlichste begrüßt und gastlichst aufgenommen, liegen wir an einem Rest einer einstigen oder zukünftigen Mole aus Stein, die zerfallen ist. Uns bietet dies wenige aber Schutz, denn wiederum rast der Weststurm daher, wie gut ist es da, daß wir wohlgeborgen bei Freunden sind.

Tief unten in meiner kleinen Proviantlast liegt ein stark mitgenommenes und beschädigtes Paket. Kurz bevor wir aus Deutschland ausliefen – Herrgott, wie lange ist das schon her! – traf es bei mir an Bord ein, wurde damals in der Sturmnacht der Nordsee mit allen anderen Sachen naß, löste sich etwas auf; so gut es ging, flickten wir alles wieder zusammen, verstauten es sorgfältig im Proviantraum, wo es lag bis heute.

Ich ziehe das Paket hervor, wandere zum Gouverneur, wandere zur Polizei und wandere schließlich zu jenem düsteren, sternförmigen Gebäude: dem Zuchthaus von Ushuaia!

Was niemand für möglich gehalten hat, was ich selbst in meinem Inneren bezweifelte, wurde mir gestattet. Ich kann eintreten, darf mir den Gefangenen Nr. 206 kommen lassen, darf mit ihm sprechen. Einer meiner jungen ehemaligen Kriegskameraden, der als halber Schuljunge voller Begeisterung als Kriegsfreiwilliger ins Feld gezogen war, steht vor mir – Zuchthäusler Nr. 206.

Um diesem armen Opfer des Krieges, der nun schon acht Jahre hier sitzt, wegen einer Tat, für die er, der eben aus dem Kriege kam und sich in furchtbarer Not im Ausland umhertreiben mußte, kaum verantwortlich gemacht werden konnte und die er zudem reichlich gebüßt hat, eine kleine Freude zu bereiten, einen Gruß aus der fernen Heimat zu überbringen, bin ich hier, mit dem arg mitgenommenen Paket unter dem Arm.

Etwas beklommen stehe ich nun in dem Direktionszimmer, das wie die ganze Anstalt einen mustergültig ordentlichen Eindruck macht, und schaue erwartungsvoll auf die Tür, durch die jetzt ein Beamter in tadellos militärischer Haltung eintritt und dem Direktor neben mir eine Meldung macht. Der Gefangene ist draußen.

Und plötzlich steht eine große, breitschultrige Gestalt vor mir, etwas unsicher und geduckt sind die Augen, die sich scheu und verwundert umblicken, grau-gelb geringelt ist das „Zebrakleid" und die Mütze, auf der Brust ist groß die Zahl 206 gemalt.

Ich bin tief bewegt, es ist mir eigenartig zumute, zum ersten Male in meinem Leben stehe ich in einem Zuchthaus. Ganz unwillkürlich strecke ich meine Hand aus und reiche sie meinem Gegenüber.
Verwundert schaut der mich, seine Umgebung, meine Hand an, es ist wohl schon lange her, daß ihm jemand die Hand zum Gruße reichte, endlich begreift er, legt zögernd, immer noch ungläubig, seine Rechte in die meine, erst als er meinen Druck verspürt, faßt er herzhaft zu.
Kurz nur ist unsere Unterhaltung. Wo mein Spanisch nicht ausreicht, darf ich sogar deutsche Worte einflechten. Ich übergebe das Paket, die Grüße des Absenders und verspreche, alles zu tun, um für ihn Begnadigung zu erlangen.
„Haben Sie noch einen Wunsch, eine Bitte, eine Frage?"
„Ja. Ist es wahr, daß wir in Deutschland wieder einen großen Zeppelin gebaut haben und daß der sogar nach Amerika gefahren sein soll?"
„Ja, nicht nur das, unser Zeppelin ist sogar nach schwerer Sturmfahrt heil wieder zu Hause angekommen. In Deutschland herrscht große Freude darüber."
Da leuchten die Augen des Zebragestreiften zum ersten Male hell auf, sie werden feucht, bekommen einen eigenartigen Schimmer.
„Oh, wie schön ist das, wie glücklich bin ich darüber", sagt er leise und ergriffen, drückt mir die Hand, als ob er sie zerbrechen wollte, stülpt sich die Zebramütze auf und geht stramm hinaus. Armer Kriegskamerad, arme Nummer 206, wenn ich dir doch helfen könnte!

*

Die „Feuerland" hat von dem gastlichen Städtchen Ushuaia Abschied genommen und tanzt wieder draußen in den Kanälen.
Zwölf Tage sind wir auf dieser ersten Fahrt unterwegs gewesen, haben in diesen zwölf Tagen dasselbe gearbeitet und geschafft, wozu man normalerweise Wochen, ja Monate benötigen würde. Das ist unser „Feuerland"-Tempo, das wir beibehalten müssen, bis wir unsere Aufgabe hier unten beendet haben.
Jetzt taucht Magallanes wieder aus dem Meer empor, da liegt die Mole, nun sind wir fest. Dreblow und ich gehen frohen Mutes an

Land, denn nun holen wir uns unser Flugzeug, befreien es aus Kisten und Hühnerstall und machen es flugklar. Es soll bald hinauf in Licht und Sonne und soll über Feuerlandsgletschern schweben, der Silberkondor des Feuerlands.

DER „SILBERKONDOR" — HEINKEL He 24 W

Schulflugzeug, das als Doppeldecker konzipiert wurde. Gemischtbauweise Holz und Metall. Zweisitzer, offen. Als Landflugzeug mit Fahrwerk gebaut, nachträglich mit Schwimmern versehen. In der neuen Version nicht mehr He 24, sondern He 24 W (Wasserflugzeug) genannt.

Flügelfläche	50,1	qm	Steigzeit bis	1.000 m =	8 Minuten
Flächenbelastung	39,2	qm	Steigzeit bis	2.000 m =	18 Minuten
Motorenleistung	250	PS	Max. Flughöhe	4.000 m	
Horizontale			Leergewicht	1.350 kg	
Fluggeschwindigkeit	155/160	km/h	Brennstoff-		
Landegeschwindigkeit			zuladung	610 kg (für 4 Stunden)	
(auf Wasser)	74	km/h	Fluggewicht	1.960 kg	

139

Der Silberkondor des Feuerlands

„Sieh Dreblow, ich glaube, es spricht sich langsam herum, daß unser Unternehmen und unser Flugzeug kein Schwindel sind."

Dreblow schaut auf meine Worte gar nicht erst auf, brummt irgend etwas nicht gerade Salonfähiges vor sich hin, er ist schon mit Wut geladen, wenn all diese müßigen Zuschauer kommen und stundenlang am Zaune stehen.

Ihm wie mir ist es völlig gleichgültig, was „die Leute" über uns sagen, wir arbeiten unbeirrt und unermüdlich an unserem großen Vogel, wir wissen, was wir wollen.

„So, der Motor sitzt", sagt Dreblow in seiner ruhigen Art, beschaut sich sein Werk einen Augenblick mit liebevollen Blicken, dann basteln wir beide weiter.

Als wir aus dem Feuerland zurückkamen, gingen wir gleich an die Arbeit, holten in tagelangen Autofahrten, vom Hause Menendez-Behety und Herrn Sancho trefflich unterstützt, unter den denkbar größten Schwierigkeiten ein Flugzeugteil nach dem andern aus den Räumen, wo sie fast ein Jahr lang gelegen und geharrt haben. Alles war von Dreblow so tadellos verstaut gewesen und von den chilenischen Behörden aufs sorgfältigste behandelt worden, daß ich glaubte, das Flugzeug habe eben erst die Fabrik verlassen.

Mit ganz besonderer Liebe, das muß ich betonen, hat die Flugzeugwerft von Heinkel in Warnemünde unser „Heinkel-Seeflugzeug He 24 mit BMW-4-Motor" gebaut und zusammengesetzt, für unsere schwierigen Verhältnisse mit Extrasilberanstrich versehen, hat reichlich Ersatzteile mitgegeben, alles in mustergültiger Weise verpackt. Der Lohn dafür tritt jetzt zutage, wo das Flugzeug – übrigens eine ganz gewöhnliche stoffbespannte Serienmaschine – wie unberührt aussieht, obwohl es diese weite Reise und ein Jahr Gefangenschaft hinter sich hat.

Und was von Heinkel gilt, gilt in gleichem Maße von den Bayerischen Motorenwerken in München, denen wir unsern unübertrefflichen BMW-4-Motor verdanken, gilt von Bosch, dessen Magnete und Zündkerzen "wir fahren", gilt von den Heddenheimer Metallwerken, deren Metallpropeller wir ausschließlich benutzt haben.

Die Reparaturwerft der Firma Braun u. Blanchard hier in Magallanes hat uns gastlich aufgenommen, hat uns Platz gemacht, nun können wir auf ihrem Gelände den Silberkondor zusammenbauen.

Selbstverständlich völlig im Freien, ausgesetzt jedem Wind und Wetter, allen Stürmen, Regengüssen, Sandstürmen und der Sommersonne, ohne irgendwelchen Kran oder Hebezeug, ohne irgendwelches Werkzeug als das, was wir mitbekamen, ohne Leute, die sachverständig hätten helfen können. Dreblow und ich sind ganz allein auf uns angewiesen, sind aber froh und dankbar, daß wir diese Freunde hier haben, die uns, soweit sie können, helfen.
So vergehen die Tage in angestrengtester Arbeit.
Ein Galgen wird mühselig errichtet, um das Flugzeugmittelteil anheben zu können, um die Schwimmer unterzusetzen, das Mittelstück einzuhängen, den Motor einzusetzen, die Tragflächen anzuhängen, das Flugzeug auf den Schwimmerwagen zu senken, Arbeiten, die zu Hause in der schön gedeckten Halle mit eingetrimmten Leuten, mit Kränen und Laufkatzen direkt Vergnügen machen, Arbeiten, die uns hier, immer wieder unterbrochen von dem fürchterlichen Wetter, wiederholt nahe daran, vom Sturm einfach zertrümmert, umgeweht, wie ein dürres Blatt fortgeführt zu werden, viele Wochen aufhalten.
Unverdrossen arbeiten wir weiter, unbekümmert um allen Klatsch, alles Gerede um uns herum, wir sehen mit Genugtuung, wie unsere Arbeit langsam der Vollendung entgegengeht.
Eines Tages ist es so weit.
Aus dem wüsten Gewirr von Kisten, Flugzeugteilen, Tragflächen, Schwimmern, Motor, das am ersten Tage um uns herum stand, und lag, so daß man schier verzweifeln konnte, ist wie ein Phönix unser Silberkondor des Feuerlandes entstanden. Da steht er, glänzend in der Abendsonne, auf dem kleinen Werftslip, mit gebreiteten Silberschwingen, in seiner ganzen bewunderungswürdigen Größe, tiefschwarz leuchtet vorn an der Motorenverkleidung das Wort „Heinkel", leuchtet in großen roten Buchstaben auf dem Rumpf der Name.
„Tsingtau D 1313" habe ich meinen Silberkondor getauft.
Gleich auf den ersten Anhieb springt der Motor an, langsam rutscht das Fahrgestell ins Wasser, nun tauchen die Schwimmer ein, langsam gebe ich etwas Gas, das Flugzeug rollt in die See hinaus, ist damit seinem Element übergeben, das es nicht wieder verlassen soll, bis viele Monate später unsere Flugarbeit beendet ist.
Denn Schuppen, Schutzdach, Ablaufbahn, Motorprobe, und was man sonst noch alles zu Hause als selbstverständliches Erfordernis für ein Flugzeug ansieht, kennen wir nicht, haben es

in all den Monaten unserer unerhört schönen, unerhört schweren, unerhört dankbaren Flugtätigkeit nie kennengelernt. Wunderbar in jeder Beziehung hat sich unser Silberkondor bewährt.
Nun gebe ich mehr Gas, rolle zur Startstelle hinüber, da der Wind direkt von Land kommt. Als der Motor dröhnend mit Vollgas die Luft durchreißt, lacht Dreblow hinter mir wie ein Kind auf, seine Augen glänzen, für ihn hat der Motor ja eine Seele, eine Sprache, dieser Ton spricht für ihn vernehmlicher und treuer als ein Mensch, von diesem brummenden Ungetüm da vor mir hängt unser Schicksal, vielleicht unser Leben ab.
Heller und heller klingt der Motor jetzt, wie eine Möwe fegt silberschimmernd das Flugzeug schon über das Wasser, nun sind die Schwimmer auf Stufen, ein leiser Zug – wir fliegen!
Da jubelt etwas unerhört Schönes und Großes in mir auf, ich fühle, wie wunderbar die Maschine in der Luft liegt, wie sie meinem Willen, meinen Steuerbewegungen gehorcht, in meinen kühnsten Träumen hätte ich mir ja nicht träumen lassen, je ein so schönes Flugzeug über meinem Feuerland steuern zu dürfen.
Ich drehe mich nach Dreblow um, der ganz versunken dasitzt, reiche ihm die Hand hinüber, die er kräftig drückt, wir sind jetzt Luftkameraden geworden, müssen füreinander und miteinander durch dick und dünn gehen, haben hier die Ehre der deutschen Fliegerei hochzuhalten. Das Schicksal, dieses rätselhafte Ding, warf uns beide zusammen.
Dröhnend und brummend, in rund fünfhundert Meter Höhe, fliege ich nun auf die Stadt zu, die im Abendsonnenschein unter uns liegt. Ob die Leute jetzt wohl dort endlich glauben, daß wir wirklich fliegen können?
Die Sonne sinkt ins Meer, ich drossele den Motor ab, gleite langsam und vorsichtig tiefer, ich habe ja dieses Flugzeug noch nie geflogen, alle meine Sinne sind eisern konzentriert, nur auf die Landung gerichtet.
Da schwebt das Flugzeug auch schon lang und sanft aus, kaum merklich berühren die Schwimmer das Wasser, ich rolle zu der für uns extra von der Werft ausgelegten Boje, Dreblow macht die Leine fest, ich stelle den Motor ab, – der erste Flug ist glücklich beendet.
Tagelang rast der Sturm, fegt der Regen sintflutartig herab, hindert alle unsere Arbeiten, und dabei sind wir im November, mitten im Frühling. Wir wissen heute gottlob noch nicht, wie

schwer uns das furchtbare Wetter dieses völlig verdrehten, völlig anormal schlechten Wetterjahres noch zusetzen, wie es alle meine Pläne und Berechnungen über den Haufen werfen soll! Es schneidet mir ordentlich ins Herz, wenn ich zu meinem Flugzeug hinübersehe, das schutzlos diesem Unwetter preisgegeben ist, das da an seiner Leine an der Boje liegt. Dumpf dröhnt es bis zu uns herüber, wenn der Regen unablässig auf die Tragflächen, die, wie das ganze Flugzeug, nicht aus Metall sind, herabtrommelt.

Und wir warten.

Warten, dies furchtbare, den Fliegern so wohlbekannte Wort. Dieser entsetzliche Zustand, der fast vier Fünftel der Zeit ausmacht für den, der hier oder im Feuerland arbeitet oder gar wie ich hier als erster Mensch fliegen will!

„Dreblow, Genoß, das Barometer steigt, der Sturm läßt schon nach, ich glaube, wir können heute los!"

Dreblow kommt an Deck gerannt, sieht sich um, folgt meiner Hand, die nach Süden und Osten zeigt, wo die Wolken sich auseinanderziehen. Der Wind flaut tatsächlich ab, die See läuft schon ruhiger, hier ändert sich das alles ganz plötzlich, ganz unberechenbar, hier muß man vor allem eins können: immer bereit sein!

Ohne ein Wort zu sagen, läuft Dreblow nach unten, holt sich Christiansen herauf und läßt sich dann im Gummikanu zu userm verankerten Flugzeug hinüberpaddeln. Als ich kurz darauf ebenfalls wieder nach oben komme, dreht sich noch langsam der Propeller, das Flugzeug selbst ist ja immer flugklar und aufgefüllt, das ist Grundbedingung, die erste Arbeit, die gemacht wird, wenn wir von einem Flug zurückkommen, und seien wir auch noch so müde.

Ohne uns besonders warm zu diesem Fluge anzuziehen, denn wir glauben, wir seien ja im Frühling, setzen wir uns auf unsere Plätze, verstauen vorher noch einen großen Sack mit Post im Flugzeugrumpf, schnallen uns fest und winken der kleinen Holzpantine zu, die aufgeregt wie eine ängstliche Glucke hin und her fährt. Der Wind ist tatsächlich völlig abgeflaut, langsam gebe ich Vollgas (das ist gleichzeitig meine Motorprobe!), nach Sekunden hebt sich unsere Heinkel-Maschine spielend aus dem Wasser, trotzdem sie, wie stets, vollbeladen und aufgefüllt ist. Herrgott, was ist es doch für ein wunderbares Gefühl, solch ein herrliches Flugzeug meistern zu dürfen.

Eine kurze Ehrenrunde über Magallanes – der erste Flug über das Feuerland ist angetreten!
Die Luft ist wunderbar ruhig geworden, das Flugzeug muckst auch nicht einen Augenblick. Da haben wir schon die breite Stelle der Magallanesstraße überquert, unter uns liegt spielzeugschachtelartig ein kleines Städtchen: Porvenir, die Hauptstadt vom chilenischen, also westlichen Teil des Feuerlandes. Ich sehe, wie dort unten die Menschen angsterfüllt zusammenrennen und nach oben starren, sie sahen ja noch nie ein Flugzeug –. Auch für das Feuerland ist hiermit ein neues Zeitalter angebrochen!
Ein sanfter Gebirgskamm kommt in Sicht – die Useless-Bai. An unserer Steuerbordseite liegt nun die große Insel Dawson mit ihren ungeheuren Waldungen. Ich ahne nicht, daß ich einen Tag später eingehende Bekanntschaft mit ihnen machen soll.
Im Gegensatz zu den fast alles bedeckenden Wäldern von Dawson ist das Feuerland, oder richtiger die große Feuerlandsinsel selbst, zunächst völlig kahl, alles ist Schafland, Pampa, erst als sich unter uns am gefürchteten Admiralty-Fjord das Land an beiden Seiten zusammenzieht, überzieht sich auch die große Feuerlandsinsel mit wilden, hier und da noch mit Schnee bedeckten Bergketten, in denen überall kleine Gebirgsseen leuchten. Und plötzlich ist auch hier im Süden das ganze Feuerland ein einziger, ungeheurer, undurchdringlicher, gebirgserfüllter, zu einem dichten Netz verflochtener Urwald.
Ich schaue nun zur anderen Seite, rechts von uns, da öffnet sich plötzlich der Himmel. Wie fortgeblasen sind die dicken Wolkenballen, über denen wir teilweise schon flogen. Ich bin jetzt gut zweitausendfünfhundert Meter hoch. Wir hier im Flugzeug erleben jetzt etwas schier Überirdisches: die ganze Darwinkordillere des Feuerlands, die anschließende Valdivia- und Alvear-Kette liegen klar im Glitzern der Abendsonne vor und unter uns. Es gleißt und schimmert, daß uns fast die Augen schmerzen, wir sehen, was vor uns noch nie eines Menschen Auge sah.
Eis, Eis und wieder Eis ragt in steilen Türmen zum Himmel, von allen Seiten rinnt es silberhell und leuchtend zu Tal, rinnt und leuchtet immer noch, als diese Eisströme längst die Grenzen des ewigen Eises, die sich in rund tausend Meter Höhe scharf an den

Gebirgen abzeichnen, durchbrochen haben, Wälder lautlos durchbrausen, um dann mit hohem Fall ins Meer zu stürzen.
Am schönsten und größten ist der Marinelli-Gletscher, ich beschließe, ihm unsern nächsten Besuch zu machen.
So weit mein von Schönheit trunkener Blick in die Runde und nach unten schweift, ist alles klar und deutlich auszumachen. Wir sind jetzt höher als der höchste Berggipfel, ich schaue nach links über das südliche Feuerland bis zum Atlantischen Ozean, der dunkelblau zu uns heraufleuchtet, hinter mir ist die Useless-Bai, dort die ganze riesenhafte Insel Dawson, dort sehe ich sogar die Westausfahrt der Magallanesstraße, wo der Stille Ozean bis zu uns heraufgrüßt. Vor und unter mir liegt der langgestreckte Fagnanosee, wie ein blauer Saphir, ganz in weiter Ferne kann ich sogar eben noch die Inseln erkennen, deren südlichste das berüchtigte Kap Horn trägt, es ist ein Anblick, der alle Arbeit, alle Mühen, alle Gefahren wieder wettmacht!
Nun bin ich schon über dem Fagnanosee, wir sind jetzt bald anderthalb Stunden in der Luft, ich will gerade mein Flugzeug herumwerfen, auf die Valdivia-Kette zu, um diese zu überqueren, als sich mit der hier üblichen Plötzlichkeit der ganze Himmel wieder überzieht, dicke, mächtige Wolkenballen leuchten vor uns auf, in ihnen, von der Abendsonne getroffen, einzelne Eisgipfel, vorsichtig fliege ich um sie herum.
Die Luft wird ebenso plötzlich unruhig, das Flugzeug beginnt zu torkeln, es wird eisig kalt, die Finger schmerzen, die Füße sind wie Eisblöcke, wann soll ich durch die Wolkendecke nach unten stoßen, ohne an den Gebirgsketten zu zerschellen, wie tief sind die Berge in Wolken eingehüllt?
Da gewahre ich in der Wolkendecke unter mir plötzlich ein Loch, es sieht wie ein grauenhaft gähnender Schlund aus. Wie eine Ewigkeit so tief liegt am Grunde dieses Schlundes blaues Wasser – es muß der Beagle-Kanal sein, ich muß die Valdivia-Kette überquert haben!
Ehe sich diese rettende Lücke in den Wolken wieder schließen kann, habe ich den Motor abgestellt und sause in enger Spirale, mit unheimlicher Geschwindkeit, dem Kondor gleich, in die Tiefe – unter mir liegt: Ushuaia!
Wie ein richtiger Silberkondor sind wir, die Sonne leuchtend im Rücken, aus den Wolken hervorgebrochen, nun dröhnt der

Motor wieder auf, trotz der furchtbaren Fallböen, die uns über der am Südhang der Gebirgskette liegenden Stadt treffen, fliege ich noch einige Ehrenrunden um den kleine Ort, der neulich erst die Holzpantine gastlich aufgenommen hatte, dann stelle ich den Motor ab, gleite zum Wasser hinunter, das wie ein Spiegel rot schimmernd in der Abendsonne strahlt, nun setzen die Schwimmer sanft auf, wir rollen zum Strand.

Knapp eine Stunde und fünfundvierzig Minuten hat der ganze Flug von Magallanes nach Ushuaia, rund zweihundertundachtzig Kilometer, gedauert, wir sind das erste Flugzeug der Welt, das das Feuerland überflog, wir haben damit bewiesen, daß man hier fliegen kann, wir sind damit Bahnbrecher für die hinter uns Kommenden, und das – gehört mit zu meinem Programm.

Ganz Ushuaia ist am Strande versammelt. Uns wird ein Empfang zuteil, wie ich ihn nie erwartet habe, das Herz schwillt uns vor Rührung und Dankbarkeit für diese improvisierte Kundgebung, denn die Bevölkerung hat uns doch erst gesehen, ohne zu begreifen, was eigentlich los sei, als wir schon donnernd über ihre Köpfe hinwegflogen, die stille Luft mit dem Gedröhn eines neuen Zeitalters erfüllend.

Arm in Arm schreite ich mit meinem braven Begleiter Dreblow durch die Menschenmenge. Blumen und grüne Zweige empfangen uns, Hunderte von Händen klatschen uns zu, Hunderte von Mündern rufen: „Viva Alemania!" Die argentinischen Flaggen vor den Gebäuden werden vor uns gesenkt, Arm in Arm treten wir vor den Gouverneur von Argentinisch-Feuerland, der mit seiner bezaubernden Gattin, Blumen in den Händen, unter der Tür des Regierungsgebäudes steht und uns vor allem Volk in seine Arme zieht.

Die erste Luftpost, das erste Luftpaket, das vom Festland zum äußersten Zipfel des Feuerlandes kam, kann ich in seine Hände legen. Und nun umfängt uns wieder die ganze Gastlichkeit und Freundschaft der Argentinier. Nach all dem Schönen, das wir in den letzten Stunden genießen konnten, ist dieser Empfang, diese Aufnahme, die uns hier am Ende der Welt zuteil wird, wie ein wundervoller Schlußakkord zu der brausenden Schönheitshymne der von uns überflogenen Natur.

Wie ein Spiegel liegt die Bucht von Ushuaia. Ringsum türmen sich die gewaltigen Bergriesen. Obwohl es bald elf Uhr abends

ist, ist der Himmel noch hell, vor uns schaukelt sanft unser braves Flugzeug, das uns so treu hierhertrug und das sich schon in einigen Stunden wieder aus diesem Tale herausschwingen soll, um, mit Post beladen, den Rückflug anzutreten.
Als wir unsere mit Spitzendecken bezogenen Gastbetten in der Gouverneurswohnung besteigen, ahnen wir nicht, daß wir schon einige Stunden später, wie ein Spielball vom Sturmwind gepackt, zwischen den Gebirgsketten und Fjorden hin und her geworfen werden sollen.

*

„Capitán, listo el café, son las quatro" – ich fahre hoch, muß mich erst besinnen, wo ich bin, sehe zwei riesige braungekleidete Gestalten vor mir stehen, in den Händen Frühstücksgeschirr. Duftender Kaffee, Spitzendecken, in denen ich liege, ein Salon um mich herum, neben mir eine schlafende Gestalt, die bestimmt nicht Smutje ist – richtig, am Ende der Welt bin ich ja!
„Dreblow, komm hoch, Amigo, der Silberkondor ruft!"
Einige Minuten später sitzen wir schon in unserm Flugzeug.
Es ist erst kurz nach vier Uhr früh, die Sonne sendet eben ihren ersten Schimmer über den Meeresrand, ich schaue um mich, zu den hohen Gebirgen hinauf, deren Zinnen einen rosigen Schimmer bekommen, sehe die Eiszacken der Darwinkordillere im Alpenglühen leuchten.
Frei! Ein! Ich drehe am Anlasser, wie ein Uhrwerk springt der treue Motor an, die Leine klatscht ins Wasser, ich gebe langsam Vollgas, mit mächtigem Donnergetön erfüllt der Propeller die stille Morgenluft, ganz Ushuaia aus dem Schlafe schreckend, denn es ist das erstemal, daß hier die Morgenstille auf diese Weise entweiht wird.
Nun dröhnt und brummt der Motor, das Flugzeug fliegt mit Vollgas über die spiegelblanke Flut, wie ein edler freigelassener Renner stürmt es davon, reißt sich schon nach Sekunden los, stürzt sich in den Luftraum hinein, steigt und steigt wie eine jubelnde Lerche, unter uns liegen Meer, Ushuaia, Inselgewirr – wir rasen den Gebirgen zu.

Als ich in einigen hundert Meter Höhe Ushuaia noch einmal überfliegen will, packen mich mächtige Fallböen, die von der Valdivia-Kette herabströmen. Vorschtig muß ich abdrehen und mich weiter draußen über der verhältnismäßig stilleren Bucht weiter hochschrauben.
In zweitausend Meter Höhe endlich will ich den Angriff wagen, will die Gebirge dort überqueren, wo ich es am gestrigen Tage beim Herflug tat. Klar liegen die Berge vor mir, links sogar, leuchtend in der Sonne, das Eisgewirr der Darwinkordillere.
Ich nähere mich den Bergen, mächtige Fallböen packen mich wieder, werfen das Flugzeug hin und her, auf und ab, drücken es hinunter, immer tiefer kommen wir, ich muß wieder abdrehen, mich noch höherschrauben, um über die Zone der Fallböen zu gelangen. Wieder stoße ich vor, werde wiederum abgeschlagen, endlich bin ich dreitausend Meter hoch. Voller Wut werfe ich das Flugzeug herum, rase etwas weiter östlich dicht über die Gebirgsketten hinweg, werde gepackt und gezaust, torkele wie ein Trunkener über den Bergzinnen und zwischen den Tälern hindurch, sehe einen Augenblick hinter mir das Kap Horn liegen, um das sich ein schweres Wetter zusammenbraut. Endlich, endlich leuchtet der Fagnanosee auf, wir kommen nur ganz langsam von der Stelle, ich schaue auf meine Uhr – schon eine Stunde sind wir jetzt in der Luft und brauchten gestern zur selben Strecke nur gut fünfzehn Minuten!
Da bekommt das Flugzeug plötzlich einen furchtbaren Stoß, es bäumt sich auf wie ein verwundetes Tier, fällt wieder zurück, wird von unsichtbarer Gewalt im nächsten Augenblick um Hunderte von Metern hinabgedrückt, wird wieder hochgeworfen, nur mit Mühe kann ich das Flugzeug halten, es vor dem Absturz bewahren.
Einen Augenblick ist es ruhig, schon will ich mich verpusten, da kommt ein neuer Stoß, schwerer als der erste, und nun fangen wir an zu torkeln und zu bocken, zu schlingern und zu stampfen wie ein kleines Fahrzeug in schwerer See. Das Flugzeug ächzt stöhnt, aber gleichmäßig und ruhig brummt unser guter BMW, wunderbar folgt das Flugzeug meinen Ruder- und Verwindungsausschlägen.
Gottlob, nun habe ich den Fagnanosee hinter mir.
Ich schaue nach unten, dort kocht und brodelt das Meer, weiter links steht die Darwinkordillere in der Luft, nein, nun ist sie ganz

plötzlich verschwunden, ungeheure Wolkenmassen kommen angestürmt, hüllen die Kordillere, die Gebirge, das Meer ein, treiben uns höher hinauf, wie ein Todeshauch kommt jetzt eisige Kälte zu uns, erstarrt unsere Hände, unsere Füße, mit eiserner Faust halte ich mein Flugzeug, jetzt müssen wir wieder mal kämpfen, zeigen, daß wir fliegen können.
Der Sturm ist losgebrochen, umkehren gibt es bei mir nicht, nun Zähne zusammengebissen und durch!
Ich habe kein Gefühl mehr für Zeit, ganz mechanisch führe ich meine Steuerbewegungen aus. Die fürchterliche Kälte ist kaum noch auszuhalten, meine Finger, namentlich die Daumen, schmerzen. Ich bekomme eine Ahnung von den Folterqualen früherer Daumenschrauben.
Das Schlimmste ist, daß ich durch die Kälte und die lange Zeit in dieser großen, ungewohnten Höhe müde werde. Es ist, als ob mir der Kopf und die Gedanken einfrören.
Dabei torkeln wir wie losgelassene Teufel, ich lasse mein Flugzeug tanzen, auf und ab, und hin und her werfen.
Ich schaue endlich auf meine Uhr, zweieinhalb Stunden sind wir schon in der Luft.
Da drossele ich den Motor ab, gleite nieder, stoße durch die dicken schweren Wolken durch, die furchtbare Kälte nimmt gottlob ab, dafür aber der Sturm von vorne zu. Als ich endlich wieder Wasser unter mir habe, sind wir erst in der Mitte des Admiralty-Fjordes angelangt!
Nun packt mich wilde, verzweifelte Wut.
Bis nach Hause kommen wir heute nicht mehr, dazu reicht das Benzin nicht aus, nun heißt es ruhig bleiben, einen Landeplatz finden und warten, was das Schicksal uns bestimmt hat.
Ich lasse das brave Flugzeug torkeln, soviel es will, fühle die Kälte plötzlich gar nicht mehr, obwohl ich am ganzen Leibe vor Kälte zittere und immer noch kein Gefühl wieder in Beinen und Händen habe, ich sehe aber unter mir die wogende See im Aufruhr und links die Dawson-Insel. „Wenn nur bis dorthin mein Benzin noch reicht!" flehe ich mein Schicksal an.
Drauf zu! Drauf zu! Ich höre ja förmlich meinen armen Motor nach Brennstoff schreien, meine Finger rufen: gib uns Wärme, sonst erfrieren wir, meine Füße und Beine: befreie uns aus den Eisklammern! Ich schaue mich einen Augenblick um, wie muß mein armer Begleiter erst frieren, der ja viel ungeschützter sitzt, der sogar

versucht, Luftaufnahmen mit unserer großen Zeiß-Luft-Kamera zu machen! Ich fühle es direkt, wie der arme Kerl vor furchtbarer Kälte klappert! Endlich, endlich – Herrgott, wie lang muß eine Ewigkeit sein! – kommt die Nordspitze der Dawson-Insel näher, an ihrer Ostseite ist die See verhältnismäßig ruhig, eine hohe Uferböschung hält den Sturm ab, dort stehen auch einzelne Häuser. Gerade als ich meine Hand mühsam zum Gashebel ausstrecke, fängt der gute Motor zu spucken an, ihm ist die Nahrung ausgegangen.

Da stelle ich die Maschine fast auf den Kopf, lasse sie von den Fallböen, die uns packen, hin und her zerren, die Spanndrähte heulen auf, nun schwebe ich schon dicht über dem hohen Ufer, es wird etwas ruhiger, nun bin ich neben dem Ufer über dem Wasser, nun setzen leise die Schwimmer auf, eine plötzliche Bö will das Flugzeug noch im letzten Augenblick umwerfen. Jetzt rollen wir in der quer zum Winde laufenden hohen Dünung, wenige Meter neben der Küste fällt unser immer seeklarer Anker in den sichtbaren Steingrund.

Dreblow und ich drücken uns stumm die Hand, wir beide wissen, was wir durchgemacht haben.

„So, Dreblow, und nun wollen wir an Land, hoffentlich wohnen hier irgendwo Menschen. Irgendwo wird sich auch hoffentlich Benzin zum Weiterflug auftreiben lassen."

Mühselig klimmen wir die Böschung empor, vor uns öffnet sich eine weite Ebene, Weiden und Wiesen, Urwald zu einem wundervollen Naturpark ausgeschlagen, die frühe Morgensonne spielt ihre Lichter darüber, hinten stehen einige Häuser, weidet etwas Vieh, aber nirgends ist ein Mensch zu erblicken.

Nun sind wir bei den Häusern – sie sind geschlossen. Wir rütteln, klopfen an, niemand kommt. Da entdecken wir endlich einen alten Mann, einen Indio, der sich ängstlich verborgen hält vor dem Riesenvogel, der da soeben mit furchtbarem Gebrüll über den Häusern kreiste.

Da muß ich doch herzlich lachen! Genau wie vor nunmehr vierzehn Jahren meine gute Rumpler-Taube in Tsingtau und um Tsingtau herum den Cinesen, die zum ersten Male einen solchen Riesenvogel sahen, Schrecken einflößte, ist auch dieser brave Indio hier von unserm Silberkondor in Angst und Aufruhr versetzt worden.

Guter Indio, in China gehört heute das Flugzeug als etwas Selbstverständliches zu den täglichen Erscheinungen, auch hier werden

sich die Menschen bald beruhigen! Denn wir mit unserm Fluge hier haben den Bann gebrochen, nun werden bald andere Jüngere, namentlich Söhne der beiden großen Länder Chile und Argentinien, kommen.
Wir wollen und können nicht mehr als Bahnbrecher sein, den Grundstein legen für späteren Luftverkehr.
Unser Freund hat sich beruhigt, und er lädt uns freundlich zu sich ein. Er ist der einzige Bewohner dieser Häuser, dieses ganzen Teiles der Insel, alle Menschen, die früher hier gehaust haben, sind längst in alle Winde zerstreut, verschwunden, niemand weiß wohin.
Frische Möweneier, etwas Milch, prachtvolle Sahne, selbstgemachter Käse, das ist ein köstliches Mahl für uns Ausgehungerte. Wir langen herzhaft zu.
„Und wo wohnen die nächsten Menschen?"
„Weiter südlich der Küste entlang, dort liegt Puerto Harris. Aber auch das ist heute fast verlassen, die Häuser stehen leer, ein früheres Sägewerk zerfällt und steht längst still, nur noch der Leiter der Schaf-Farm, ein Engländer, Mr. Morrison, haust dort mit seiner Familie und seinen Schäfern."
Ich springe hoch, schon die Möglichkeit, mit einem europäischen Menschen zusammentreffen zu können, läßt mich alle Müdigkeit vergessen.
„Und wie komme ich dorthin?"
„Immer an der Küste entlang und durch den Urwald. In sechs bis sieben Stunden können Sie es schaffen, wenn Sie sich nicht verirren. Unterwegs treffen Sie am Strande ein einziges Mal eine bewohnte Hütte, dort lebt einer der Schäfer, der spricht Spanisch wie ich, vielleicht bekommen Sie dort auch ein Pferd."
„Also, Dreblow, ich tobe los, passen Sie auf unsere Maschine gut auf, ich muß mir mal diesen Mr. Morrison ansehen."
Einige Augenblicke später hat mich der Urwald, haben mich der ganze unbeschreibliche Zauber, die Wildheit, die Stille dieser Feuerlandsinsel verschlungen.
Auf ehemaligem Wege, der nur noch schwach zu erkennen ist, ziehe ich entlang, um mich herum Bäume und wieder Bäume, teils gefällt, teils verbrannt, von riesigem Umfang. Welchen Baumreichtum birgt dieses Land, er wird mit allen Mitteln gestört, um – Schafland daraus zu gewinnen.

Kein Laut ist zu hören, meine Füße versinken tief im schwellenden Grün, entzückende glänzendschwarze Kolibris, mit ihren rostbraunen Tupfen, umfliegen mich, hier und da sitzt ein großer, leuchtend schwarzer Specht mit knallrotem Schopf, blickt mich groß und etwas verwundert an und trommelt dann sein Lied auf dem Baumstamm lustig weiter.
Scharen von wilden Gänsen, von Enten aller Art sitzen am Ufer. Sie erheben sich erst, wenn ich mitten unter ihnen bin. Es ist ein wundervoller Morgenspaziergang für mich, mir ist zumute, als befände ich mich in einem überirdischen Wunderdome.
Nach zwei Stunden erreiche ich gottlob die Hütte, ich bin doch verdammt müde. Eine pralle braune Frau, der man die Abstammung von den alten Indianern ansieht, begrüßt mich freundlich und lädt mich zum Essen ein.
"Mein Mann ist leider fort zu den Schafen im Wald. Kommt er noch rechtzeitig zurück, werde ich ihn hinter Ihnen hersenden. Sie können sich aber eins unserer Pferde greifen, sie stehen dort drüben im Wald. Aber passen Sie auf, daß Sie sich nicht im Urwald verirren!"
Ich danke, gehe ins Grün hinein, finde dort mehrere Pferde frei grasen, schleiche mich mit List und Tücke an sie heran wie ein alter Feuerlandsindianer, gerade will ich meinen Lasso werfen, da läuft die ganze Bande davon, nur der älteste Klepper bleibt wieder stehen. Ihn erbeute ich. Zum brauchbaren Pferdedieb habe ich es also noch nicht gebracht.
Nun zuckele ich auf meiner braven schwarzen Mähre weiter.
Plötzlich ist der Weg am Strande zu Ende, die Felsen stürzen steil ins Meer, ich muß also nach rechts in den Urwald hinein.
Schwach kann ich Spuren eines ehemaligen Pfades erkennen, dann hat mich der Feuerlandswald verschluckt.
Ich reite, reite, winde mich durch dichtes Gebüsch, an gefallenen oder gefällten Bäumen vorbei und drüber weg, der Wald will ja gar kein Ende nehmen, den Himmel kann ich nicht sehen, die Sonne ist verschwunden, einen Kompaß habe ich nicht bei mir, wo gelange ich bloß hin?
Endlich geht meinem Pferd und mir die Puste aus, der Wald um uns herum ist jetzt so dicht, so verrammelt, wir kommen nicht weiter, – wir haben uns im Wald verirrt!
Da klettere ich mit der letzten Kraft meines Pferdes einen Hang hinan; als es gar nicht weiter kann, binde ich es an einen

Baum, klettere mühsam zur Höhe, – um mich herum liegt ein Gespensterwald . . .

Hier ist einst das Feuer, von Menschenhand vor langer Zeit angelegt, um Schafland zu gewinnen, darübergerast. Zu einem unentwirrbaren Knäuel liegen über- und nebeneinander die Baumriesen, wie Gespenster schwarz verbrannt, verkohlt, verfault, wuchert überall neues Grün, keuchend versuche ich, mich durchzuschlagen.

Dann kann ich einfach nicht weiter, es ist aus mit meinen Kräften.

Wie ein Toter falle ich neben einem Baumstamm nieder. Es ist jetzt schon vier Uhr nachmittags, seit zwölf Stunden bin ich also unterwegs, um vier Uhr früh stieg ich in mein Flugzeug, – was habe ich aber in diesen zwölf Stunden alles erleben dürfen.

Mühsam rappele ich mich auf, hier kann ich unmöglich liegenbleiben, in einigen Stunden kommt die Nacht.

Mein Pferd, ja, mein Gott, wo ist denn mein Pferd, wo habe ich denn das gelassen? Ich suche und suche, ich dachte, ich hätte mir die Stelle so gut eingeprägt, als ich es anband, wie soll ich denn in diesem Baumgewirr, wo alles dem anderen ähnlich ist, ein einzelnes Pferd wiederfinden?

Die Sorge um das arme Tier läßt mich wie ein Verzweifelter suchen, nach Stunden entdecke ich es endlich, als es vor Hunger wiehert. Ich bin mehrere Male vorbeigegangen, ohne es zu sehen.

Müde, ach wie müde steige ich wieder in den Sattel, müde, ach wie müde setzt der alte Pferdeveteran seine wackeligen vier Beine in Bewegung. Traurig, mit hängenden Köpfen, trotten wir langsam den Weg zurück und hoffen aus dem Urwald herauszukommen. Ich lasse dem Pferde vollkommen die Führung, ich habe ja keine Ahnung mehr, wo wir uns befinden. Das Pferd weiß hoffentlich besser Bescheid, wo seine Krippe steht.

Da lichtet sich endlich der Wald, da rauscht der Strand, da stehen alte zerfallene Hütten, da steht, wie aus dem Boden gewachsen, ein fast schwarzer Reiter vor mir und streckt mir seine Hand entgegen.

„Gott sei Dank, daß ich Sie finde. Meine Frau hat mir von Ihnen erzählt, nun suche ich Sie schon seit Stunden im Wald, Ihre Spuren gingen mir verloren, nun bin ich glücklich, Sie gefunden zu haben."

„Und Puerto Harris?"
„Ja, da sind Sie in ganz falscher Richtung geritten, hier diesen Weg mußten Sie nehmen, der scheinbar zurückführt, in Wirklichkeit aber nur einen großen Bogen um die Sümpfe und Buchten macht. Kommen Sie, wir müssen noch tüchtig reiten, sonst wird es dunkel."
Mein Retter hat Gott sei Dank ein zweites Pferd mitgebracht, mein armer Schinder wird abgesattelt, laufengelassen, es fällt mir direkt schwer, mich wieder in den Sattel zu schwingen.
Und endlich kommen wieder Häuser. Sie sind noch gut erhalten, aber alle leer, wo mögen wohl die Menschen hingekommen sein, die hier einst vor Jahren lebten?!
Da halten wir vor einem langen Gebäude, ich lasse mich aus dem Sattel fallen, wanke hinein, ein freundlicher Mann fängt mich auf, redet Englisch, es ist Mr. Morrison, der später noch unser ganz besonderer Freund werden sollte.
„Haben Sie Naphtha, Benzin, bester Mann?" frage ich müde.
„Naphtha – vielleicht. Da war früher, als das Sägewerk betrieben wurde, auch mal ein Motorboot hier, vielleicht ist von dem noch Brennstoff übriggeblieben."
Ich lasse mich nicht mehr halten. Als ich höre, daß ich vielleicht Benzin bekommen kann, ist alle Müdigkeit vergessen, sind meine Lebensgeister wieder erwacht. Kein Whisky, kein Hammelbraten am Spieß können mich locken, ich will erst wissen, ob ich Nahrung für meinen durstigen Motor bekommen kann.
Wir treten im Sägewerk in einen Schuppen, da liegt Gerümpel über Gerümpel, da stehen in ganzen Haufen und Reihen die hier üblichen Holzkisten, in denen sich zwei Blechkanister mit Brennstoff befinden. Leider sind diese Kisten und Kanister leer, und wir wollen gerade traurig umkehren. Plötzlich brülle ich auf vor Freude, – ich habe eine noch volle Kiste entdeckt! „Und hier ist die zweite", sagt schmunzelnd Mr. Morrison, „ich wußte nämlich, daß wir noch etwas hatten, nur nicht, ob es eine oder zwei Kisten waren."
Zwei Kisten, das sind vier Dosen, das sind etwas über siebzig Liter, damit kann ich zur Not eine knappe Stunde fliegen. Damit kann ich bis Magallanes auskommen, wenn der Sturm vorüber ist.
„Aber sie bleiben doch jetzt wenigstens hier, Sie kommen doch noch früh genug zu Ihrem Silberkondor."

„Nein Mister Morrison, ganz bestimmt nicht. Grüßen Sie mir Ihre Frau, ich habe Eile, mein Flugzeug liegt ungeschützt an der Küste. Dreblow ist ganz allein, ich muß weiter."
Nach Stunden lange ich wieder in Pto Valentin an, das Flugzeug liegt gut und sicher vor dem Strand zu Anker, daneben liegt der Länge nach wie ein Toter – Dreblow. Da lege ich behutsam die teuren Benzin-„Latas" hin, mich selbst daneben, schlinge meine Arme wie schützend um das rettende Naß und falle im gleichen Augenblick in einen todesähnlichen Schlaf.
„Herr Kapitän, da fährt ja die ‚Feuerland'!" Dreblow ruft es mir zu. Die Sonne ist gerade eben aufgegangen, ich erwache von diesem Ruf wie elektrisiert, reibe mir die Augen, – tatsächlich, mitten im Kanal, mit vom Sturme geschwellten Segeln fährt ein weißes Fahrzeug. Das ist die „Feuerland", man ist in Sorge um uns, sie suchen uns!
„Ja, Dreblow, da hilft nichts, bei dem Gegenwind wollte ich eigentlich das bißchen Benzin nicht riskieren, aber die ‚Feuerland' dürfen wir nicht vergeblich suchen lassen, wir wollen los!"
Mit übermenschlichen Anstrengungen bekommen wir endlich den eiskalten Motor in Gang, völlig erschöpft sitzen wir beide einen Augenblick auf unseren Plätzen, dann kommt der Anker aus dem Grund, dicht unter dem Ufer, quer zur Dünung muß ich starten. Der Motor brüllt auf, das Wasser sprüht um uns wie eine Fontäne, dann reiße ich endlich das Flugzeug aus dem Wasser. Es torkelt zunächst etwas schwerfällig, nun hat es Fahrt genug, nun packen uns wieder die Böen, nun rütteln sie und zerren wie am Vortage, vor dem Wind brausen wir hinter der „Feuerland" her, um ihr anzukündigen, daß wir noch da sind.
Nach knapp fünf Minuten habe ich mein Schifflein eingeholt, umrunde es, nehme wieder Gegenkurs, ganze zwanzig Minuten benötige ich jetzt gegen den Wind, um wieder die Insel Dawson zu erreichen. Dann liegt die Magallanesstraße unter uns, nun kommt schon das Festland aus der Flut, dort liegt ja auch schon Magallanes in der hellen Sonne. Nun haben wir die ersten Schiffe unter uns, ich schaue auf die Uhr, wir sind schon wieder eine Stunde in der Luft. Da spuckt der Motor, ich stelle ihn ab, und lande ganz dicht neben meiner Boje. Dreblow erfaßt die Festmacheleine; als er sie durch den Ring des Flugzeuges schert, bleibt der Motor stehen, beide Tanks sind leer!

Müde und zerschlagen, im Herzen eine ungeheure Freude und Genugtuung, wanken Dreblow und ich nach Hause. Zehn Minuten später stehe ich, so dreckig wie ich aus dem Flugzeug kam, vor dem Intendanten von Magallanes, Oberst Palacio, unserm ganz besonderen Gönner, und lege ihm die erste Flugpost Ushuaia – Magallanes in die Hand.

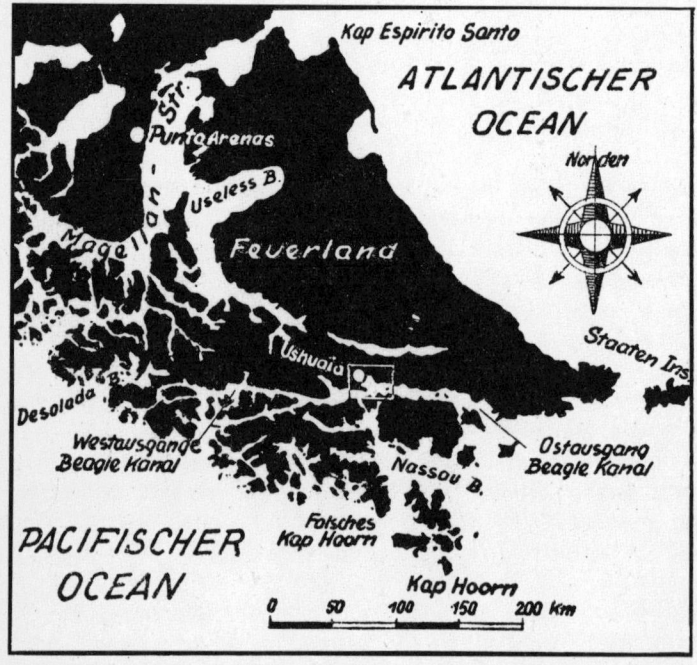

Diese Karte läßt die Lage der beiden Städte Punta Arenas (zeitweilig Magallanes, links oben) und Ushuaia (etwa in der Mitte) erkennen. (Aus Heft 6 „SOS — Schicksale deutscher Schiffe", mit freundlicher Genehmigung des Arthur Moewig Verlages, München).

Feuerlands-Weihnacht

Es heult wieder der Sturm, es drischt der Regen herab, das ganze Feuerland liegt in dicken Sturm- und Regenwolken verborgen, zu guter Letzt werde ich gar gebeten, „aus militärischen Gründen" einige Zeit nicht zu fliegen – das hat mir noch gefehlt!
Wie soll ich nun meine Arbeiten und Flüge beenden können? Das Wetter ist in diesem Jahre so schlecht wie noch nie. Fliegen darf ich augenblicklich auch nicht, dabei rast die Zeit nur so hin, – hier unten kennt man eben den Begriff der Eile noch nicht.
Ich lasse mich aber nicht entmutigen, mache mein Holzpantine wieder klar, lasse schweren Herzens den Silberkondor mit Dreblow als Bewachung zurück, wir gehen wieder in See zur fünften Feuerlandsfahrt.
Mitten in der Magallanesstraße liegt die kleine Felseninsel Martha, das Paradies der „Taucher", der Kormorane.
Vorsichtig schiebt sich die „Feuerland" an die Leeküste dieser Insel heran, sie ist vom Winde umbraust, von Brandung umspült, selten ist sie daher zugänglich.
Das Kanu ist längst klargemacht, bepackt mit Zelt und Proviant, Kochgeschirr und Kinoapparaten; Garibaldi und Harry, der Schiffsjunge, springen hinein und setzen ab.
Die Insel lebt.
Lebt, wimmelt, stinkt von aber Tausenden von großen Seevögeln, den Tauchern, die die ganze Insel beleben. Unzählige Meter hoch ist der Guano, der den ganzen Felsboden bedeckt. Jahrhundertelang wurde er von den Vögeln abgelagert, in früheren Zeiten sogar schiffsladungsweise abgegraben, seit langem aber stört niemand mehr die Ruhe dieses Vogelparadieses.
Auf der Guanoschicht sitzt dicht bei dicht ein künstlich aufgebautes Nest neben dem anderen. Die Nester sind von den Vogelschnäbeln aus Vogelmist zu kleinen Festungen ausgebaut, auf jedem Turm sitzt ein Taucher, legt Eier, brütet sie aus und – fabriziert Guano!
Von weither kommen alljährlich diese Taucher im Frühling zum Brutgeschäft, sie wären sicher noch glücklicher und zufriedener, wenn nicht auch hier ihre ärgsten Feinde lauerten: die Raubmöven.

Während Harry das Zelt aufbaut, den Primuskocher neben einem hohen Felsen anzündet, das Essen vorbereitet, holt Garibaldi in aller Ruhe meine Kinos und Kameras herbei, stellt alles auf, die Taucher schauen zwar etwas verwundert zu, lassen sich aber im übrigen absolut nicht beim Brüten stören.

Wenn Garibaldi zwischen ihnen hindurchgeht, sperren sie wütend die Schnäbel auf. Bald merkt er, daß die Tiere außer ihren scharfen Schnäbeln eine viel wirksamere Waffe haben, ihren Guano, den sie mit geradezu gezielter Meisterschaft achteraus aus ihren Nestern spritzen, wodurch deren Turmränder langsam immer höher werden, wodurch die Luft aber, die sowieso schon von Gestankeswolken geschwängert ist, schier unerträglich verpestet ist.

Nun wird es auch klar, warum die Taucher sitzenbleiben. Über ihnen schweben unablässig die Möwen. Sobald ein Taucher nur für eine Sekunde das Nest verläßt und die schönen gelben Eier frei liegen, stürzen sich die Möwen darauf, erfassen die Eier mit ihren furchtbaren Schnäbeln, gegen die selbst die Taucherschnäbel machtlos sind, fliegen mit dieser Beute ein Stückchen abseits der Nestkolonie, lassen die Eier aus einer gewissen Höhe auf den Boden fallen, wo sie zerschellen, stürzen sich dann darüber her und futtern sie in Eile auf. Die armen Taucher aber müssen sich nochmals bemühen und frische Eier legen.

Nachdem Garibaldi dies alles genügend gefilmt hat, zum Dank von den Möwen von oben, aus Rache von den Tauchern von unten von allen Seiten weiß besprizt ist und wie eine lebende Guanoreklame „duftend" durch die Gegend zieht, will er eine „Schlußapotheose" drehen.

Mit lautem Geschrei kommt also Harry als Störenfried angelaufen, schwenkt seine nicht gerade kurzen Arme wie Windmühlenflügel, läuft brüllend zwischen den Guanofestungen und ihren Besatzungen hindurch.

Was jetzt geschieht, kann nur der Film richtig wiedergeben.

Die Luft verdunkelt sich plötzlich, unzählige Tausende von Tauchern sind entsetzt aufgesprungen, laufen zwischen den Türmen hindurch, versuchen hochzukommen, stürzen sich in meterdicken Schichten die Felsen herab und ins Wasser, fliegen, zu einer mächtigen Wolke geballt, um die Insel herum, es beginnt ein Schlaraffenleben für die Raubmöwen.

Denn auf diesen Augenblick haben die Möwen gewartet. Sie stürzen sich auf die unbeschützten Nester, nehmen in ihre Schnäbel Eier und Junge, schlingen alles mit entsetzlicher Gier hinunter, daß selbst Harry über diesen Appetit neidisch wird. – Dumme Möwen!

Denn während sie hier so schlingen, sind wir mit der „Feuerland" zum jenseitigen Ufer gefahren, haben in der großen Bucht von Gente Grande an der Nordküste des Feuerlandes geankert, sind an Land gestiegen, hier liegen zu Hunderttausenden frische herrliche Möweneier in den unbeschützten Nestern.

Ganze Wagenladungen werden von den Farmern des Feuerlandes, ja selbst von den Bewohnern von Porvenir von diesen ganz köstlichen, großen braungesprenkelten Eiern eingesammelt, eingelegt und halten sich, wie zu Hause eingelegte Eier, frisch.

Da wir hier die ersten sind, können wir uns die besten und frischesten einsammeln, merken uns die Nester, die nur ein Ei enthalten, machen uns ein Zeichen daran, am nächsten Morgen sammeln wir diese Nester auf, denn nun wissen wir bestimmt, daß die Mehreier erst über Nacht gelegt wurden und unbedingt frisch sein müssen.

Unsere leeren Benzinkisten füllen sich immer mehr. Als wir einige tausend Eier haben und dieser Vorrat selbst für den Appetit von uns Piraten langen dürfte, gehen wir Anker auf und holen Garibaldi und Harry von ihrem Taucherparadiese wieder ab.

Nun liegen wir davor, es ist wunderbar ruhig, die Sonne steht tief, die Taucher schlafen, aus dem Wasser steigen ruhig und friedlich grunzend einige Seelöwen. Pinguine gesellen sich dazu, oben kreisen Möwen, sie alle fabrizieren unentwegt Guano, – wenn es im richtigen Paradiese ebenso „geduftet" hat, müssen Adam und Eva zum mindesten sehr starke Geruchsnerven gehabt haben!

Als wir abdampfen, atmen die Taucher erleichtert auf, und die Möwen blicken uns traurig nach, denn nun ist niemand mehr da, der ihnen die Taucher von den Nestern treibt. Dumme Möwen, fliegt zurück zu euren Nestern, dort werdet ihr dumme Gesichter machen, nun müßt auch ihr euch von neuem ans Brutgeschäft begeben.

Die Insel Dawson fegt zu unserer Rechten vorüber, ebenso die Stelle, wo ich in Pto Valentin neulich notlanden mußte. Im „Vorübergehen" schießen wir uns schnell noch an die zwanzig Wildgänse, nun haben wir Frischproviant genug. Der Wind frischt immer mehr auf, es ist schon wieder spät am Nachmittag, da wir aber dem Hochsommer entgegengehen, bleibt es noch lange hell.

Endlich öffnet sich zu unserer Rechten eine breite, tiefe Bucht, der ganze Hintergrund ist von einem einzigen, riesenhaften, hoch ins Meer abfallenden Gletscher ausgefüllt. Woher er kommt, können wir nicht sehen, denn wie üblich hängen die Wolken tief herab, fegt der Sturm, fällt der Regen. Irgendwoher wird er schon kommen.

Die Bucht ist gottlob ruhig, wir liegen vor dem größten Feuerlandsgletscher, dem Marinelli-Gletscher.

Von weitem hören wir schon das Grollen und Donnern, wenn Teile abbrechen und ins Meer stürzen, durch Bäume sehen wir nun das glitzernde Eis immer deutlicher, die Augen schmerzen uns fast von all dem Licht, das von diesen unvorstellbar großen Eisflächen ausstrahlt.

Nun biegen wir um eine Felsenecke, die Bäume treten zurück, das nackte blanke Eis, die ungeheure Stirnseite des Marinelli steht wie eine gewaltige Chinesische Mauer, wie eine senkrechte weiß schimmernde Felswand von Kilometerlänge vor uns.

Das Wasser ist plötzlich grün, nun milchig weiß geworden – eiskaltes Gletscherwasser. Vorsichtig gehe ich mit meinem Schiff näher und suche einen Ankergrund. Ganz instinktiv lasse ich die Maschine stoppen, verwundert schaut mich drob der Rudergänger an, aber wieder warnt mich das eigenartige Gefühl einer Gefahr, das mich bisher noch niemals trog.

Wir schieben uns ganz sachte näher.

„Wieviel Meter," rufe ich Willy zu, der das Lot schwingt.

„Kein Grund", sagt er mit einem Gesicht, als wolle er hinzusetzen: Mensch, hier willst du Grund finden?

Gerade will Seppl wieder den Motor anspringen lassen, als die Feuerland ganz unmerklich, kaum spürbar, die Fahrt verringert, als hielte dort unten eine Hand den Kiel, als federe er über Moorgrund.

Christiansen, der vorne am Steven steht, richtet sich in derselben Sekunde auf, brüllt plötzlich „Stop, äußerste Kraft zurück!"

Als die Schraube rückwärts quirlt, steigen dicke blaue Tonwolken aus der Tiefe. „Wir brummen", sagt Christiansen, geht nach unten in den Motorenraum, stellt den Motor ab, er kennt ja von seinen Nordseewattenfahrten dieses eigenartige Aufsitzen, dieses Wühlen des Kiels durch den Schlick, dieses Dann-um-so-fester-in-ihm-Drinsitzen.

Herrgott, denke ich, soll die Feuerlandsfahrt hier unten, in dieser absoluten Wildnis, auf diese lächerliche Weise und so ruhmlos zu Ende sein?

Wie vor den Kopf gestoßen steht Willy neben mir, hier hatte er doch erst vor drei Jahren ankern wollen und keinen Grund gefunden. Ja, lieber Willy, vor drei Jahren, das ist eine lange Zeit! Wenn schon diese drei Jahre genügen, daß der Gletscherstrom soviel blaugrauen Ton ablagert, daß diese Bucht damit ausgefüllt wird, dann können wir uns von seiner Mächtigkeit einen Begriff machen! Am eigenen Leibe erleben wir die Veränderung, die die Erdgestalt mit der Zeit durchmacht. Hoffentlich sind keine Felsen unter uns, und hoffentlich – damit werfe ich einen besorgten Blick zum Ufer rüber – haben wir schon etwas Niedrigwasser, daß wir wieder freikommen.

„So, zu ankern brauchen wir nicht mehr, Christiansen, hier holt uns sicher niemand die Holzpantine weg, mindestens nicht vor Mitternacht, wo höchstes Hochwasser ist. Machen Sie beide Boote klar, wir wollen wenigstens jagen, Fallen stellen, filmen, unsere kostbare Zeit ausnutzen."

Das Wasser um uns herum fällt, verschwindet bald gänzlich, in einem Meer von Sand, blaugrauem Ton, dicht neben dem riesenhaften Gletscher, umrahmt vom Urwald liegt wie irgendeiner der unzähligen Eisblöcke, einsam und allein, hübsch weich und tief im Ton eingebettet, die kleine „Feuerland", ein Pünktchen nur in dieser unheimlichen Stille und erhabenen Allgewalt der Natur.

Jetzt ist niedrigste Ebbe, um uns herum ragen Felsen und kleine Berge, die vorher nicht zu sehen waren. Das Meer ist wie verschwunden – und vor drei Jahren noch reichte das Wasser bis ans Ufer heran, war so tief, daß kaum Ankergrund gefunden werden konnte.

Wir sind mit unseren Arbeiten fertig. Langsam – wie geheimisvoll ist das doch eigentlich – kehrt von unten, von allen Seiten, irgendwoher das Wasser wieder zurück, nun umgibt es uns

bereits wieder, nun prallt es gegen die Eismauer des Gletschers, nun verschwinden die Felsen und Inseln um uns herum, werden zu gefährlichen Riffen, endlich, endlich kommt Mitternacht. Es ist noch ganz hell, da fängt die Holzpatine leise an zu schwanken, der Motor springt an, wieder quirlen diese eklen, blaugrauen Wolken aus der Tiefe zu uns herauf. Werden wir freikommen?
Langsam, ganz langsam schieben wir uns nun hin und her, als tanzten wir über Mudd. Nun quirlt endlich das Bugwasser wieder, nun sind wir frei. Leb woh, Marinelli-Gletscher, wieder mal hat der liebe Gott uns unsern Schutzengel gesandt.

*

„Da, vor uns, in der kleinen Bucht, wo ein Holzsteg eben zu sehen ist, wohnen einsam einige Deutsche."
„Hier, ausgerechnet im einsamsten Feuerland, fast am Ende des Admiralty-Fjords? – Da kommt ja bald der Fagnanosee, und dann ist die Weltgeschichte aus."
Ich lasse in die kleine Bucht hineinhalten, schiebe mich langsam näher, habe die beste Flagge setzen lassen und heule schon von weitem gar mächtig mit der Sirene dreimal zum Gruß.
Durch das scharfe Zeiß-Glas kann ich sehen, wie plötzlich am Fenster eines Blechhäuschens einige Köpfe erscheinen, die schnell wieder verschwinden. Nun eilen vor dem Hause aufgeregt Gestalten hin und her, starren zu uns und unserer Flagge wie zu einem Wundertier herüber, stürzen wieder ins Haus, nun steigen langsam zwei Flaggen am Hause empor. Zuerst, wie sich das gehört, die chilenische, dann, sich langsam entfaltend, im Winde bauschend, die deutsche Flagge!
Da laufen auch schon zwei Männer auf den kleinen Steg, winken uns zu, daß wir näher kommen können, tanzen wie toll vor Freude umeinander, nehmen unsere Leinen wahr, machen sie fest, springen an Deck, drücken und schütteln uns, daß uns fast die Luft ausgeht.
Nun eilen auch die beiden Frauen herbei, Tränen stürzen ihnen aus den Augen, in der Hand schwenken sie wie im Triumph, wie eine Siegesfahne, die „Grüne Post"!

Nachdem unser ganzes Schiff von oben bis unten besichtigt ist – wozu ja nicht viel gehört – und in meiner Kajüte etliches „Feuerlandswasser" genommen ist – was schon sehr viel länger dauert –, eilen die beiden Frauen, zwei Schwestern aus Magallanes, davon. Man hört bis zu uns herüber, wie sie mit Tellern, Pfannen, Geschirr hantieren, riecht den Kaffeeduft bis zur Holzpantine.

Kurz darauf sind wir alle, ohne Ausnahme, um einen wunderbar gemütlichen, echt deutschen Kaffeetisch versammelt, das Erzählen, das Fragen will kein Ende nehmen, die Zeit vergeht wie im Fluge.

Die beiden Männer – nunmehr Schwäger – sind alte deutsche Seeleute, blieben hier in Magallanes durch den Krieg hängen, heirateten, bekamen diesen Posten hier unten im Feuerland, wo sie ein kleines Sägewerk betreiben, einsam und allein, alle Jubeljahre mal von einem Fischer aufgesucht.

„Und fühlen Sie sich denn hier wohl? – Nicht gar zu einsam?" frage ich.

„Einsam wohl, aber wir haben ja unsere Arbeit, unser Häuschen, unser Fortkommen, niemand ärgert uns, und dann" – Da fällt die lebhafte Frau Wiese ihrem Mann ins Wort, und ihre Augen leuchten: „Und dann, Herr Kapitän, sehen Sie sich um bei uns, Sie werden ja gleich mit meinem Mann herumgehen, sehen Sie sich die Schönheit, diese Wildnis, diese Berge, ‚unsern' Gletscher, diesen wunderbaren Wald an! Nein, nie möchte ich zu den Menschen zurück, so viele Jahre hausen wir nun schon hier, wir haben das Feuerland und seine Wildnis liebgewonnen."

Staunend sehe ich, was von ein paar Menschen in schwerer Arbeit geschaffen worden ist, wie bescheiden und genügsam sie leben, es gehört wirklich schon allerhand dazu, dies Leben hier ertragen zu können.

Unwillkürlich denke ich an die anderen Deutschen hoch oben im brasilianischen Urwald zurück, denn auch hier tönt mir das gleiche Lied entgegen: „Wer nicht verzichten kann auf alles, was Kulturländer bieten, wer nicht dieser Arbeit fähig ist, der sollte um Gottes willen nicht auswandern, der – lernt allerdings auch nicht den Genuß eines freien Menschen in der Wildnis kennen! Lebt wohl, ihr braven Landsleute, ihr Freunde dort unten im einsamen Feuerland, habt Dank für eure Gastlichkeit, die Holzpantine muß weiter!"

Die Sirene heult, die Flaggen senken sich zum Gruß, die „Feuerland" biegt eben nach Backbord in den Parry-Fjord ein, eines der ganz großen Wunder des Feuerlands.
„Was ist denn das, Christiansen, was liegt denn hier an Deck?"
Christiansen kommt erstaunt näher, hebt ein paar alte Säcke hoch, die bestimmt gestern noch nicht da waren, darunter liegt – ein junges Lamm, fein geschlachtet und zubereitet. Wir brauchen es nur an den Spieß zu stecken –, Abschiedsgruß unserer Feuerlandsfreunde!
Der Parry-Fjord liegt nun auch schon hinter uns, viele hundert Meter seiner unbeschreiblichen Schönheiten sind aufgenommen und gut verstaut, sie wandern mit dem nächsten Filmschub nach Deutschland zum Ullsteinhaus, wo sie entwickelt werden und lagern, bis ich zurückkomme.
So vergehen die Tage. In Arbeit, im Regen, im Sonnenschein, im Sturm, mal haben wir Gletscher, mal Felsen, mal Urwald, mal alles zusammen um uns herum, wenn wir alles kurbeln wollten, müßten wir einige hunderttausend Meter Film mit uns haben. Aber wir sind bereits wählerisch geworden, haben einen sehr guten Blick für das wirklich ganz Große bekommen, wir wissen schon, was wir wollen.
Nun faucht ein neuer Sturm über uns weg, nun gar gegen uns an, wir können nicht weiter, müssen eine geschützte Bucht aufsuchen.
Wir haben endlich die Süd-Einfahrt zum Gabriel-Kanal erreicht, wir steuern hinein, dieser Gabriel-Kanal läuft ja parallel zu unserm Lieblingsfjord de Agostini, ist von ihm nur durch einen langgestreckten riesigen wilden Gebirgszug getrennt. Dort ist auch schon das Buckland-Massiv, nur von der anderen Seite als wir es vom Agostini-Fjord aus sahen und sehen werden – wie viele Stunden werde ich noch in den kommenden Wochen gerade über diesem Gebirge fliegen?
Wir liegen nun zu Füßen des Buckland, gehen zu Anker, östlich von uns liegt die Fitton-Bucht mit ihren Gletschern, wir sind verdammt vorsichtig geworden, zu schnell ändern sich in der Nähe der Gletscher die Fahrwasser.
Es ist Sonntag, dritter Advent. Herrgott, wohin ist die Zeit geflohen, wir haben ja bald Weihnachten!
Draußen braust der Sturm, brechen sich die Wogen, wir liegen hier völlig geschützt, vor uns an Land ein riesiger Urwald, dahinter

zwei steil abfallende Gletscher. Wir machen Sonntag, ziehen alle an Land. Ich breche in den Urwald hinein, will zu den Gletschern.
Ich arbeite und zwänge mich durch Bäume, Äste und Unterholz, immer geheimnisvoller, immer schauriger wird dieser Wald, riesenhaft sind die Bäume, die nun um mich herumstehen, ich bin sicherlich der erste Mensch, der hier eindringt. Zum Scherz oder aus Begeisterung, wie wir, tut das sonst sicher niemand so leicht.
Ich keuche und schwitze, mein Herz klopft zum Zerspringen, soll ich umkehren?
Schnauf wackelt neben mir lustig mit dem Stummelschwanz, der kommt ja überall unten durch, er lacht mich direkt aus, weil ich schlapp mache.
Da rappele ich mich hoch, klettere, springe, falle, zwänge mich weiter, zerreiße mir die Hände, das Gesicht, den Anzug, – weiter, ich will zu den Gletschern.
Sie rufen mich schon mit mächtigem Donnergepolter, hundertfach schallt es im Echo der Berge wider, wenn die Eismassen abstürzen, und so klettere, springe, zwänge ich mich weiter.
Plötzlich ist mein Weg versperrt, vor mir liegt ein Bild furchtbarer Zerstörung. Zu einem unentwirrbaren, unüberwindlichen Knäuel ist der Wald verwirrt, hier muß früher mal eine Lawine herabgebraust sein. Die Riesenstämme, wie Streichhölzer geknickt, zerrissen, zerbrochen, türmen sich übereinander, ratlos stehe ich davor.
Jetzt, so kurz vor dem Ziele, umdrehen?!
Ich reiße nochmals meine ganzen Kräfte zusammen, nehme Schnauf in den Arm, der hier versagen muß, klettere, falle, stürze ab, rappele mich wieder hoch, setze über einen reißenden Gletscherbach, langsam, ganz langsam komme ich vorwärts, langsam geht meine Puste zu Ende.
Doch dann bin ich da!
Liege im Grase in einem riesigen Bergkessel, ringsherum umgeben von Gletschern, Wald, Felsen, Wald von so ungeahnter Wildheit, fast subtropischer Üppigkeit, völlig ineinander verflochten, betäubender Duft von Sommer in der Luft. Nun stiehlt sich gar ein Sonnenstrahl durchs Gewölk, alle Farben fangen an zu tanzen und zu jubilieren, wie in einem Traum liege ich mitten in dieser gewaltigen Musik.
Die Sonne verschwindet wieder, Wolken jagen heran, Regen rauscht, ich trete meinen Rückweg an.

Oft rutsche ich auf meinem Hosenboden wie auf einem Rodelschlitten Gletschergeröll hinab, der Hosenboden ist längst leck, gut, daß darunter noch mein gutes Fell sitzt und nicht gleich das blanke Fleisch kommt.
Dann höre ich Stimmen, ich glaube eine Ewigkeit unterwegs gewesen zu sein, ein Feuer lodert, Schnauf bellt lustig auf, Bratenduft steigt mir in die Nase, jemand legt eine Flasche an meinen Mund, meine Lebensgeister kehren wieder, ich liege neben einem wunderbar duftenden Spießbraten, den Christiansen und Harry aus dem Lamm gemacht haben. Gibt es etwas Köstlicheres als dieses Piratenleben, dieses Feuerland?!
Als wir wieder weiterfahren, holt Willy seine Fallen von Land. Drei wundervolle Feuerlandsfüchse bringt er an Bord zurück. Der vierte, für den keine Falle mehr da war, lugt eben ganz frech aus dem Urwald heraus, kommt nun zu unserer Feuerstelle und schnuppert in der Luft. Obgleich wir ihm eine Kugel nachsenden, futtert er, uns listig zuzwinkernd, die Hammelknochen auf.

*

Es ist wirklich Weihnachten!
Ich habe wieder Erlaubnis bekommen, zu fliegen. Schiff und Flugzeug sind klar zu weiterer Feuerlandsarbeit.
Die Sonne scheint, das Wetter ist ruhig, ich schwebe mit Dreblow an die tausend Meter hoch in der flimmernden blauen Luft, unter uns liegt die Magallanesstraße, die blitzsaubere Stadt Magallanes, wir fliegen nach Osten, dem deutschen Dampfer „Nevada" entgegen, der uns unsere Weihnachtspost und Weihnachtspakete bringen soll und vielleicht – Smutje!
Da schwimmt der Dampfer wie ein winziges schwarzes Pünktchen, das Meer leuchtet heute so wunderbar schön, selbst das Feuerland ist ganz klar und deutlich zu sehen, wunderbar heben sich die Eisburgen aus der Flut.
Nun sind wir über dem Dampfer, ich gehe tiefer, unkreise ihn ein paarmal. Ob Smutje wohl drauf ist?
Endlich läuft der Dampfer ein, bringt Post, Weihnachtspakete, aber – keine Smutje!
Es ist Heiligabend.

Wir auf der kleinen Holzpantine, so fern der Heimat, aber mit allen Gedanken bei ihr, feiern Weihnachten, machen Bescherung.
Die Sonne steht zwar noch mächtig hoch am Himmel um acht Uhr abends, denn wir haben doch seit drei Tagen Sommeranfang, aber wir wissen uns zu helfen. Wir feiern unter Deck unser Weihnachten, hängen die Skyligths schön dicht zu, kein Lichtstrahl kann nun nach unten dringen.
In meiner kleinen Kajüte findet die Bescherung statt.
Ein entzückendes kleines Nadelbäumchen als „Tannenbaumersatz", das wir neulich tief im Feuerland fällten, steht auf meiner Kommode, geschmückt mit Christbaumschmuck, strahlend erleuchtet von Kerzen, die Smutje schickte.
Von diesen Lichtern geht ein solcher Glanz aus, ein solches Heimatsgefühl, daß meine braven Fahrtgenossen, die eben mit schweren Tritten meinen Niedergang zu mir herabpoltern – aus dem flimmernden Sonnenschein oben hier herabsteigend –, wie gebannt stehen bleiben und mit großen, feuchten Augen in diesen Heimatgruß blicken.
Nun sitzen wir alle dicht gedrängt auf meiner schmalen Koje, mein Electrola schluchzt Weihnachtslieder, leise singen wir alle mit etwas rauhen Piratenkehlen mit. Und während ich wieder, wie vor einem Jahr in Lissabon, aus der Bibel des freundlichen Büsumer Probstes die Weihnachtsgeschichte vorlese, leise das Electrola eine alte Kantate dazu geigt, zieht wunderbarer Friede bei uns ein. Viele Augen glänzen in eigentümlich feuchtem Schimmer, die Gedanken von uns paar Schicksalsgefährten weilen zu Hause.
Als die Kerzen meines Bäumchens herabgebrannt sind, holt Christiansen verstohlen einige Flaschen mit „Goldhälsen" hervor, sie sehen denen, die wir damals in Buenos Aires hatten und aus denen wir anfangs „Badesalz" bröckelten, verdammt ähnlich, ihr Duft strömt in die Kajüte, das erste Glas gilt der Heimat und unsern Lieben und allen den Freunden, die uns geholfen haben, daß wir die Feuerlandswunder erleben dürfen.
Aus dem Weihnachtstraum treten wir plötzlich an Deck in den flimmernden Abendsonnenschein, tauchen aber schnell wieder vorne im Logis unter, das gleichfalls dicht verhangen und ganz auf Weihnachten hergerichtet ist. Heute hat selbst Garibaldi wieder mitgekocht, auch Cristiansen hat geholfen, nun sitzen wir

wie immer friedlich und fröhlich um unsern gemeinsamen Eßtisch. Viele Länder der Erde haben beigetragen, unser Weihnachtsmenü zu bereichern.

Draußen an seiner Boje liegt der Silberkondor klar, er ist aufgefüllt, alles Nötige an Bord, morgen brummt wieder der Propeller, morgen geht's über die Berge und Gletscher des Feuerlands!

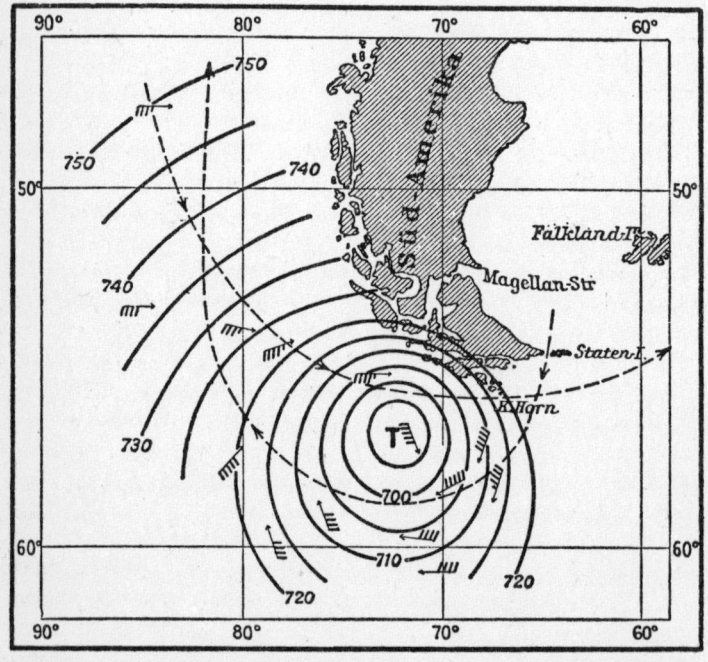

Das ständig wechselnde, unberechenbare Wetter Feuerlands hat seine Ursache in den berüchtigten Sturmtiefs der Kap-Hoorn-Region. Die beiden Pfeillinien geben die mittlere Lage der Segelschiffswege an. Die Schreibweise der Namen Kap Hoorn und Staaten-Insel entspricht nicht der amtlichen in den deutschen Seekarten. (Aus Gerhard Schott: „Die Geographie des Atlantischen Ozeans" — mit freundlicher Genehmigung des Verlages C. Boysen, Hamburg).

Der Hafen der Träume

Tief und schwer liegt der Silberkondor im Wasser. Er ist bis an die Grenze seiner Ladefähigkeit aufgefüllt, beladen mit allem Notwendigen, das man vielleicht bei einer Notlandung in unwirtlicher, unbewohnter Gegend gebrauchen könnte. Dazu viele Reserveteile, Anker, Leinen, Notproviant, Äxte, Zeltbahn. Wir sind ja von nun an auf uns und was das Flugzeug schleppen kann allein angewiesen, falls wir die gute Holzpantine, unser „Flugzeugmutter- und Depotschiff", nicht wieder erreichen sollten.
Schlimm sieht das Wetter aus, tiefdrohende Wolken am Himmel, der Wind bläst in schweren Stößen von Land her, Dreblow und ich sind diesmal, durch Erfahrung klug geworden, vermummt, so gut wir können. Gottlob fand ich die zwei Paar wunderbaren Polarpelzhandschuhe wieder, die ich von meinem Klubkameraden Schapski in Berlin geschenkt erhielt. Ohne diese Pelzhandschuhe wären meine Flüge einfach unmöglich gewesen.
Nun brüllt der Motor auf, lang ist der Start der so schwer geladenen Maschine, auch daran habe ich mich in den kommenden Flugmonaten gewöhnen müssen. Nun reiße ich sie aus dem Wasser, sie wird sofort gepackt von unheimlichen Fallböen, die von den Hängen hinter Magallanes kommen, schwerfällig torkelt die Maschine darin herum, mir wird ordentlich heiß, wie ich nun arbeiten muß, um meinen Silberkondor wieder zur Vernunft zu bringen.
Heute verzichte ich sogar auf die Ehrenrunde, drehe hart ab und nehme Kurs direkt auf die Nordspitze der Insel Dawson.
Tief hängen die Wolken; an ihrem unteren Rand, kaum zweihundert Meter hoch, jage und torkele ich entlang.
Mitten in der Magallanesstraße bricht der Sturm los, diesmal gottlob von achtern, wie ein Höllengespenst müssen wir von unten aussehen, als wir dröhnend und brüllend, uns von den Wolken mit unserm Silberanstrich kaum abhebend, vor dem Sturme dahinbrausen.
Gut, daß wir in der Luft sind, denke ich fröhlich bei mir, nur zehn Minuten später hätten wir nicht mehr starten können, wären wieder Tage in Magallanes festgehalten worden. Dabei schwitze ich direkt, so muß ich arbeiten, um das Flugzeug hübsch in Höhe und auf Kurs zu halten.
Das unheimlich blauschwarze Wasser ist mit weißen Schaumköpfen bedeckt, unter uns, neben uns, über uns ist alles von der

gleichen unheimlichen blaugrauen Farbe, wie ein Gespenst jagen wir in dieser Höllentinte weiter. Da gewahre ich unter mir ein winziges weißes Fahrzeug, alle seine Segel sind gesetzt, es schäumt rings darum auf von weißen Kronen und Brecherköpfen, das Wasser quirlt am Heck, der Kurs dieses Fahrzeuges ist der gleiche wie unserer – es ist unsere wackere kleine Holzpantine, unser „Flugzeugmutterschiff", das platt vor dem Sturme unserm gemeinsamen Ziele zustrebt.
Sekunden nur läuft dieses Bild unter uns vorbei, stumm winken wir runter, stumm winken unsere Gefährten von unten zu uns herauf. ich glaube, daß wir hier oben nicht weniger „rollen" als die Holzpantine dort unten in der schweren See.
Wir rasen vom Sturme getrieben weiter, da ist schon die Nordspitze von Dawson, da ist Pto. Valentin, wo ich damals notlanden mußte, wir berühren fast die Höhen, so niedrig müssen wir bereits fliegen, dicht brausen wir über die verlassenen Häuser dahin, unser braver Indio steht vor der Tür, nun wird er doch noch an die Gespenster seiner Indianerahnen glauben!
„Schon Pto. Harris?" – Ich stelle den Motor ab, jage dicht über Mr. Morrisons Haus hinweg, unten stürzen entsetzte Menschen aus den Türen, ich werfe das Flugzeug rum, gegen den Wind, die Nase in die tiefe Bucht von Harris hinein, Böen rütteln und packen und zausen uns, wunderbar schwebt die Maschine trotz ihrer Schwere aus, sanft setzen die Schwimmer auf. Ich rolle zum Strand – fünfzehn Minuten hat der ganze Flug nur gedauert!
In der Nacht läuft auch brav die Holzpantine ein.
„Na, Christiansen, wir waren höllisch froh, daß wir ‚nur' in der Luft waren und nicht bei Ihnen auf dem Wackelpott!"
„Und wir, Herr Kapitän, wir haben bloß zu Ihnen hinaufgeschaut und dem lieben Gott gedankt, daß wir ‚bloß' hier unten wackeln brauchten, wir haben die ganze Küste abgeklappert, fürchtend, Sie irgendwo liegen zu sehen, und nun sitzen Sie ganz gemütlich mit Ihrem Silberkondor am Ufer."
Das ist ziemlich die längste Rede, die Christiansen gehalten hat. Wir schütteln uns die Hände, an Land warten schon Mr. Morrison und seine Gattin, der Tisch ist gedeckt, ein Spießbraten eben fertig, hier auf der einsamen Insel Dawson finden wir wiederum gute Freunde.
Der Sturm rast, der Regen rauscht, tief ziehen die Wolken am Himmel. Will es in diesem Jahr denn gar nicht mehr besser

werden? Gottlob geht das alte heute abend zu Ende, vielleicht bringt das neue Jahr Besserung!

Wir haben tagelang gekurbelt, fotografiert, Tausende von Hammeln wurden für uns aus den umliegenden Urwäldern zusammengetrieben, sie sprangen wie lustige Flöhe über Urwaldbäume und an unsern Kinos vorbei, oft war dieser Anblick so lustig, daß uns die Tränen aus den Augen liefen.

Rast, Pause, untätig sitzen, das kennen wir „Feuerländer" nicht, dazu ist uns die Zeit zu kostbar. Es gibt ja auch so viel zu sehen, zu kurbeln, zu fotografieren, die Entfernungen sind dazu außerordentlich groß, wir müssen uns mit aller Energie ranhalten, wollen wir überhaupt unsere Arbeit schaffen.

Der deutsche Vorarbeiter hebt die Hand, in der er ein altes verrostetes Stück Eisen hält, und schlägt damit gegen die neben ihm hängende dito alte und verrostete, dazu noch gesprungene Pflugschar. Peng, peng, klingt es von diesem hier landesüblichen „Gong". Der kleine Motor steht, die vielen surrenden Schermaschinen schweigen, nacktgeschorene Hammel laufen blökend davon – die, die „das nächstemal" drankommen, trollen, befreit aufatmend, auf den Camp zurück.

Die Schäfer, wilde, dunkle schwarzverbrannte Gestalten mit blitzenden Zähnen und vollkommen indianischen Gesichtszügen, die besten Reiter, die besten Schäfer von Dawson, jeder einzelne von ihnen schert Tag für Tag bis zu zweihundertfünfzig Schafe. Jahrzehntelang war diese große Insel Dawson, die zum Feuerland gehört, der letzte einzige Zufluchtsort der armen verfolgten Feuerlandsindianer. Heute lebt keiner mehr von ihnen, aber diese hier vor mir gehören zu den wenigen zivilisierten direkten Nachkommen der alten Indianer. Im ganzen leben heute vielleicht dreißig Menschen auf der ganzen Insel, die noch fast völlig vom Urwald bedeckt ist und außerdem noch an die dreißigtausend Schafe, von denen wir einen Teil soeben kurbelten und flohspringen sahen.

Der älteste der Schäfer tritt auf mich zu, vollendet in seinen Bewegungen, bezwingend höflich und bescheiden, dabei unnahbar stolz, reicht mir die Hand, lädt mich und die ganze „Feuerland" zum großen Test-Asado ein. „Asado", das ist ein köstlicher Spießbraten!

Da flackern draußen, wo einstmals der Urwald stand und wo eine Art Festwiese gebildet wurde, mächtige Feuer. Vor ihnen hockt in

Festgewändern ganz Dawson. Alles, was laufen kann, was zu klein dazu ist, an der Mutterbrust, was zu alt dazu ist, auf Pferderücken, ist zu diesem Fest herbeigeeilt, manche aus dem fernsten Urwaldswinkel, wo sie Schafe zu hüten und Urwald zu verbrennen haben, in tagelangem Ritt.

Vor diesen Riesenfeuern, zu denen das Holz – ganze Bäume – an Ort und Stelle gefunden wird, hocken die Menschen. Sie haben alle junge, zarte Lämmer an den langen Spießen, gestern liefen diese Tiere noch draußen im Urwald herum. Mit wahrer Andacht und Engelsgeduld überwachen sie das langsame Braunwerden des köstlichen Fleisches, ganz langsam nur darf das geschehen, kein Tropfen Saft darf verloren gehen. Da dies heute ein ganz besonderer Fest-Asado ist und die einzelnen „Röstgruppen" eine Art Wettbewerb um den saftigsten Braten veranstalten, dauert die Sache etwas länger. Nach vier Stunden aber ist alles fertig, viele junge Hammel stecken als duftendes, rostbrauns Stück Braten am Spieß, und wir langen zu.

Die Taschenmesser (sie sind die schärfsten!) fliegen heraus, die Haumesser von den Hüften, jeder säbelt sich so viel Fleisch herab, als er glaubt vertilgen zu können – unser Harry ist wieder mal im Schlaraffenland! Roter, köstlicher chilenischer Landwein duftet in dicken Gläsern, man hört nur noch zufriedenes Grunzen.

Die Stunden fliegen nur so dahin, wie harmlose große Kinder sitzen wir alle zusammen, es wird getanzt, Musik gemacht, Ball gespielt, zwischendurch immer wieder nach dem Hüftmesser gegriffen und „Asado" abgesäbelt, der rote Wein scheint nie versiegen zu wollen. Trotzdem ist alles friedlich, lustig, nicht ein häßliches Wort fällt, ja, ja, wir sind auch am Ende der Welt, in der absoluten Feuerlandswildnis, haben es hier mit von der Kultur noch nicht beleckten, noch nicht verzankten Menschen zu tun.

Leuchtsterne steigen in die Luft, Böllerschüsse dröhnen durch die fast helle Sommernacht, es ist Silvester, das neue Jahr beginnt!

Da tönt plötzlich, als es eben Tag geworden ist, ein hier noch nicht gehörtes Lied, erfüllt die Luft mit seinem wundervoll dröhnenden Sang. Der Silberkondor hat seine Schwingen gebreitet, stumm winke ich von oben hinab, Dreblow hat längst seine Kamera zur Hand. Wir umrunden den Festplatz, brausen unter den dicht herabhängenden Regenwolken entlang, über das kleine

verlassene Pto. Harris hinweg, nun sind wir schon mitten über dem Urwald von Dawson, fast greifbar nahe sind die Wipfel der Bäume.
Umdrehen?
Ich denke gar nicht daran, soll die Maschine doch auch ihr Neujahrsvergnügen, ihren Tanz haben. Ich habe eine mächtige Wut im Leibe wegen des entsetzlich schlechten Wetters, das uns nun schon Monate verfolgt, weiß auch, daß hier fast jeder Kanal sein Privatwetter, ja sogar seinen Privatwind hat, ich bin losgebraust, der erste Flugtag des neuen Jahres 1929 muß uns Glück bringen!
Vor mir schimmert es jetzt etwas heller auf, da ist die Lomos-Bucht, nun liegt Dawson schon hinter uns.
Über die Gebirge zu fliegen, wie ich es gern getan hätte, kann ich der tiefhängenden Wolken, des Regens wegen nicht wagen, nun muß ich plöterig und bescheiden wie ein Schiff an der Küste entlang „schippern".
Meine linken Tragflächen berühren beinahe die steilen Felsen, unter mir ist Wasser, über mir ragen sicher mächtige Gebirge empor, von beiden ist so gut wie nichts zu sehen in dieser alles verhüllenden blaugrauen Regenfarbe.
Die Karte des Feuerlands habe ich, Gott sei Dank, im Kopf, im Schlafe könnte ich jede einzelne Bucht, jeden Fjord, jedes Gebirge aufmalen.
Die Böen rütteln und schütteln das Flugzeug, ich lasse ihnen dies Vergnügen, alle meine Sinne und Nerven sind aber angespannt zum Bersten, wunderbar gehorchen Steuer und Verwindung meinen Bewegungen, wie herrlich ist es doch, ein so schönes Flugzeug fliegen zu dürfen.
Ich schaue auf meine Uhr, wir sind bereits eine Stunde in der Luft, nun müssen wir bald scharf nach links in den Agostinifjord und zur Traumbucht hineinbiegen. Da reißt ganz plötzlich zu unserer Rechten der Himmel auseinander, ein riesiges blaues Himmelsauge schaut zu uns hernieder, mitten in diesem blauen Wunder steht scharf und klar, wie eine glitzernde Gralsburg aus leuchtendem, flüssigem Eis – der Monte Sarmiento, der König der Feuerlandsberge.
Ich brülle direkt auf vor Vergnügen, drehe mich zu Dreblow um, der gerade eine neue Filmrolle in unsern amerikanischen Bell & Howell-Apparat einlegt, da er es nicht merkt, lasse ich die Maschine

absichtlich „bocken", unser verabredetes Signal, nun schaut er auf, starrt mit offenem Munde, als gewahre er den lieben Gott selbst mit seinen Engeln, zu den beiden leuchtenden Kronenzacken, ich werfe wie ein übermütiger Schuljunge mein Flugzeug rum.
Gebe Vollgas, ziehe die Maschine, so viel es geht, gebe stetig Höhengas, langsam aber sicher klettert unser Höhenmesser, nun bin ich schon fünfzehnhundert Meter, nun zweitausend. „Lieber Gott, laß dein Himmelsauge noch so lange offen, bis ich heran bin"! flehe ich leise in meinem Innern.
Nun bin ich fast so hoch wie die Spitze, nun rase ich mit meiner Maschine drauf zu. Dreblow sitzt längst klar mit unserer großen Zeiß-Luftkamera und unserm „Amerikaner". Wie ein einziges leuchtendes Stück Eis steht dieser Wunderberg in der ihn umgebenden blauen Flut, von seinen Seiten rinnen die Gletscher, umermeßliche hellgrüne Urwälder bekleiden seine Füße, was ist das für ein Gnadengeschenk des Schicksals für uns, diesen Berg, der fast nie zu sehen ist, ausgerechnet heute, wo sonst überall undurchdringliche Wolkenozeane schwimmen, in strahlender Sonne, völlig wolkenfrei zu erblicken! Ich betrachte dies als einen Wink meines Schicksals, einen Gruß, ein Aufmunterungszeichen, ich verstehe diesen Ruf!
Nun bin ich am Gipfel des Sarmiento.
Zwei strahlende Zacken ragen in den blauen Äther hinein, sie bestehen aus einem einzigen leuchtenden Stück schneefreien Eises. Da die Sonne mit aller Macht draufscheint, sehen sie fast flüssig aus, ich berühre beinahe diese Spitzen, so dicht fliege ich darum herum.
Doch plötzlich, ich will eben an der Rückseite dieser Krone entlang fliegen, bekommt das Flugzeug einen furchtbaren Stoß, eine schwere Fallbö packt es wie ein willenloses Blatt, wirft es mit unwiderstehlicher Gewalt hinab, ich glaube schon, wir müssen unten auf dem Gletschereis zerschellen. Gut daß wir festgeschnallt sind, gut, daß Dreblow gerade einen neuen Film einlegt und daher tief in seinem Sitz drin sitzt, sonst – Sekunden hat dieser Vorgang sicher nur gedauert, wir sind in Windlee der Berges geraten, es muß wieder ein ganz gehöriges Windchen aus Westen „säuseln".
Ich habe mein Flugzeug herumgeworfen, drehe nochmal auf den Sarmiento zu, schraube mich dabei gut tausend Meter höher als die Krone selbst, umkreise den König der Berge wiederholt, eine

solche Gelegenheit muß für unsere Arbeit ausgenutzt werden, wer weiß, wann sie je wiederkommt. (Viele Wochen haben wir drauf warten müssen!) Als die Wolken sich schließen wollen, ist Dreblow mit Film und Foto fertig. Ich stelle den Motor ab und komme gerade eben noch unter die Wolken, ehe sie wieder zusammenprallen und ein wogendes Meer bilden.

Nun brause ich schon dem Eingang zum Agostinifjord zu, da links liegt unsere Basis, der Hafen der Träume. Von furchtbaren Fallböen in diesem engen Kanalgewirr bei aufkommendem Sturm gerüttelt, fege ich eben dicht über die Bergkuppen hinweg, der Motor schweigt, der Silberkondor schwebt wunderbar aus, die Schwimmer berühren kaum spürbar das Wasser. Ich rolle in die kleine Bucht hinein, rolle zum Strand. Unser Traumhafen, in dem wir nun wochenlang liegen sollen und von dem aus meine kommenden Flugarbeiten ausgehen werden, nimmt uns in seine schützenden Arme auf.

Um uns herum absolute Stille. Duftende Blumen, wunderbare, frische, grüne Wälder, ein kleines Bächlein rieselt ins Meer, guter flacher Strand, eine traumhaft schöne Bucht, es ist, als ob der liebe Gott diese Traumbucht extra für uns dort hingezaubert hätte. Etwas müde und zerschlagen gehen Dreblow und ich an Land.

Was kann man doch bei solchen Flügen, wie wir sie hier als erste Menschen wagen, in so kurzer Zeit alles erleben und sehen, es ist beinahe zu viel, als daß man das alles in sich aufnehmen und verarbeiten könnte!

Am Strande flackert bald ein lustiges Feuer, Teekessel, Geschirr, Proviant, alles das, was selbstverständlich für uns zur Flugausrüstung gehört, kommt an Land, für einige Zeit sind wir ja Einsiedler, wer weiß wann die kleine „Feuerland" nachkommt.

Als wir liegen, unsern heißen Tee schlürfen, einige Stücke Hartbrot darin aufweichen, ein Stück vom Hammelasado aus Dawson zwischen unseren Fäusten halten, bricht sogar die Sonne ab und zu durch. Die Ruhe, die Stille, die unbeschreibliche Schönheit rings um uns herum halten uns gefangen wie in einem Bann.

Dann liegen wir der Länge nach am Strand, holen später unsere „Landausrüstung" aus dem Flugzeug, nur wenige Schritte hinter uns beginnt ja der eng in sich verflochtene, wie verfilzte Wald, die Zweige sind alle nach hinten gebogen von dem ständigen Westwind. Gleich hinter dieser Wand schlagen wir unser Zelt auf.

Als wir alles notdürftig fertig haben, aus Zweigen und Ästen die Wände unseres Hauses, das Dach aus der Zeltbahn (mehr als dies eine Stück haben wir nicht mit), als wir ganze Bäume als Brennholz herbeischleppen und die Flammen eben lustig emporsteigen, fängt es an zu regnen, gießt bald in Strömen, eiskalter Wind streicht von den Gletschern herüber – Feuerlandswetter!

Dreblow und ich haben es uns hier so „gemütlich" gemacht, wie es eben geht. Der Regen hört vorläufig nicht auf, wir haben unsere Gummimäntel, unsern Taucheranzug, unsere hohen Gummistiefel „Marke Kanalarbeiter" (jawohl, nicht nur Smutje trägt diese Dinger!) aus dem Flugzeug geholt und angezogen, sogar den Motorenbezug haben wir mitgenommen, augenblicklich können wir ihn besser gebrauchen als der Silberkondor, dessen Sitze geschützt sind, der aber im übrigen völlig schutzlos allem Wetter, dem strömenden Regen ausgesetzt ist und – monatelang so bleibt!

Es wird allmählich kalt, naß sind wir sowieso, wir können nur eins tun, uns mit den paar Sachen, die wir haben, schützen, uns ineinanderrollen wie Igel, die Beine hoch anziehen, damit sie nicht ganz im Regen liegen, und warten.

Die erste Nacht kommt heran, wir haben großen Bäume ins Feuer geworfen, das weiterglüht, wir sind müde, wie tot fallen wir langsam in eine Art Dämmerschlaf. Undeutlich, wie Musik, höre ich unaufhörlich den Regen auf die Tragflächen meines Flugzeugs trommeln, wäre das nicht eine so vorzügliche Maschine, sie hätte sich entweder jetzt schon in Wohlgefallen aufgelöst oder das würde – was weit unangenehmer wäre – beim nächsten Fluge geschehen.

So vergeht die Nacht, so vergeht der Tag, so kommt eine neue Nacht, das Wetter bleibt dasselbe, der Regen rauscht, der Wind heult, Trommelwirbel klingen von unserm Silberkondor zu uns herüber, ab und zu dröhnt und zittert die Luft, dicht neben uns, getrennt nur durch den schmalen Kanal, liegen ja die zwölf Gletscher des Agostinifjords, von denen die Eisblöcke herabpoltern.

Warten, warten und wieder warten und nie den Mut verlieren, immer, stündlich, ja minütlich klar zur Arbeit, zum Fliegen sein, das ist die Feuerlandsparole. Wer das nicht kann, nicht voll und ganz in seiner Aufgabe aufgehen, nur und einzig und mit Freuden an sie denken – der hat hier im Feuerland als Forscher, als Schönheitssucher nichts verloren.

„Was wollen Sie denn im Feuerland, das ist ja längst bekannt", sagten mir „Sachverständige", wobei sie etwas mitleidig lächelten.
„Was ich will, das werde ich Ihnen ganz kurz sagen: Schönheit suche ich dort, nichts weiter als Schönheit! Aber diese will ich in meine Kinos und Kameras einfangen, will darüber in Zeitungsartikeln, in einem neuen Buch schreiben, und wenn dann Tausende von Augen zu Hause aufleuchten, wenn viele von meinen Erzählungen gepackt werden, dann ist meine Aufgabe erfüllt, das ist genügend Lohn für mich.
Außerdem sind wir eine Art Bahnbrecher. Ich fliege hier, was vor mir noch niemand gewagt, vor mir noch niemand für möglich gehalten hat, wir schaffen damit eine neue Ära in der Forschungsgeschichte des Feuerlands mit modernsten Mitteln – dem Flugzeug!
– Ich bin aus der fernen Heimat gekommen, um die Gebiete zu überfliegen, die noch nie ein Mensch gesehen hat, will auch meinerseits etwas zu der schon geleisteten Arbeit der Erderkundung beitragen, neues Licht in das Dunkel hier bringen. Dieser Teil meiner Aufgabe ist allerdings rein wisenschaftlich, denn daß wir gerade hier im Feuerland keine neuen Siedlungen entdecken können, ist selbstverständlich und von mir niemals behauptet worden."
„Herr Kapitän, die Sonne scheint, wir wollen mal auf die Höhe klettern, uns die Gegend ansehen!"
Dreblow ruft's neben mir, reißt mich aus meinen Gedanken heraus, ich weiß gar nicht mehr, wieviel Tage wir hier schon hocken.
Tatsächlich – die Sonne scheint!
Wir rappeln uns auf, kommen den steilen Hang zu der nur einige hundert Meter betragenden Höhe hinauf, die unsere Traumbucht vom Agostinifjord trennt, und nehmen Kino und Kamera mit. Keuchend und schwitzend, denn wenn die Sonne mal scheint, brennt sie gleich hochsommerlich herab, kommen wir oben auf der Höhe an und verschnaufen uns erst mal etwas.
Doch welch einen Anblick haben wir hier!
Unter uns, zu unsern Füßen, liegt schimmernd und glitzernd silberhell der Kondor an seinem Anker, dicht neben dem Strand.
Amphitheatralisch umschlingen wuchtige Gebirge diese Bucht, unten grün bewachsen, dann schwarzkahl, dann schneeig weiß, dann leuchtend und glitzernd im ewigen Eis, im Hintergrund, die

Spitzen wie fast immer von Wolken umwallt, das Buckland-Massiv. Himmlisch blau das Meer, die Einfahrt zu unserer Traumbucht; im Rücken dehnt sich wie etwas unbegreiflich Schönes, langgestreckt, mit besagten zwölf Gletschern, der Agostinifjord. Von hier können wir ihn ohne Hindernis voll und ganz, bis zu den beiden Riesengletschern, die den Fjord im Hintergrund abschließen, übersehen. Dort stehen selbstverständlich die üblichen drohenden Wolkenmassen, die die Darwinkordillere des Feuerlands nur selten freigeben. Dreblow und ich, wir zwei einzigen menschlichen Wesen weit und breit, erfüllt von der grandiosen Schönheitsharmonie der Natur, sitzen als Schicksalsgenossen in dieser grandiosen Einsamkeit Schulter an Schulter. Kino und Kamera tun ihre Schuldigkeit, dann blicken wir stumm – jedes Wort jetzt wäre eine Entweihung – um uns herum und zu den unheimlich wallenden Wolkenmassen, die den Buckland umbrausen, hinüber.
Was geht dort bloß vor?
Oh, Monsignore de Agostini, der du so viel für die Kenntnis des Feuerlandes tatest, jetzt verstehe ich, was du empfandest, als du diesen Fjord entdecktest, der mit Recht deinen Namen trägt. Niemand hat so herrliche Worte für das Feuerland gefunden, so mit ganzem Herzen, ganzer Seele dieses alles hier empfunden wie du, im Geiste reiche ich dir dankbar die Hand.
„Herr Kapitän, da, schauen Sie dorthin, was kommt denn da aus den Wolken am Buckland heraus?"
Ich starre darauf hin, folge Dreblows ausgestreckter Hand, die Wolken dort, die wallen und brausen, stieben auseinander, teilen sich, ziehen sich wieder zusammen, fegen davon, plötzlich sind sie wie fortgeblasen – typisch für das Feuerland –, statt des Gewölks steht plötzlich mitten im leuchtend blauen Himmel, umstrahlt von der Sonne, ein ungeheurer Klotz aus leuchtendem, schimmerndem Eis. Wie ein Himmelskeil kommt er aus der blauen Flut herauf, es ist der Hauptgipfel des Monte Buckland, der sehr selten von Magallanes aus als eine feine, spitze, schimmernde Nadel zu sehen ist. In Wirklichkeit ist er aber ein mächtiger, aus einem einzigen Stück vielgefälteten Eises bestehender Keil.
Wie lange sind wir schon hier? Noch nie haben wir bisher diese vierte Spitze, den Kern des Monte Buckland gesehen, für mich ist dieser Himmelskeil unzählige Male schöner und großartiger als

der König der Berge, der Monte Sarmiento, obgleich er ja „nur" eintausendachthundert Meter hoch ist, aber als einziger freier Keil senkrecht aus dem Meere steigt. Er ist wie eine stolze Königin, die nicht zu ihrem Gemahl, gleich gegenüber, auf der andern Seite des Kanals, gelangen kann, aus Trauer darüber sind beide wohl immer verhüllt, schauen sich nur manchmal an, wenn die Sehnsucht sie überwältigt!

„Kommen Sie, Dreblow. Unsern Silberkondor klar! Den König begrüßten und bezwangen wir schon als erste Menschen, nun wollen wir mit unserm Flugzeug eine Brücke zwischen ihm und der Königin schlagen!"

Aufdröhnt die Luft in dem engen Bergkessel, wie ein losgeschnellter Pfeil saust die Maschine über das Wasser, nun löst sie sich spielend los, stürzt sich in den blauen Äther, wird gerüttelt und von Böen gepackt und zaust, in engen Spiralen muß ich mich zwischen diesen Gebirgen und Kanälen emporwinden. In mir singt und jubelt alles, wie gern liege ich wochenlang dort unten im Feuerlandsregen, um einmal dieses erleben zu dürfen!

Nun sind wir oben, klar liegt der Eiskeil vor mir, ich stürze darauf zu, gleite in Höhe der Eiszinne nur wenige Meter daran vorbei, oft muß ich das Flugzeug mit voller Verwindung und Gegenruder herumwerfen, so nahe bin ich dem Gipfel.

Da es gerade so schön ist und das „Torkeln" mit anbrechendem Abend aufhört, fliege ich gleich ein Stückchen weiter, überfliege den ganzen Agostinifjord, das Gebirge zwischen diesem und dem Gabrielkanal, hinüber zur Darwinkette, über den ganzen Martinezfjord, der wirklich und wahrhaftig keinen Kanal, keinen Durchlaß zum Beagle-Kanal hat, so sehr das auch erwünscht wäre. Die Wolken kommen wieder. Ehe sie sich schließen, bin ich nach unten durchgestoßen, werde gerüttelt von den üblichen Böen und Fallwinden, die sich hier zwischen diesem Gebirgs-und Kanalgewirr austoben, und deren Spielball – nicht Opfer, Gott sei Dank – wir sind. Leise setzen die Schwimmer auf, der Anker fällt, wir sind der Erde wieder zurückgegeben.

Monoton, mir ins Herz schneidend, trommelt der Regen wieder auf die Tragflächen meines Silberkondors, Tag um Tag, Nacht um Nacht. Morgens ist der Regen auf den Tragflächen zu einer dicken Eisschicht geworden.

Und wiedermal ist es Nacht.

Wir liegen frierend und bibbernd in unserm kümmerlichen Zelt, das diesen Namen gar nicht verdient, ich glaube, wir beide denken in diesem Augenblick dasselbe: „Wann kommt endlich unsere ‚Feuerland' wieder?"
Da, mitten in dunkler Nacht, Mitternacht ist's gerade gewesen – war das nicht eine Sirene?
„Dreblow, Compañero, Mann Gottes, die ‚Feuerland' kommt!"
Wir eilen in den Regen hinaus; da wir sowieso naß sind, ist das ja gleichgültig – wahrhaftig, da hebt sich ein weißes Gespenst von den Einfahrtsfelsen ab.
Dreblow springt ins Flugzeug, schießt einen weißen Signalstern, der wie ein leuchtender Komet in die Wolken des Regenhimmels steigt, taghell ist dann die Traumbucht erleuchtet – tatsächlich, da kommt meine gute, brave Holzpantine! Nun schießen auch sie weiße Sterne, wir antworten, nun rauschen Segel nieder, ein Anker poltert in den Grund, ein Boot kommt an Land, große, wilde Gestalten darin – Feuerlandspiraten, unsere treuen Fahrtgenossen!
Selten habe ich so schön geschlafen wie in dieser Nacht in der Traumbucht, in meiner kleine Koje, auf meinem eigenen Schiff, und sei es „nur" diese kleine Nußschale, die „Feuerland", die Holzpantine des Ozeans!

Der große Feuerlandsflug

Wieder rauscht der Regen, heult der Sturm, dann blitzt die Sonne auch mal durch – wir arbeiten.
Arbeiten unermüdlich, ab und zu geht die „Feuerland" allein auf Unternehmung, und wir bleiben einsam in unserm Zelt beim Silberkondor. Scheint die Sonne, kommt blauer Himmel, laufen wir ins Flugzeug und steigen auf. Sehr oft müssen wir wieder umkehren, denn inzwischen jagen neue Wolken heran, vergeblich ist's dann, zu kurbeln, die Wolken verdecken alles.
So vergehen die Tage, die Wochen, die – Monate.
Nur wer mit voller Hingabe an seiner Aufgabe hängt, wer rastlos, selbstlos, ohne um sich zu sehen, immer, jede Minute sprungklar ist, nur das Ziel vor Augen: die Aufgabe, die Arbeit, kann dies Leben hier aushalten und schön finden. Daß ich ausgerechnet so wackere, treue Fahrtgenossen und Mitarbeiter habe wie meine fünf um mich herum, macht mich glücklich und läßt mich immer wieder frohen Mutes sein.
Denn der beste Expeditionsleiter kann nichts anfangen, hat er nicht die richtigen Mitarbeiter!
Daß bei uns nicht ein einzigesmal ein böses, unzufriedenes, unfreundliches Wort gefallen ist, daß wir alle, ganz gleich, ob es wochenlang regnet und stürmt und schwere Arbeit zu leisten ist, ob auch viele, sehr viele Gefahren und Widerstände, wovon in diesen Zeilen nichts geschrieben wird, zu überwinden waren und lachend überwunden wurden, immer guter Laune sind, immer gute Kameradschaft gehalten haben, ist der größte Gewinn unserer Expedition.
Wieder einmal ziehen wir mit Schiff und Flugzeug durch unsern Agostinifjord, wir wollen noch einige Aufnahmen nachholen, andere vervollständigen, Kino und Kamera, Schiff und Flugzeug arbeiten ohne Ruh.
Vorsichtig steuert Christiansen zwischen den treibenden Eisblöcken hindurch.
„Sieh mal, was da auf dem Eisblock liegt", ruft Dreblow von vorne.
„Mensch, das ist Dreck!" sagt altklug Harry, der Schiffsjunge, der nunmehr Jungmann geworden ist.
„Dreck? Du bist wohl nicht ganz ohne, ein Felsblock ist's, der von einem Gletscher herabgerollt ist", meint Seppl Schmitt trocken.

Da schaut Christiansen aus dem Ruderhaus heraus. Wie immer sagt er zunächst gar nichts, ergreift das Zeißglas, schaut einen Augenblick durch und dreht dann hart mit dem Schiff auf diesen Eisblock zu. „Ein Seelöwe ist's!"
Nun muß auch ich über diese Behauptung lachen, aus nebelhaften Zeiten kann ich mich noch schwach an „Kaviar im Eisblock" erinnern, aber „Seelöwe im Eisblock" ist mir neu.
„Ein Seelöwe, Christiansen, ein toter Seelöwe? Wie soll der denn auf den Eisblock kommen?"
„Tot, Der lebt, der – schläft bloß!
Wir nähern uns vorsichtig dem schwimmenden Eis, auf dem langausgestreckt der dunkle Gegenstand liegt. Wirklich, es ist ein riesiger Seelöwe, bewegungslos, als sei er tot.
„Der ist festgefroren", meine ich, „der kann nicht wieder herunter. Garibaldi, schnell ins Kanu, den müssen Sie kurbeln!"
Als Garibaldi und Dreblow mit Harry zum Eisblock kommen, regt sich der tote oder festgefrorene Seelöwe, hebt faul den riesigen Kopf, richtet verträumt seine großen Kulleraugen auf uns, sträubt seine langen Barthaare, dann denkt er wohl bei sich: „Ihr könnt mir alle", legt sein Haupt auf sein kühles Kissen zurück und schnarcht laut und vernehmlich.
In der prallen Sonne strahlt die Wärme wie von einem Ofen zurück, ich kann mir denken, daß dieser einsame Bursche hier, der noch nie einen Menschen sah, sich ordentlich wohl fühlt in seinem Lager. Sein Körper hat sich wie in einem Gipsbett ein richtiges Lager in das Eis eingeschmolzen.
Das Boot ist auf einen Meter heran, die Kurbel schnurrt, der Seelöwe schnarcht und rührt sich nicht.
Als Harry ihn anstößt, damit er sich bewege, wacht der alte Herr auf, dreht den runden Kopf, kullert mit den viel zu großen Augen, öffnet seine drollige Borstenschnauze, bellt und grunzt, als wolle er sagen: „Mei Ruh will ich haben!", und – schnarcht weiter.
Nun gibt ihm Harry einen gehörigen Klaps mit dem flachen Riemen, der Seelöwe dreht uns mit einer unnachahmlichen Bewegung sein Hinterteil zu, ich fühle direkt, wie er dazu eine zwar landläufige, literarisch sogar dokumentierte, aber nicht gerade sehr gesellschaftsfähige Bemerkung brummt, dann rollt er sich träge wie eine dicke Walze aus seinem eingeschmolzenem Bett heraus, über den Rand herüber und plumpst ins Wasser.

Dann steckt er den dicken Kopf wieder heraus, bellt und grunzt uns grimmig an, was in der Seehundsprache sicherlich auch nicht sehr feine Worte sein mögen, krümmt den Rücken, tollt etwas umher und läßt uns dumme Menschen über ihn lachend zurück.

Im Weiterfahren lachen wir auch wirklich herzlich, nicht jeden Tag bekommt man Seelöwen in Eis serviert, nicht jeden Tag ein solches Geschenk für die Kinokurbel.

Wir nähern uns gegen Abend endlich dem Eingang zum Negrifjord. Das Flugzeug ist im Schlepp der „Feuerland", denn ich muß eisern sparen. Da der Flugmotor an die rund achtzig und mehr Liter pro Stunde gebraucht und hier unten ein Liter Brennstoff das Mehrfache von einem Liter Landwein kostet, fressen mich diese horrenden Unkosten nahezu auf.

So schleppe ich den Kondor, da die „Feuerland" sowieso hierher muß, und spare an die fünfzig Liter Benzin.

Als wir eben das Ende des Negrifjords erreicht haben, das Flugzeug, auf dem natürlich Dreblow und ich sind, losgeworfen ist, Dreblow den Anker schon klar hat, trifft uns plötzlich von draußen her ein furchtbarer Windstoß.

Heult mit unheimlicher Gewalt durch den schluchtartig engen Kanal, der von allen Seiten von riesigen Gebirgen, im Hintergrund vom Negri-Gletscher selbst abgeschlossen ist. Das Wasser des Kanals bedeckt sich im gleichen Augenblick mit weißen, wild um sich beißenden Schaumköpfen, das Flugzeug treibt motorlos mit großer Geschwindigkeit dem felsübersäten Strande zu, wo die Schwimmer rettungslos in der Brandung zerschellen müssen, wenn wir nicht vorher Ankergrund finden, der hier knapp ist. Im aufsprühenden Gischt gewahre ich noch, wie die „Feuerland" gegen den entsetzlichen Wind ankämpft, vergeblich sucht sie einen Ankerplatz, für sie gibt es jetzt keinen, das wissen wir von früher her.

Dreblow steht unten auf einem Schwimmer, auf meinen Wink wirft er schon weit vom Ufer entfernt unsern Flugzeuganker fort, steckt die ganze Leine aus und klettert dann zu mir auf die untere Tragfläche. Sintflutartig gießt plötzlich der Regen herab und hüllt alles in undurchdringliche Schleier.

Wir starren auf diesen Höllenpfuhl. Wir sind doch schon manches im Feuerland gewöhnt, aber daß das eben noch so friedliche Wasser sich im Bruchteil einer Sekunde, so ganz ohne Ankün-

digung, ganz grundlos (das heißt Grund wird schon da sein, wir kennen ihn bloß nicht!) in dieses Chaos verwandeln kann, das ist uns neu! Und wenn wir jetzt in der Luft wären? Plötzlich – nach einer Ewigkeit für uns – ruckt das Ankertau mit aller Macht ein, das Flugzeug nimmt die Nase in den Wind, der Anker hält, wir sind höchstens noch drei Meter vom Felsenstrand entfernt.
Der Regen drischt, der Wind heult, naß wie Fischottern verkriechen wir uns unter die Tragflächen, wo mag bloß die arme „Feuerland" sein?
„Schicksal, gutes Schicksal, du meinst es ja wieder mal gut mit uns, der liebe Gott hat auch diesmal wiederum eingegriffen, wie danken wir dir!"
Mit der gleichen Plötzlichkeit, wie diese furchtbare Sturm-Fall-Regenbö (das war sie nämlich alles gleichzeitig zusammen!) gekommen ist, ist sie vorübergerauscht, über den Negri-Gletscher hinweg, durch diese Schlucht hindurch, wer weiß, wo sie jetzt Unheil anstiftet.
Die Sonne scheint wieder, die „Feuerland" kommt wie eine besorgte Glucke zu uns herangebraust, oben steht Christiansen mit dem Zeißglas. Als er uns heil gesehen hat, dreht er sich stumm um und geht ans Ruder zurück.
Eine winzig kleine, traumhaft schöne Bucht, umstanden von Bäumen, die Jahrhunderte alt sein mögen, nimmt uns auf. „Feuerland" und Flugzeug werden ganz dicht unter Land mit Leinen, die wie Spinngewebe nach allen Seiten gehen, an den Bäumen „festgebunden", hinter der „Feuerland" läuft sogar ein sprudelnder Quell die Felsen herab, wir bringen einen Schlauch dorthin aus, der Quell fließt direkt an Oberdeck der „Feuerland" – ja ja, man wird helle hier unten am Ende der Welt.

*

Wie eine Wand steht hinter drei vom Urwald völlig verfilzten Endmoränen, die zu überwinden kaum möglich ist, getrennt vom Spegazzini-See, der Negri-Gletscher, einer der allerschönsten, wenn auch bei weitem nicht größten des Feuerlands.
Mit Gummiboot auf dem Rücken, mit Kinos und Kameras und Proviant haben wir uns mühselig an der einen Seite der Schlucht

durchgeschlagen, haben den Negri-Gletscher glücklich erreicht und das Kanu ins Wasser gebracht. Die ersten Europäer, wenn nicht gar die ersten Menschen überhaupt, fahren auf dem Spegazzi-See. Kurbel und Kamera tun ihre Arbeit.
Ein Feuerlandfuchs kommt aus dem dichten, hellgrünen Urwald, läuft harmlos auf uns zu, schaut uns mit schiefem Kopf, plötzlich erschreckend und die Rute tief gesenkt, an. Der sah bestimmt noch niemals Menschen. Schnauf muß natürlich auf ihn zujagen, lange hören wir noch das wütende, vergebliche Gebell unseres wackeren vierbeinigen Freundes durch Wald und Gletscher schallen.
Dann ist die Arbeit fertig. Hunderte von Metern wurden von diesem einzig dastehenden Naturwunder gekurbelt, wir kehren singend und froh gelaunt an Bord zurück, werfen von unsern freundlichen Urwaldbäumchen los und fahren klein und bescheiden, doch im Herzen dankbar, zu unserm Traumhafen am Fuße des Buckland zurück.

*

Und endlich ist er da, unser großer Tag!
Wohin ist die Zeit bloß geflohen, wir schreiben ja schon Februar 1929!
Mein unbestimmbares, nie trügendes inneres Gefühl ruft mich auch diesmal, ich wache von einer unbewußten Macht getrieben auf, geh an Deck, es ist erst fünf Uhr früh – leuchtend klar wölbt sich der Himmel über uns im neuen Morgenschimmer.
Da weiß ich es: unser Tag ist da!
Ich laufe nach vorn und brülle ins Logis hinunter: „Alle Mann auf, es ist so weit!"
Zehn Minuten später stehen wir alle an Deck, blicken staunend zu dem noch so absolut wolkenfreien Himmel empor, zum Buckland, der sich bis zu uns widerspiegelt, zum Sarmiento, dessen beide äußerste Zackenspitzen eben über dem Berg sichtbar sind, kein Lufthauch regt sich, welch köstlicher Morgen, für solch eine Stunde liegen wir alle gerne noch viele Wochen in Sturm und Regen.
Nun dreht sich schon der Propeller, die Maschine ist restlos aufgefüllt, mein braver Dreblow prüft gewissenhaft den ganzen Vogel

nochmal ab, einen Augenblick muß ich noch warten, denn die Sonne muß erst über den Monte Sella kommen, um die Eisschicht von den Tragflächen meines Silberkondors abzuschmelzen. An dessen Nordhang entdecken wir übrigens auf halber Höhe einen reizenden kreisrunden See.
Nun ist die Sonne da, läßt Eis und Tragflächen rosig aufleuchten, tropfend löst sich das Eis auf, klatscht als Perlen nieder, nun sind die Schwingen eisfrei.
Brummend rolle ich zur Bucht hinaus, durchschneide mit meinem Kielwasser die Widerspiegelung des Buckland, die so natürlich ist, daß ich unwillkürlich das Gas weggenommen habe. Garibaldi steht längst mit Kinos an Land und hat diesen ganzen wunderbaren Vorgang, die Holzpantine daneben, gekurbelt.
Spielend heben wir uns vom Wasser, obwohl wir ungewöhnlich schwer beladen sind, spielend gewinne ich Höhe, das Land fällt unter uns fast weg; als ich zweitausend Meter hoch bin, schaue ich mich erst um.
Wie ein unvorstellbar schöner Traum, völlig wolkenfrei unter leuchtend blauem Himmel, an einem Meer, das an der Riviera nicht schöner sein kann, liegt vor und unter mir das ganze, in Eis und Schnee und Gletschern und grünen Wäldern schimmernde und glitzernde Feuerland!
Da liegt das Buckland-Massiv. Die Königin mit unverhülltem Haupt schaut sehnsüchtig zu ihrem König. Da steht auch der wie eine himmlische Gralsburg, getrennt von der Königin nur durch einen Kanal, ein paar lumpige Kilometer, welche Sehnsucht muß sein altes Herz fassen, wenn er die Königin in all ihrer Pracht erblickt. Ich kann verstehen, daß er vor Gram des vergeblichen Sehnens stets sein Haupt verhüllt.
Da liegt aber auch wie hingegossen, in wunderbarsten Farben schillernd, der ganze Agostinifjord. Heute sind nicht nur die abschließenden Gletscher im Hintergund zu sehen, sondern auch der gewaltige Monte Darwin selbst, von dem aus diese Gletscher kommen.
Und da ist sie, in ihrer grandiosen, überirdischen Gestalt – die ganze Darwinkordillere selbst, das Rückgrat des Feuerlands, das Ende der amerikanischen Festlandskordillere, die etwas weiter endgültig in die grausige Tiefe des Südmeeres verschwindet.

Dreblow hinter mir arbeitet fieberhaft mit Kino und Kamera, könnten wir doch auch all diese Farben mit in unsere Kästen einfangen! Ich umfliege den Buckland und den Sarmiento, überfliege den Agostinifjord immer und immer wieder in den verschiedensten Höhen, und als alle Filme belichtet sind, sause ich schnell in die Traumbucht. Neue Filme werden eingelegt, schon bin ich wieder in der Luft und habe mein Flugzeug rumgeworfen.
Der große Transfeuerlandflug, vom Monte Sarmiento im Westen bis nach Ushuaia im Osten, den auch nur auszudenken niemand vor mir gewagt hat, ist angetreten.
Wie soll ich das beschreiben, was wir nun erleben, wie Worte dafür finden? Ich kann es einfach nicht, vielleicht zeigt unser Film etwas davon, der aber auch nur ohne diese unwiedergeblichen Farben.
Jetzt schweben wir bereits über dem Feuerland selbst, mitten über der sonst fast nie sichtbaren Darwinkordillere. Wir erblicken etwas, das vor uns noch nie ein Mensch erschaut hat. Es ist doch ein wunderbares Gefühl, als erster etwas zu sehen, das seit Beginn der Welt in Geheimnis gehüllt gewesen ist!
So weit das Auge reicht: Eis, Eis, riesige Schneehalden und wild zerklüftete Bergmassen, nach allen Seiten rinnen Gletscher, hier und da leuchten unbekannte kreisrunde Seen, viele von ihnen sind mit Treibeis von Gletscherbrüchen bedeckt, andere sogar noch vollkommen zugefroren. Wie ein ungeheurer Riegel schiebt sich dann ein Gebirgskamm wie ein einziges Stück leuchtendes Eis in den Weg: der Monte Darwin, das Haupt dieses Rückgrates.
Als ob man eine große Tüte riesiger Kristallzuckerwürfel ausgeschüttet habe, so liegt das ganze Gewirr von Bergen unter uns. Etwas Wilderes, Zerklüfteteres kann man sich selbst in der Phantasie nicht vorstellen, die Wirklichkeit unter uns ist größer, ist erschütternd!
Eis, Eis, Gletscher an Gletscher, furchtbare Schründe und Hänge, hier und da blitzende Seen, scharf abgegrenzt Sarmiento, Buckland, Darwin, östlich vom Darwin geht in Nordsüdrichtung ein ungeheures Tal, vom Parryfjord im Norden bis zum Beaglekanal im Süden reichend. Es ist ausgefüllt mit Eis und Schnee. Sowohl von den Flanken des Darwin wie von den anschließenden Höhenzügen östlich davon rinnen die phantastischsten Gletscher wie ungeheure breite Ströme, sie vereinen

sich, sie spalten sich, sie rinnen nach allen Himmelsrichtungen davon, hier und da ins Meer, an anderen Stellen, mitten im Lande, als Inlandsgletscher endend. Schwarze Schuttstreifen durchziehen hin und wieder dies leuchtend blau-grüne, zerrissene Eis, wieder und wieder kleine Seen, es ist erstaunlich, wieviel kleine Binnenseen es innerhalb der Darwinkordillere gibt.

Ich bin jetzt dreitausend Meter hoch, nur wenig höher als die höchsten Gipfel, über die wir in rasender Fahrt hinwegbrausen und dröhnen. Um uns herum nichts wie Eis und Schnee und wildestes Hochgebirge. Herrgott, geht es mir eine Sekunde durch den Kopf, wenn jetzt unser Motor aussetzte!

Da schaue ich auf unsern braven Motor, der immer noch gleichmäßig sein monotones Lied singt, überschaue die Schwingen meines Silberkondors, die im Sonnenlicht glänzen und strahlen, schaue hinter mich, wo Dreblow in aller Ruhe seine letzte Filmrolle einlegt und die letzten Aufnahmen macht, denke an das gütige Geschick, das uns bisher so treu war und uns treu bleiben wird, und werfe das Flugzeug dicht über dem Monte Italia herum. Unter mir liegt, schöner, als es je an der Riviera sein kann, der heute blaue Beagle-Kanal, da rinnt der Italia-, da der Frances-Gletscher, unser Freund, mit der schönen geschützten Bucht, in der wir Indianer waren. Ich schaue auf meine Uhr, wir sind schon wieder viele Stunden in der Luft.

Noch einmal werfe ich einen Blick um mich herum, sehe den Sarmiento, den Buckland in der Ferne, dahinter schimmert der Stille Ozean, sehe im Süden das Kap Horn – praktisch genommen, übersehe ich eigentlich das ganze Feuerland an diesem Tage und aus dieser Kondorhöhe. Doch im Nordwesten braut sich wieder was zusammen, dicke Wolkenballen jagen schon heran, ich drehe ab, ostwärts den Kurs.

Plötzlich torkeln wir wieder wie wahnsinnig, nachdem wir heute stundenlang ruhig geschwebt haben, wir haben die Wetterscheide zwischen Darwinkordillere und Valdiviakette erreicht. Ich drücke die Maschine, so viel ich kann, und lasse sie der Erde zurasen.

Da liegt auch sich das kleine Ushuaia unter mir, ich gehe ganz tief herunter und umkreise den kleinen Ort wieder und wieder. Die ganze Bevölkerung steht draußen und jubelt uns zu, die Gouverneursgattin winkt schon mit leuchtendem rotem Klatschmohn,

dem Stolz ihres Gärtchens hier am Ende der Welt. Nun gleite ich hinab, sanft setzen die Schwimmer auf.
Dreblow und ich fallen uns in die Arme, das heute war der bisherige Höhepunkt in unserm Leben!

Die Lage der argentinischen Stadt Ushuaia an einer Ausbuchtung des Beagle-Kanals zwischen Feuerland und der im Süden gegenüberliegenden Insel Navarino. Das ,,Museo Territorial'' von Ushuaia bewahrt ebenso — mit einer ganzen Museumsabteilung — das Andenken an den (in Argentinien mit zwei Denkmälern geehrten) Feuerland-Flieger wie das Patagonische Institut von Punta Arenas/Chile, in dem die Überreste des ,,Silberkondors'' an die Erforschung Feuerlands und Patagoniens aus der Luft erinnern. In Ushuaia gibt es eine Avenida Gunther Plueschow, außerdem wurde kürzlich der argentinische Flughafen El Calafate nach dem berühmten deutschen Feuerland-Flieger benannt.

Feuerlands-Abschied

Holzpantine und Silberkondor liegen klar, voller Spannung hier am äußersten Zipfel der Welt, vor deren südlichster Stadt, dem kleinen Ushuaia, dem „Regierungssitz" von Argentinisch-Feuerland.

„Sie kommen!" ruft der Ausguck soeben. Hinter den Inseln, die die Ushuaia-Bucht so wunderbar gegen die ewigen Weststürme schützen, schieben sich zwei dunkle Kolosse hervor mit weiß leuchtenden Schornsteinen und roten Ringen: deutsche „dicke Brüder" der „Feuerland".

Da springen Dreblow und ich in mein Flugzeug, Christiansen stellt den Motor der Holzpantine an, und als die beiden wunderschönen deutschen Musikdampfer der Hamburg-Süd, die „Monte Olivia" und „Antonio Delfino", mit rauschender Bugwelle und weithin leuchtendem Kielwasser in die Bucht einlaufen, erfüllt mein Flugmotor die heute so stille und schöne Sonnenscheinluft mit seinem Gebrüll. Wie eine Möwe, so leicht und elegant, hebt sich mein Silberkondor vom Wasser.

Nun habe ich die beiden deutschen Schiffe erreicht, nun umkreise ich sie, gehe ganz dicht neben ihnen im Gleitflug runter, gebe wieder Gas, umwirbele diese beiden Kolosse, Dreblow wirft Blumen und Begrüßungsbriefe des Gouverneurs hinab. Da kommt aus der Bucht ein Fahrzeug, wie ein Rettungsboot dieser beiden Dampfer sieht es nur aus, weiß schimmert seine Farbe, an der Gaffel weht aber dieselbe stolze Flagge wie auf den beiden „dicken schwarzen Brüdern", dieselben Farben, die zerzaust vom Luftstrom auch an den Steigern meines Flugzeuges flattern. Die kleine „Feuerland" und der „Silberkondor" begrüßen ihre Brüder, deutsche Begegnung am Ende der Welt.

Von den Dampfern wird gewinkt, die Sirene der Holzpantine heult schrill auf, dumpf dröhnen die Heuler der großen Dampfer. Ich gebe meinen Gruß durch dreimaliges Ab- und Anstellen des Flugmotors, dann landet der Silberkondor sanft vor seiner Boje, geht die Holzpantine wieder auf ihren Liegeplatz, rasseln die mächtigen Anker der beiden deutschen Dampfer in den Grund.

Ein paar Stunden wieder auf schmuckem, blitzsauberem deutschem Schiff, voller Gastlichkeit und Freundschaft. Wir Feuerlandspiraten kommen uns ganz eigenartig vor, als wir in unseren

nicht gerade eleganten „Päckchen" zwischen all diesen fein geschniegelten und angezogenen Menschen sitzen.
Dann rauschen die Schiffe wieder hinaus, nur ganz kurz ist ja diese Fahrt zum Feuerland. Im Feuerland selbst kaum mehr als ein einziger Tag! Sirenen und Heuler dröhnen. Flaggen gleicher Farben senken sich brüderlich voreinander, Tausende von frohen glücklichen Menschen, die dankbar sind, daß sie durch diese schönen „Musikdampfer" wenigstens einen Blick ins Feuerlandsparadies haben tun dürfen, kehren zur Arbeit, zur flachen argentinischen Pampa, zur Hitze Brasiliens zurück.
Schmunzelnd kommt Christiansen, mein trefflicher, an alles denkender Steuermann, zu mir, holt mich in unsere kleine Proviantlast, wo plötzlich einige wunderschöne Würste hängen, wo tadelloses deutsches Schwarzbrot liegt, wo neue Konservendosen stehen, sogar ein großer Topf weiße Farbe, ein Stück dicke Kokosnußtroß, die wir schon so lange und so dringend nötig hatten, auch sehr wichtige „gewisse" runde Papierrollen sind wieder da. Dank euch, ihr guten, mitfühlenden „dicken Brüder"!
Nun läuft auch die Holzpantine aus.
Nicht ganz so imposant zwar wie die beiden Freunde vorhin, aber sicher nicht weniger stolz. Und wenn ich heute wiederum gefragt würde, ob ich lieber Gebieter auf so einem großen Riesen oder Kapitän (Der Olle, wie ich hier an Bord nun mal heiße!) und Eigner meiner kleinen Holzpantine und meines Silberkondors sein möchte, ich würde mich immer noch nicht einen Augenblick besinnen und dankbaren und freudigen Herzens auf meine Nußschale steigen.
„So, Dreblow, die Pantine ist fort, das Wetter scheint ja endlich mal wieder gut zu sein, nun wollen auch wir zum Kap Horn!"
Der Motor dröhnt und brummt und lockt die Bevölkerung aus den Häusern. Es ist schnell bekanntgeworden, daß wir als erste Menschen wagen wollen, zum Kap Horn zu fliegen. Man will sich diesen „historischen" Augenblick nicht entgehen lassen, in der kleinen Kirche wird sogar ein Bittgottesdienst für uns abgehalten!
Wie immer, wenn wir fliegen, steht die Bevölkerung in erregter Debatte am Ufer versammelt. Sie können es nicht begreifen, die Guten, daß wir wie etwas Selbstverständliches in die Luft hinauf-

steigen, uns spielend über die ihnen unfaßbare, unheimliche, grausige Gletscherwelt erheben und kreuz und quer darüberfliegen. Daß wir jetzt aber auch noch zum Kap Horn wollen, zu diesem historienumwobenen Ort der Stürme und furchtbaren Wellenberge, das ist ihnen unfaßbar.
Als ich langsam zur Startstelle rolle, umspielen und umtanzen uns lustige Delphine, wirbeln wie in ausgelassener Freude um die Schwimmer herum, aus dem Fenster der Gouverneurswohnung winkt der Gouverneur mit seiner schönen Gattin uns mit roten Mohnblumen zu. Nun brüllt der Motor auf, wie ein Renner schießen wir übers Wasser, einen Augenblick kommen die spielenden Delphine noch mit, dann geht ihnen die Puste aus, wir reißen uns vom Wasser los, ich werfe das Flugzeug rum – Richtung Kap Horn!
Da liegt schon die große zu Chile gehörende Insel Navarino, die den Stillen Ozean und Atlantik von der geschützten Ushuaia-Bucht fernhält. Einige Menschen hausen dort einsam und weltvergessen, züchten Schafe. Wie zu einem Wunder blicken sie zu uns empor.
Und nun haben wir es vor und unter uns, dies unendliche, bis zum Südpolareis reichende, unheimliche Meer.
Hier vermählen sich Stiller Ozean und Atlantik, unvorstellbar groß ist diese Wasserwüste, sie hört erst auf, wenn sie mit Donnergebrüll gegen das unermeßliche Eis des sechsten Erdteils brandet.
Meine Nerven, meine Sinne sind gespannt zum Bersten, ein eigenartiges Gefühl ist es doch, zum Kap Horn unterwegs zu sein, als erster Mensch im Flugzeug.
Vor drei Jahren, bei meiner Segelfahrt ins Wunderland, lernte ich dieses Kap auf der Viermastbark „Parma" kennen. Wie oft stand ich damals neben Käp'n Töpper, wenn er lachend sagte: „Na, haben Sie noch nicht genug von dieser Gegend, wollen Sie immer noch ins Feuerland?" Hätte ich ihm damals gesagt, daß ich sogar über dem Kap Horn fliegen würde, ich glaube, er hätte mich über Bord geworfen!
Links vor mir heben sich aus dem Dunst plötzlich einige Inseln hervor, auf der äußersten dieser Inseln liegt das Kap Horn.
Ich werfe aber mein Flugzeug nach Steuerbord herum, dort liegt die große, unbewohnte, von Gebirgen durchzogene Insel Hoste. Ihre äußerste, weit ins Meer reichende Spitze, die Halbinsel

Hardy, birgt das nicht weniger bekannte und berüchtigte „falsche Kap Horn".
Dröhnend bricht sich die Brandung dort unten gegen die Felsen. Wenn sie jetzt schon, bei diesem „ruhigen" Wetter so poltert, wie mag es erst sein, wenn die Stürme heulen! Unten auf den Steinen – ich fliege jetzt keine zweihundert Meter hoch – wälzen und rekeln sich Tausende von Seelöwen. Hier sind sie so ziemlich vor allen mordenden Menschen geschützt, sie fühlen sich sichtbar wohl in der matten, durch unheimliche Dunstschleier blickenden Sonne. Jetzt aber heben sie erschrocken ihre Körper und schauen zu dem neuen Zeitalter empor, das soeben dicht über ihre Mähnenköpfe donnernd hinwegbraust.
Doch halt, was ist denn das? Ich werfe mein Flugzeug nochmals rum, umkreise ganz dicht das falsche Kap Horn – da unten steht ja ein Mensch und winkt!
So tief ich kann, gehe ich nun herunter, will mir dieses Fabelwesen genau ansehen, auch Dreblow steckt fast seinen ganzen Körper aus dem Flugzeugrumpf heraus.
Dort ist dieser Mensch wieder! Es ist Garibaldi, mein Kameramann, den die „Feuerland" hier zu Filmaufnahmen aussetzte!
Da muß ich doch lachen, werfe das Flugzeug wieder nach See herum, als ich nach Süden und Westen schaue, bleibt mir doch einen Augenblick der Atem stehen.
Von dorther kommt es herangewallt in eklen Schwaden, Schaumköpfe bedecken plötzlich das Meer, Nebel, Wolken umhüllen das Flugzeug, es torkelt und schwankt – was will das Kap Horn von uns?
Ich gehe runter, so tief ich kann, ich will zum mindesten etwas sehen!
Da jagen sie heran, düstere Wolken, angeführt durch drei kleine ekelhaft schwefelgelb aussehende Wölkchen. Was bergen sie, was kommt nun?
Soll ich umdrehen, jetzt, wo ich dem Ziele, dem Kap Horn, schon so nahe bin?
Ich beiße die Zähne zusammen, lasse den Motor laufen, was er nur hergeben kann, laß die Maschine bocken und torkeln und fege gerade eben über einen kahlen Felsrücken, der zu irgendeiner der Hermit-Inseln gehört, hinweg. Regen umsprüht uns, ich kann kaum noch die Steiger der Tragflächen neben mir erkennen.

Ich bin nur noch fünfzig Meter hoch, unter mir die unendliche Wüste unzähliger Ozeane, um mich herum Regen, Gewölk, Nebel, Sturm, wenn jetzt der Motor aussetzte!
Da jagen die Wolken weg, schnell wie das Unwetter gekommen ist, ist es auch schon vorüber. Das heißt in diesem Falle: wir sind aus ihm herausgeflogen. Armes Segelschiff, das nun dort hinter uns bleiben und kämpfen muß!
Das Kap Horn liegt plötzlich vor uns.
Da jubele ich in meinem Innern doch auf, ich sehe zu meinem Begleiter hinter mir, der fieberhaft mit Kino und Kamera arbeitet, sehe, wie seine Augen hinter den großen Brillengläsern leuchten, wie dankbar bin ich in diesem Augenblick meinem Schicksal, daß es einem Deutschen vergönnte, hier zum ersten Male zu fliegen.
Schäumende Brandung umtobt das Kap, es fällt steil ins Meer wie ein hohes Vorgebirge, nur wenige Meter über der Kaphöhe brausen wir dahin. Als ich nach unten sehe, stehen dort wieder Menschen, sie pflücken Blumen, winken lachend zu uns herauf. es sind meine Fahrtgenossen der „Feuerland", hinter der Insel, in einer geschützten Bucht, liegt auch die Holzpantine.
Die Holzpantine und der Silberkondor am Kap Horn!
Da werfe ich lachend mein Flugzeug rum, nehme Kurs über die ganzen Inseln hinweg, direkt auf Ushuaia zurück. Das Unwetter, das hinter uns langsam, aber sicher heraufzieht, kann uns nichts mehr antun. (Einige Wochen später sollte wieder mal ein gutes Segelschiff mit seiner wackeren Besatzung das Kap Horn von der bösesten Seite kennen lernen – die „Pinnaß", die alle Masten verlor und nun dort unten auf dem Meeresgrund ruht).
Nun strahlt die Sonne wieder, nun liegt in wunderbaren Farben die Insel Navarino unter mir, vor mir türmen sich die Kordillerenketten, links leuchtet das Eis der Darwinkordillere, ich stelle den Motor ab, gleite dicht über dem Gouverneurhaus von Ushuaia nieder, sanft setzt der Silberkondor auf dem Wasser auf, – der erste Kap-Horn-Flug ist beendet.
Dann kommt bald die Holzpantine wieder, sie und der Silberkondor machen sich wieder reiseklar. Abschied gilt's endgültig vom Feuerland!
Gerade als Dreblow und ich im Flugzeug sitzen, der Propeller schon langsam dröhnt, Dreblow die Festmacheleine loswerfen und ich starten will, kommt eine schwere Sturmbö herangebraust,

fegt über uns und die Bucht hinweg. Regen strömt hernieder, das Wasser der sonst so stillen Bucht ist plötzlich zum Hexenkessel geworden, naß wie die Ratten kehren wir auf unsere Holzpantine zurück. Wieder mal muß das Flugzeug dies Unwetter, diesen Regen völlig ungeschützt an seiner Boje abreiten.
Nach drei Tagen ist es aber endlich so weit, das Wetter hat sich ausgetobt.
Es fällt mir schwer, das Feuerland verlassen zu müssen, unendlich schwer. Ein Lebensabschnitt liegt damit wieder hinter mir, eine ganz große Episode meines stets bewegt gewesenen Lebens. Wie entsetzlich schnell rast doch die Zeit dahin, entschwinden die Lebensjahre!
Nicht weich werden, so ist das Leben eben – glücklich, wer so viel davon haben kann, wer es so erfassen darf wie ich!
Die ersten Sonnenstrahlen treffen eben die Silberschwingen meines Silberkondors, da gebe ich Vollgas, rase über die stille blaue Fläche, reiße mich heraus aus ihr und stürze mich in das andere, heute nicht minder schöne Element. Die Maschine steigt, daß es direkt ein Vergnügen ist, ganz klein liegt dort unten bereits das gastliche Ushuaia, die südlichste Stadt der Welt, dort zieht auch schon ein winziges Schifflein einen Silberstreif durchs Wasser – die kleine „Feuerland"!
In wunderbarer Ruhe schweben wir im Flugzeug dahin, unten, tief im Tale treffen gerade die ersten Sonnenstrahlen das kleine Städtchen. Ich winke stumm hinunter, dann werfe ich das Flugzeug auf Nordkurs. Ich bin gerade etwas höher als der höchste Berg dieses Teiles des Feuerlands, der Monte Olivia. Mit mächtigem Gebrüll brause ich ganz dicht über die wild zerklüfteten Gebirgszüge hinweg. Mit unsern Schwimmern berühren wir beinahe die Bergzinnen unter uns. Sie und die Täler, der dichte Urwald, die hier und dort eingestreuten Bergseen sind greifbar nahe, dort blitzt auch schon der langgestreckte Fagnanosee, nun sind wir über seinem spiegelglatten blauen Wasser. Wir haben damit eine völlig andere Welt erreicht. Hier ist plötzlich vor mir und links von mir der ganze Himmel blau und völlig wolkenrein, hier links dehnt sich das ganze Feuerland mit seinen Zacken und Eiszinnen, hinter mir ist das Kap Horn, dort hört die Weltgeschichte auf. Vor mir kann ich schon die Höhenzüge des Festlandes erkennen, so rein und klar ist an diesem unserm letzten Feuerlandsmorgen die Luft.

Das Feuerland will uns wohl den Abschied besonders schwer machen, daß es heute so greifbar nahe vor uns liegt und uns winkt!
Ich werfe das Flugzeug nach Backbord und rase auf die Eisdome zu.
Nun kommt die Darwinkordillere uns schon entgegen, diesmal sind wir aber nördlich von ihr. Bei dem großen Feuerlandflug kamen wir ja von der anderen Seite, vom Beagle-Kanal. Unter uns dehnen sich dunkelblau und wie Spiegel die Kanäle, riesige Eisblöcke schwimmen darin, die Gletscher strömen funkelnd durch die grünen Wälder und stürzen in dieses Blau hinein, da direkt unter uns liegen auch einige kleine Häuschen. Es sind unsere Freunde, die einsamen Feuerlands-Deutschen, denen zum Gruß ich einige Male dies kleine Anwesen umkreise.
Vorbei, vorbei! Ein neues Gewirr von Kanälen, dort liegt der Parry-Fjord eben unter uns, wir schieben uns dem Hauptgipfel des Monte Darwin selbst entgegen. Er besteht aus mehreren Gipfeln, von denen es schwer zu sagen ist, welcher der gewaltigste, der höchste ist. Vorbei, vorbei! – Vorbei auch der Todesschlaf dieser Natur hier, die ihn schlief seit Erschaffung der Welt, bis wir mit unserm Flugzeug kamen und darüber hinwegbrausten und donnerten!
Da schaut auch wahrhaftig das königliche Paar hüllenlos grüßend zu uns herüber, der König Sarmiento und die Eiskönigin Buckland, wir grüßen stumm hinüber, nun beziehen sie sich wieder mit ihren dichten Schleiern.
Dreblow hinter mir hat mit dem „Kino" tüchtig gearbeitet, nun haben wir auch die Darwinkordillere leuchtend und klar von der Nordseite her auf unserm Filmband.
Nun tauchen die Eiszinnen und Gletscher unter, Urwald und Inseln tauchen dafür auf, rechts wird das Feuerland schon zum Flachland, zur Pampa, links neben uns liegt die Insel Dawson wie ein einziger grüner dichter Waldteppich.
Da ist auch schon Pto. Harris, ein kurzer Zug, der Motor säuselt leicht, die Schwimmer setzen auf, ich nehme mein Benzindepot an Bord, nehme Abschied von Frau Morrison – und schon geht's weiter, immer weiter.
Nun brause ich in ganz geringer Höhe über das Nordende der Insel Dawson, unter uns werden gerade einige tausend Schafe

zur Schur zusammengetrieben. Voran reitet Mr. Morrison selbst, im Kreise die wilden Schäfer, unsere Freunde. Als wir nur rund fünfzig Meter über dieser Riesenherde hinwegdonnern, bekommen sie es mit der Angst, nach allen Seiten laufen die Tiere auseinander, nur Morrison dort unten droht verzweifelt, aber lachend mit der Faust. Nun nüssen sich die Braven wieder abrackern, die Schafe von neuem zusammenzutreiben.
Da taucht auch schon Magallanes aus der Flut, eine schöne Ehrenrunde in vollstem Sonnenschein, dann schweigt der Motor, der Silberkondor schwebt aus, birgt die Flügel, das Feuerland liegt endgültig hinter mir!

*

Telegramme vom Ullsteinhaus rufen mich zwingend nach Hause zurück. Soll die Arbeit meiner langen Reise überhaupt noch einen Wert und Erfolg haben, muß ich heim.
Da muß ich alle meine persönlichen Wünsche zurückstellen, muß auf die Heimfahrt mit der „Feuerland" verzichten, die ich so gerne ausgeführt hätte, aber auch wenn ich jetzt nach Hause komme, bin ich schon fast zwei Jahre unterwegs. Das entsetzlich schlechte Wetter dieses Jahres hat eben alle meine Pläne, all meine Berechnungen glatt über den Haufen geworfen.
So muß ich mich, die vorliegenden Gründe als absolut berechtigt und zwingend einsehend, fügen und mich schweren Herzens von der braven alten Holzpantine trennen. Bei einer Expedition darf man keine persönlichen Wünsche haben.
Ihre Aufgabe hat die „Feuerland" sowieso glänzend und restlos erfüllt. Ohne Holzpantine wären unter anderem meine Feuerlandflüge gar nicht möglich gewesen. Der Abschied von meinem kleinen Schiff, von einem Teil meiner wackeren Fahrtgenossen fällt mir unsagbar schwer.
Es findet sich gerade ein Käufer, der das Schiff für die Falklandinseln braucht, da schlage ich es los.
Christiansen bleibt als nunmehriger Kapitän an Bord, Seppl Schmitt als Steuermann, Harry fährt nach Hause. Garibaldi und Dreblow gehen noch weiter mit mir, ich habe noch eine letzte Aufgabe zu erfüllen, wir ziehen nach Patagonien!
Da wird Abschied von Freunden, namentlich vom gastlichen Hause Witt genommen, da werden Hände gedrückt, Tücher geschwenkt, die Sirene heult – leb wohl, brave Holzpantine des Ozeans.

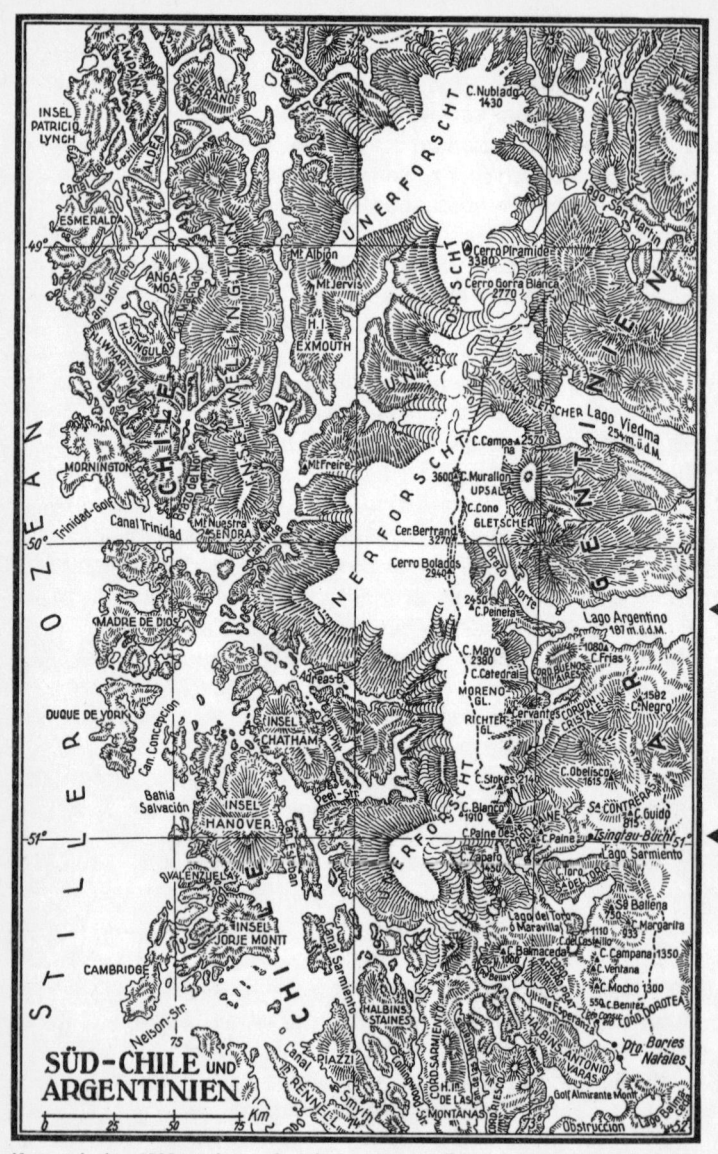

Karte mit den 1928 noch unerforscht gewesenen Teilen Patagoniens. Die Pfeile zeigen auf die Tsingtau-Bucht und den Lago Argentino.

Kordillerenflüge

Wir stehen auf der höchsten Spitze des breiten Bergrückens des Cerro Toro, ungeschützt dem zerrenden und brausenden Sturmwind ausgesetzt, mitten in Patagonien, am Ostabhang der Hochkordillere, die sich hier nach der Pampa zu verläuft.
Mein deutscher Pampafreund Richard Lauezzari und ich.
Unsere Pferde und die unserer Begleiter, die bei den Windstößen oft drohten, die Abhänge herabgeschleudert zu werden und die mühsam mit uns und ihren Lasten gegen den Sturm angekämpft hatten, stehen bereits in einer Mulde. Nur ihre zottigen Mähnen, die der Wind gerade noch erreicht, wehen wie die Pferdemähnen apokalyptischer Reiter, wie drohende Fanale.
Ich habe meinen großen Kinoapparat aufgebaut, dessen Stativfüße von meinen Begleitern mit wahrer Todesverachtung gehalten werden. Ließe nur einer los, heidi Kino!
Neben mir steht groß und stark mit seiner mächtigen Gestalt Lauezzari und hilft mir beim Kurbeln.
Wie ein kühner Traum breitet sich vor unseren Blicken eine unerhört wilde Landschaft aus. See an See, in verschiedensten Farben, die Hochkordillere in phantastischen Türmen und Zinnen, riesenhafte Gletscher leuchten und schimmern. Wie ein überirdischer Koloß, aber direkt vor unseren Füßen, jenseits des Sees bis zum Himmel aufwachsend steht ein Berg, ein Gebirgsstock, den nie ein Mensch vergessen wird, der ihn einmal geschaut.
Wie traumverloren starre ich zu diesem Riesen hinüber. Es ist der Cerro Paine, ein Gebirgsmassiv, das auch heute noch, selbst geologisch, die größten Rätsel aufgibt, das, wie die ganzen Berge hinter ihm, noch nie bezwungen wurde.
„Und was ist hinter diesen Bergen, Lauezzari?" frage ich meinen Pampafreund.
„Das weiß kein Mensch. Da ist noch niemand gewesen und wird auch nie einer hinkommen. Die Berge sind unüberwindlich. Wahrscheinlich alles Eis und Schnee und Gletscher. Wer weiß – vielleicht auch Leben aus der Vorwelt."
„Ja, und warum fliegt denn niemand dahin," frage ich.
Lauezzari sieht mich ob dieser Frage an, als habe er es mit einem armen Irren zu tun oder mit einem, der sich einen dummen Witz erlauben wolle. Dann lacht er etwas mitleidig: „Fliegen, Mann

Gottes, hier fliegen! Das geht nicht, hier kann man nicht fliegen, das hat noch niemand gewagt, selbst in Gedanken noch nicht!"
Ich schaue sinnend hinüber zu diesen Bergen und Zinnen, hinter denen sich noch nie geschaute Wunder verbergen können. Sie ziehen mich mit unwiderstehlicher Gewalt an.
„Gut, Lauezzari, wollen sehen! Dieser wunderbare Cerro Paine, mein Freund, hat es mir angetan. Wenn das Schicksal es mir vergönnt, bin ich bald wieder hier, dann aber mit einem Flugzeug!"
Schweigend, in Sinnen vertieft, reiten wir heimwärts, hinter uns die Begleiter mit den Packpferden. Gegen Abend legt sich dann der Sturm vollständig, im strahlenden Abendsonnenglanz glüht der Paine in all seiner Gewalt und Mächtigkeit leuchtend auf, als sende er mir seinen Abschieds- und Wiedersehensgruß.
Das war vor drei Jahren.
Heute, wir haben Mitte März 1929, stehe ich wieder am Fuße dieses Cerro Paine, aufgenommen und umsorgt in unaussprechlich rührender Weise von meinem alten deutschen Pampafreunde Lauezzari und seiner jungen deutschen Frau, die inzwischen als Pampafrau in die Schaf-Farm Cerro Guido eingezogen ist.
Ich habe mein Versprechen eingelöst.
In einer kleinen geschützten Sandbucht des Lago Sarmiento, in der Tsingtau-Bucht, wie ich sie taufte, desselben Sees zu Füßen des Cerro Paine, zu dem ich damals von dem Cerro Toro hinabschaute, liegt mein großer Silberkondor, der uns schon unten im Feuerland und am Kap Horn über unbekannte Gebiete treulich getragen hat, der hier aber erst sein Meisterstück leisten soll.
Daß die Strecke von Magallanes (früher Punta Arenas) nach hier, nach Cerro Guido zum Lago Sarmiento – ganz gleich, ob direkt oder über die Ultima Esperanza und damit über Pto. Natales und Frigorifico Bories – eine der allerschwersten Flugstrecken meines Lebens sein würde, das habe ich gewußt.
Und wieder bin ich ehrlich genug, zu gestehen, daß ich seit Monaten eine innere geheime Angst vor dem Augenblick gehabt habe, wo ich sie fliegen mußte.
Aber da hieß es wieder mal: „Nur nicht denken, Zähne zusammengebissen und durch." Und da nach wochenlangen schweren Weststürmen, die uns tatenlos in Magallanes festhielten, während deren ich wiederholt dachte: nun ist es aus mit dem

Flugzeug an seiner ungeschützten Boje im Wasser, es muß ja einfach vernichtet werden, wenn selbst große Fahrzeuge in Gefahr schweben – – das Flugzeug aber heil und unversehrt wie immer auf dem Wasser lag, der Sturm endlich aufhörte und außerdem wieder mal der Dreizehnte, mein Glückstag, war, ließ ich den Silberkondor von Dreblow klarmachen, nahm Abschied von der Holzpantine, von seiner braven Besatzung, von unseren Freunden in Magallanes, von den chilenischen Behörden, die mir bis zuletzt in liebenswürdigster Weise zur Seite gestanden haben, gab Vollgas, stieg hinauf in die lachende Spätnachmittagssonne, die nun schon verdammt herbstlich fahl schien, und flog endgültig fort von Magallanes.

An diesen Flug werden Dreblow und ich unser ganzes Leben lang zurückdenken. Gut, daß ich die Vorübung vom Feuerland her hatte. Ich weiß nicht, ob ich ohne diese drüben am Ziel angekommen wäre!

Böen, Winde, Stürme und dicke, rasende, tiefhängende Wolken. Gebirge, die eben noch sichtbar waren und von mir angeflogen wurden, sind plötzlich verschwunden. Statt dessen Regen, Schnee, Wolken um das Flugzeug herum. Ich muß abdrehen zur sonnenbeschienenen Pampa, mühselig gegen den Gegenwind ankämpfen, eineinhalb Stunden lang mit dem Wasserflugzeug „irgendwo dort" zwischen Skyring, Otway, Laguna Blanca, Kordillere, Pampa umherkreuzen. Eben über Bergkuppen hinweggesetzt, getorkelt, herabgeworfen, wieder von unsichtbarer Gewalt zur Höhe emporgezogen, dachte ich in meinem Innern: Herrgott, wie hält das Flugzeug das bloß aus, es müßte ja in der Luft eigentlich auseinandergerissen, zertrümmert werden!

Doch der brave Silberkondor, dem es ein Vergnügen zu bereiten schien, so umhertollen und wirbeln zu können, zog seine Bahn und gehorchte, nicht gerne zwar, aber schließlich doch immer wieder meinen Steuerbewegungen. Der gute Motor dröhnte und brummte ohn' Unterlaß sein wundervolles Lied, eine schöne Ruhe und Zuversicht ging von diesem dröhnendem Ungetüm mit seinem blinkenden, kreisenden Metallpropeller aus. Mit am schlimmsten war die Sonne, die mir direkt in die Augen schien und mich fast blendete, bei diesem Toben konnte ich das Steuer nicht loslassen, um mir eine farbige Brille aufzusetzen.

Es dunkelte bereits besorgniserregend, als endlich das brodelnde Wolkenmeer verschwand. Flachland tauchte wieder unter mir auf, ein kreisrunder See, der „Spiegel der Diana", dort zog sich auch ein Gewirr von Kanälen hin, dort im Hintergrund ein Berg, wie er nur einmal in der Welt vorkommt und den ich vor drei Jahren als einer der ganz wenigen Menschen wolkenfrei sehen durfte, der Balmaceda.

Da wußte ich, daß ich noch vor der Nacht den Frigorifico Bories, die Gefrieranstalt an den Ufern der Ultima Esperanza, erreichen würde.

Ich drehe mich zu meinem braven Begleiter Dreblow um, der zeigt freudig nach unten. Da lag am Ufer der Ultima Esperaza, die durch die kühne Tat eines Deutschen – Kapitän Eberhardt – wieder entdeckt wurde, wodurch das ganze umliegende Schafland erschlossen ward, Pto. Natales. Ich umkreise diesen kleinen Ort als erstes Flugzeug.

Nun drehe ich ab, da liegt ein Stückchen weiter hin ein anderer Gebäudekomplex, der Frigorifico Bories.

Als die Nacht hereinbricht, bin ich glücklich gelandet. Der erste Teil dieser mich mit Sorgen erfüllenden Strecke ist glücklich geschafft.

Als käme ich eben erst von einem kurzen Spaziergang heim, begrüßt mich mein alter Freund Dr. Dick, ein Engländer, der Chef dieser größten Hammel-Gefrieranstalt Südamerikas, wenn nicht der größten der Welt überhaupt. Er streckt mir schmunzelnd seine riesige Rechte entgegen, sagt sonst kein Wort, nimmt mich mit in sein gastliches Haus, zeigt mir mein Zimmer, das ich zuletzt vor drei Jahren bewohnte, deutet nur mit einer kurzen Handbewegung hinein, als wolle er sagen: nun ja, du weißt ja hier Bescheid, du bist ja hier zu Haus – und damit ist der ganze Fall erledigt.

Die Gastlichkeit Patagoniens, die wenig ihresgleichen in der Welt hat, wird gekrönt durch die Gastlichkeit und Freundschaft im Hause Dr. Dick, übertroffen, wenn möglich, durch die Gastlichkeit und Freundschaft meiner Pampafreunde Lauezzari dort hinten in der Eisamkeit, zu Füßen des Cerro Paine, die beide leitende Angestellte der großen Cia. Explotadora de Tierra del Fuego sind, der ich so außerordentlich viel verdanke.

Schmunzelnd wie immer, schweigsam wie immer, nur mit seiner ganz kleinen, belustigend anzusehenden Handbewegung, mit der er aber auch diesen ganzen wunderbaren Betrieb besser leitet, als wenn zehn Direktoren dazwischendonnern würden, führt mich

Dr. Dick in seinem Betriebe herum. Die kurze Handbewegung Dr. Dicks ist berühmt weit und breit in Patagonien und wird mir mein ganzes Leben lang lebendig in Erinnerung bleiben!
Es ist Herbst, Hochsaison der Hammelschlachtzeit!
„Und, Dr. Dick, was haben Sie in diesen alten Säcken hier?"
„Herzen!" Eine kurze Handbewegung der Rechten folgt.
„Herzen? Das sind ja Steine oder Walnüsse, die poltern ja in den Säcken so hart und laut, wollen Sie mich anführen, Dr. Dick – Herzen?"
Dr. Dick zieht sein Taschenmesser, schneidet in einen Sack einen Riß, heraus poltern und kullern und rollen wie runde dicke Kieselsteine – Herzen! Gefrorene Hammelherzen, vierhunderttausend Stück!
Ich fahre schaudernd zusammen. Nicht nur wegen der vierhunderttausend armen Herzen, die hier zu Stein verwandelt wurden, sondern wegen der außerordentlich hohen Kälte, die in diesem domartigen Gewölbe herrscht, es ist einer der unzähligen Gefrierräume. In diesen Räumen werden nicht nur die Herzen zu Stein, auch Tausende von kleinen, niedlichen Pappkisten stehen in Reih und Glied, darin sind – achthunderttausend Hammelnieren, zu Stein gefroren!
In riesigen Reihen fein säuberlich aufgestapelt stehen und liegen steif und hart wie Stein, anzuschauen wie Maurermollen mit vier Handgriffen, jedes einzelne Stück in ein tadelloses Gazehemdchen gesteckt – gefrorene Hammel, die noch vor Tagen draußen in der Pampa lustig herumliefen, deren nun zu Stein gewordene Herzen in Lebenslust schlugen, die aber eigenfüßig zur Schlachtbank laufen mußten, um in Minuten nach einer fast maschinenmäßigen Prozedur vom Leben in die gefrorenen Maurermollen verwandelt und morgen schon über die Ozeane transportiert zu werden.
Vierhunderttausend Hammel liegen hier gefroren. Da die „Schlachtsaison", jedes Jahr um diese Zeit herum, nur rund drei Monate dauert und vier- bis fünfhunderttausend Hammel in dieser Zeit nur von dieser einen Gefrieranstalt geschlachtet werden, kann man sich vielleicht ausrechnen, wieviel das pro Tag sind.
Das Merkwürdige ist an diesem Betriebe, daß man nicht einen Ton hört, mit größter, peinlicher Sauberkeit geht alles zu, lautlos, und doch arbeiten viele hundert Menschen hier. Ob das auch mit der kurzen, bestimmten, aber so beredten Handbewegung Dr. Dicks zusammenhängt? Ich glaube es fast!

Ich atme ordentlich auf, als wir wieder draußen im Freien stehen. Es scheint die Sonne, vor mir wiegt sich auf dem Wasser das Flugzeug, an dem der unermüdliche und fürsorgliche Dreblow arbeitet. Dr. Dick und ich schauen uns um, in den Himmel hinein. Dr. Dick macht wieder statt aller Worte nur eine kleine kurze Handbewegung nach oben. Die soll heißen: „Wie ist es? Wollen Sie fliegen?"
„Gott, Dr. Dick, schön ist das Wetter ja nicht, der Wind heult ja immer noch ganz lieblich, aber für diese vermaledeite Gegend ist das schon ein ausnahmsweise gutes Wetter, ich werd's versuchen!"
„Wie ist es, Dreblow, wollen wir los? Es sind man bloß olle hundert Luftkilometer bis zum Lago Sarmiento!"
Dreblow schaut sich um, nickt, entfernt stillschweigend die Bezüge, meint trocken: „Wir sind doch bis hierher gut gekommen, und die lumpigen hundert Luftkilometer werden wir doch schaffen."
Zwei Stunden später wissen wir beide, was „lumpige" hundert Luftkilometer sein können!
„Leine los!" Dreblow unten auf dem Schwimmer löst die Festmacheleine von der kleinen Boje, langsam bei dem steifen Westwind lasse ich das Flugzeug achteraus treiben, um von der Brücke und dem daran liegenden Dampfer freizukommen.
An Land stehen Dr. Dick und seine ganze Familie, dazu einige Herren der Cia Explotadora de Tierra del Fuego, der auch diese Gefrieranstalt wie die Farm Lauezzaris, Cerro Guido, gehört. Wir winken uns stumm zu. Dann gebe ich Vollgas, auf brüllt der Motor, das Wasser spritzt und sprüht, wir sind mehr U-Boot denn Flugzeug. Den Flug aufgeben? Ich denke gar nicht daran! Schon bin ich trotz der schwergeladenen Maschine auf Stufe, nun dröhnt der Propeller nur noch einige Male auf, wenn er eine See oder einen schweren Spritzer durchschneiden muß, ein kurzer Zug – wir schweben!
Schnell gewinne ich Höhe, umkreise das gastliche Bories, umkreise die kleine Stadt Pto Natales, wo vorgestern, als wir als erstes Flugzeug erschienen, eine alte Frau vor Schrecken umfiel und verschied und die Kinder von den Großen aus Angst von den Straßen und in die Häuser gerissen wurden. Dann nehme ich Nordkurs, im Düster liegt „irgendwo da vorne" die Hochkordillere, der Balmaceda, und dann muß ja auch „irgendwo" der Lago

Sarmiento mit dem Paine sein, wenn er inzwischen nicht gestohlen worden ist.

Nun bin ich schon wieder mitten über Land. Tief drinnen im Dunst tauchen Höhenzüge auf, ich bin schon gut dreitausend Meter hoch, da muß ich bald drüber weg schauen und den Sarmiento-See erblicken können.

Schon will ich frohlocken, da – kommen dicke Wolkenwände angerast, hüllen Kordillere, Pampa, Höhenzüge, Land unter mir ein, da sitze ich – über dieser Tinte!

Die Kälte ist ganz außerordentlich groß, plötzlich fühle ich einen stechenden Schmerz im Gesicht, ich beuge mich aus meinem Sitz heraus, wieder dasselbe Stechen – ich gewahre dickes Eis um unsern Wassersammler des Motors. Er leckt! So ein bißchen rutscht mir nun doch das Herz in die Hosen, ausgerechnet das hat uns mit dem Seeflugzeug auch noch gefehlt wo wir irgendwo mitten über Land sind! Ich schaue mein Fernthermometer besorgt an, es fällt rapide, der Motor wird zu kalt!

„Also hinunter in wärmere Luftschichten", denke ich bei mir, drossele den Motor ganz wenig, lasse ihn dann mit erhöhten Umdrehungen laufen, damit er mir ja nicht einfriert, nun steht endlich der Zeiger des Thermometers, nun steigt er langsam wieder. Tiefer und tiefer gleite ich durch Dunst, Regen, Eisnadeln, Graupeln, stoße nun durch die Wolken vollends durch – Dunnerlüttchen, sieht das jetzt um uns herum aus!

Von allen Seiten ragen hohe Gebirgskämme und einzelne Berge über uns empor. So weit ich auch blicken mag: Land und Fels und Eis und Schnee, nur kein See, kein Wasser, auf dem ich mit der Seemaschine landen könnte! In diesen Tälern und Kesseln treibt der Sturmwind, treiben die Fallböen ein reines Narrenspiel mit dem Flugzeug. Wären Dreblow und ich nicht so gut festgeschnallt, wir würden glatt über Bord purzeln!

Das Eis am Sammler ist gottlob verschwunden, dafür fegen die Wassertropfen wie ein dünner, nicht abreißender Faden heraus. Jeder Tropfen ist ein Blutstropfen für den Motor. Wenn wir nicht in einer halben Stunde gelandet sind, steht der brave Motor heißgelaufen still – wenn es überhaupt noch so lange dauert!

Plötzlich taucht im Dunst etwas auf, das Wasser ähnlich ist, ebenso plötzlich ist der ganze Wolkenspuk verschwunden, da rollen in langen Zügen weißgekrönte Wellen: es ist der Lago Toro.

Lachend drehe ich mich zum meinem Begleiter Dreblow um. Nur noch der Höhenrücken des Cerro Toro, dann sind wir gerettet, dahinter schon liegt der Sarmiento! Was kümmert es mich jetzt noch, daß ich ein enges Tal entlang fliegen muß, daß ich nur noch mit Mühe mein Flugzeug halten kann. Was kümmert es mich, daß rechts und links die Bergkuppen über mir emporragen. Rechts ist es die Höhe des Toro, auf der ich damals vor drei Jahren sturmzerzaust und kurbelnd mit Lauezarri stand und den Entschluß faßte, hierher zu fliegen. Meine Schwimmer streifen jetzt fast die Stelle im Bergsattel, wo damals die Pferde standen. Ich lache innerlich vor Freude, denn schon schimmert das Ziel, der Lago Sarmiento, vor mir auf.

Da steht plötzlich, gespensterhaft anzusehen, ein Ungetüm, zum Greifen nahe, links neben mir. Wallende Nebel und Wolkenschleier umbrausen es wie im Zorn, durch Dunst und Wolken und Sturm kann ich Gletscher und Zinnen erkennen – dieses Ungeheure gibt es nur einmal auf der Welt, es ist der gewaltige Gebirgsstock des Cerro Paine, der mich damals vor drei Jahren in seinen Bann gezogen hatte!

Zornbebend, wohl ob der Frechheit des kleinen Menschen, der hier gekommmen ist, ihn zu bezwingen und ihm die Geheimnisse hinter seinem breiten Rücken zu entreißen, steht er da und sendet mir seine gewaltige Fallböen.

Stumm grüße ich zu dem Recken hinüber, ich weiß, er wird kämpfen, solange er kämpfen kann, bald werden wir wir miteinander ringen!

Nun habe ich den Ostrand des Lago Sarmiento erreicht, hier ist es verhältnismäßig windstill, nur die Dünung läuft ungewöhnlich hoch und schwer für einen Binnensee. Da es schon dunkel wird, kann ich mir keinen anderen Landungsplatz mehr suchen, ich muß hier runter. Schwer und hart setzen die Schwimmer auf, es ist die ekelhafteste Landung, die ich bisher habe machen müssen.

Dann rolle ich zum Strand, dicht vor ihm wirft Dreblow unsern guten, immer klaren Flugzeuganker weg, wir törnen ein, haben die Basis für die nächsten Wochen, vielleicht Monate, erreicht!

An Land steht, gegen den dunklen Abendhimmel sich abhebend, eine riesenhafte Gestalt. Ich schreite auf sie zu; es ist Lauezzari, dem ich vor drei Jahren das Versprechen gab, im Flugzeug wiederzukommen. Wir fallen uns wie alte Freunde in die Arme.

Da rattert ein Gefährt herbei, das man zu Hause niemals als „Auto" ansprechen würde. Es ist eine alte, treue, brave „Pampalizzy", einer jener Fordveteranen, die sich unsterbliche Verdienste um die Menschheit erworben haben. Große Teile der Welt wären heute noch unerforscht oder unbenutzbar, hätte es keinen Ford-Wagen gegeben.

Vor kurzem habe ich mir diese brave wackelige „Lizzy", die aber noch bis zum letzten Augenblick gelaufen ist, erstanden, nun soll sie uns Brennstoff und ähnliches ans Flugzeug bringen.

Da kommt noch ein Mann herbei, umsprungen von einem vierbeinigen lustigen Gesellen. Es sind Garibaldi und Schnauf, die bereits seit Tagen hier in der Wildnis hausen.

Nun geht's nach Haus, durch Nacht und Pampa hindurch. Nach zwei Stunden kommen wir in Cerro Guido an, alles ist noch genau wie vor drei Jahren, als kehrten wir eben erst von einer Spazierfahrt zurück, doch – als sich die Tür öffnet, steht im hellen Glanz der Petroleumlampe eine hohe blonde Gestalt dort, die neu eingezogene Herrin von Cerro Guido. Lauezzaris Lebensgefährtin, die Pampafrau, reicht uns die Hand.

Der Kampf um den und mit dem Cerro Paine beginnt.

Für jemanden, der diese Gegenden nicht kennt, sind die Luft- und Wetterverhältnisse gerade dieser Strecken einfach unvorstellbar.

Die Rauhheit und Mächtigkeit der Gebirge, der gletscherbedeckten Landmassen, der meerweiten Pampa, der himmelstürmenden Zacken und Türme und Bergriesen, der tief ins Land sich fressenden Meeresarme und Fjorde, der ungeheuren Binnenseen, der riesigen Landmassen, in die sich noch nie ein Mensch hineingetraut hat oder nicht hineingelangen konnte – denn nirgends wohnt ein Mensch –, tun alles dazu, daß diese ungeheuren Gebiete, bis auf einzelne, von kühnen Forschern bezwungene Teile heute noch unbekannt, noch nie betreten sind, obwohl sie an der Grenze zweier großer Staaten, Chile und Argentinien, liegen.

Hinzu kommt, daß die Grenze der Kordillere fast zusammenläuft mit der abruptesten Wetterscheide, die man sich vorstellen kann, schärfer noch als das Phänomen im Feuerland! Im Westen fast ewiger Sturm und Regen, im Osten die weite, meist sonnenbeschienene Pampa, die stellenweise verdorrt, während nur einige Kilometer weiter westlich das Land zu ersaufen droht unter den Regenmassen.

Aufgetürmt dazwischen, wie ein Bollwerk, die Hochkordillere. Hier können sich natürlich Winde und Wetter, Stürme und Regen austoben, her entstehen Luftwirbel und Fallböen, Luftlöcher und mit unheimlichem Sog aufwärtssteigende und alles mit sich reißende Luftströme, oft ganz plötzlich, ganz unberechenbar, noch unerforscht und unbekannt!

Hier gibt es aber auch Stunden, ja Tage von geradezu paradiesischer Ruhe und Klarheit und Windstille, von leuchtendem Sonnenschein, wo vom Stillen Ozean bis zum Atlantik kein Wölkchen am Himmel steht, kein Luftzug sich regt. An einem solchen Tag zehn, zwölf Stunden mit einem guten Flugzeug in der Luft sein können – die Kenntnis unserer Erde wäre um ein schönes, lohnendes Kapitel bereichert.

Dieses Kapitel aufschlagen zu können, flehe ich mein Schicksal an, um diese Stunden, womöglich diesen Tag als Geschenk zu erhalten und dann das Flugzeug bereit zu haben, warte ich hier.

Doch wie ein grimmiger drohender Wächter steht vor diesem unbekannten Paradiese der Cerro Paine. Nur über sein besiegtes Haupt geht der Weg. Vorerst mal will ich ihn bezwingen, will sehen, was hinter ihm ist.

Das zu erreichen, ist für uns mit unseren schwachen Mitteln, mit dem einen braven Flugzeug, mit – und das ist leider der springendste Punkt! – unserer nur noch knappen Zeit, bei dieser mehr als vorgeschrittenen Jahreszeit fürs erste schon Gewinn genug!

In normalen Jahren konnte ich damit rechnen, gerade um diese Zeit herum viele ruhige Sonnentag zu treffen. In diesem Jahre aber werden durch das abnorme schlechte Wetter (zur selben Zeit ist in Europa die furchtbare Kälte!) alle Berechnungen, alle Pläne glatt über den Haufen geworfen, dagegen sind wir kleinen, schwachen Menschen machtlos – Stäubchen!

Als ich mit Lauezzari zum Flugzeug zurückgeritten komme, trauen wir unseren Augen nicht: das Flugzeug ist weg!

„Da hinten am Strande liegt es ja!" brüllt Lauezzari, gibt seinem Pferde die Sporen, ich jage hinterher, wie die Teufel rasen wir über den Strand.

Tatsächlich, da liegt der Kondor, wird von jeder See auf den Rücken genommen, hoch auf den Strand geworfen, vom Sog jedesmal wieder rauschend zurückgeführt.

„Meine armen Schwimmer!" denke ich still bei mir.

Da plötzlich der Wind wieder auffrischt und das Flugzeug an dieser Stelle völlig ungeschützt liegt, springe ich ins Wasser, schlinge einen unserer Lederlassos um den Sporn des Flugzeuges, komme zum Strande zurück, Lauezzari bindet das andere Ende des Lassos an seinen Sattel, und nun geht's mit vereinten Kräften den Strand hinauf, denn ich will das Flugzeug mit der Nase gegen Wind und zum See zu haben, während das Schwanzende auf den Strand soll.
Endlich, nach mühseliger Arbeit, während der noch einige Schafhirten angeritten kommen, um mitzuhelfen, haben wir das Werk geschafft. Die Schwimmer liegen so hoch auf dem steil abfallenden Geröllstrand, wie wir sie hinaufschleppen konnten. Ohnmächtig bricht sich die immer stärker anrollende Brandung vor den Schwimmerspitzen.
Und nun kommt das Merkwürdige: Die Brandung häuft langsam, aber sicher einen Wall von flachgeschliffenen Steinen dieses alten Gletschergerölls vor dem Flugzeug auf, bedeckt die ganzen Schwimmer, türmt diese Schuttmassen, die vor Jahrmillionen von einem Gletscher hierher getragen wurden, zu einem kleinen Berg auf. Nun liegt das Flugzeug sicher und fest, dieser Gletscherschutt ist die Rettung des Silberkondors.
„So", meint trocken, aber trotzdem schwitzend Lauezzari, „nun können wir ruhig nach Hause zurückreiten, jetzt weht es erst mal ein paar Tage, dann werden wir unsern Vogel wieder ausgraben!"
Ich werfe aber erst noch mein Gummikanu, das ich hierher mitgenommen habe, ins Wasser und suche den Flugzeuganker, dessen Leine sich an einem scharfen Stein durchgescheuert hatte. Nach einer knappen Stund haben wir ihn wieder herausgefischt und gerettet, das Wasser des Sees ist ja so glasklar, jeder Gegenstand ist bis auf den Grund zu erkennen, am lustigsten ist es, die Fische zu beobachten, wenn sie auf dem Grunde schlafen.
Eine hochbepackte Karrete zieht durch die sonnenbeschienene Pampa.
Die beiden riesigen Karrenräder, rot bemalt, typisch für die Pampa, rollen über das kurze Weidegras genau so hemmungslos wie über Steine und Geröll, durch tiefen Sand und reißende Bäche. Sind die Räder mal im Rollen, wirken sie wie Schwungräder. Deshalb zum Teil auch ihre Größe.

Fünf stattliche Pferde statt der sonst bei Wolladungen üblichen sechs bis acht Ochsen sind diesmal vorgespannt. Der fast schwarz verbrannte Fahrer, ein braver Sohn der Pampa, der sein Handwerk meisterhaft versteht, steht lachend und vergnügt hoch oben auf der Ladung, schwingt seine Peitsche, pfeift ein Lied, hält die Zügel in der Hand, ihm können die Pferde gar nicht schnell genug laufen. Über Stock und Stein.
Wo das Gefährt sich zeigt, reißen Scharen von Schafen aus, gehen unzählige Wildgänse hoch und fallen dicht daneben wieder ins Pampagras, es ist wie ein Wildgansparadies hier.
Ab und zu lachen und kichern Guanakos ihren Warnungsruf, traben als rotbraune Flecken davon, langbeinige Strauße schlagen ihre Zickzackkurse, Hunderte von Hasen hoppeln ab. Da Lauezzari auf seinem ganzen Farmgebiet strengstens Schießverbot erlassen hat, gibt es hier alle diese Tiere, die einstigen Alleingebieter der Pampa, noch reichlich.
Nun hat die Karrete den Lago Sarmiento erreicht. Der Fahrer springt wohl zum zehnten Male auf dieser Fahrt ab und öffnet eins der Drahtgitter, mit denen die ganze Pampa wie mit Spinnnetzen überzogen ist. Sie bilden die einzelnen Camps, in denen die Schafe weiden und besser beaufsichtigt werden können. Diese riesigen Drahtzaunanlagen sind mit das Teuerste und Wertvollste und Wichtigste einer Schaf-Farm.
Nun rollt die Karrete einen sanften Abhang hinab, kommt zum Seeufer, hält vor einer kleinen, wunderbar geschützten Bucht mit Sandstrand, nicht größer, als daß dort ein einzelnes Seeflugzeug am Ufer liegen kann, und von der Natur zu diesem Zweck wie geschaffen – der „Tsingtau-Bucht", wie ich sie taufte.
Da kommt hinter der Karrete ein etwas wild aussehender, nicht minder schwarzer verbrannter Reiter im vollen Galopp einhergesprengt, springt aus dem Sattel, wirft die Pferdezügel auf den Boden, das Tier bleibt daraufhin wie gebannt auf demselben Fleck stehen.
Fahrer und Reiter werfen nun im Handumdrehen die ganze Ladung ab, als erstes den geschlachteten Hammel, der obenauf liegt. Eine Pampakarrete ohne einen geschlachteten Hammel obenauf ist schier undenkbar. Auf der Erde türmt sich ein wilder Haufen.
Aus diesem Gewirr zerren die beiden zunächst zwei Zeltbahnen heraus. Sie sehen sich einen Augenblick um, dann haben sie als

erfahrene Pampaleute mit ihren untrüglichen Blicken sofort die „richtige" Stelle erspäht. Wenige Minuten später stehen die beiden Zelte tadellos aufgerichtet, nach allen Seiten besonders stark und sorgfältig verspannt und gesichert, friedlich nebeneinander. Nun muß schon ein ganz besonderes Windchen säuseln, wenn es diese Zelte hier in ihrem geschützten Winkel umblasen will.

Das „Campamento" ist somit fertig.

Der Fahrer springt auf seine Karrete, läßt liegen, was da am Boden liegt, ohne sich weiter darum zu kümmern, und saust lachend und pfeifend in vollem Galopp mit seiner Kutsche davon.

Der Reiter sattelt zunächst sein Pferd in Gemütsruhe ab, läßt es laufen, nun kann es sich Futter suchen gehen, Zeit genug und Muße hat es dazu.

Aus dem am Boden liegenden Wust schält er sich sodann, wenn seine Zigarette brennt, „seine" Schaffelle heraus, macht sich in seinem Zelt seinen Schlafplatz zurecht, pfeift dazu ein Lied, er ist ja sein ganzes Leben nichts anderes gewöhnt, als so in der Pampa zu liegen.

Nun holt er das Kochgeschirr aus dem Gerümpelhaufen hervor. Es besteht aus einer alten Eisenschiene, die zugespitzt ist und somit den Bratspieß hergibt. Wäre dieser Pampasohn allein, würde nun höchstens noch ein kleiner Teekessel zum Wasserkochen kommen, und die ganze Kücheneinrichtung wäre fertig.

Da er es aber diesmal auch noch mit „Gringos" zu tun hat, schleppt er noch einen Suppentopf und sogar – man staune – Messer und Gabel und einige Blechteller und Blechtassen heran.

Nun macht er das Feuerloch, stapelt rechts und links davon einige Steine auf und legt darüber zwei weitere alte Eisenstangen. Die „Küche" ist fertig!

Holz ist als Gestrüpp im Umkreis vorhanden, wird abgeschlagen, ins Feuerloch gesteckt, angezündet, das Geschäft kann beginnen.

Der tote Hammel wird aus dem Trümmerhaufen wieder herausgezerrt, mit dem Hüftmesser wird ein gutes Viertel abgesäbelt, auf den „Spieß" und dann neben dem Feuer in den Boden gesteckt. In zwei Stunden wird der köstlichste Hammelbraten, den die Phantasie sich ausmalen kann, fertig sein.

Narziscio heißt dieser wackere Jüngling und Sohn der Pampa. Lauezzari gab ihn uns für unser Campamento als Koch und Mädchen für alles mit, wäre dieser Sohn im alten Hellas geboren, er könnte keinen besseren und passenderen Namen finden.
Narziß, wie wir ihn der Kürze wegen genannt haben, sitzt nun am Feuer, dreht Zigaretten, pfeift ein Lied, dreht ab und zu den Spieß – um das, was am Boden liegt, kümmert er sich nicht weiter – selbst ist der Mann in der Pampa!
Inzwischen sind Dreblow und ich bei unserm Silberkondor beschäftigt. Wir wollen und müssen dringend „umziehen", nur müssen wir vorerst mal den Riesenvogel ausgraben, der weit über seine Plattfüße tief im Gletschergeröll steckt.
Der Tag ist verhältnismäßig ruhig, wir müssen heute fertig werden, das Barometer fällt wieder mal, die Kurve, die mein Schreibbarograf zeichnet, ist wert, einem meteorologischen Museum übereignet zu werden!
Schwitzend und keuchend arbeiten Dreblow und ich nun schon viele Stunden, die Hände sind voller Blasen und zum Teil blutunterlaufen, die Stiele unserer Spaten sind nicht gerade poliert! Diese verdammten Steine poltern ja immer wieder nach, kaum haben wir einen Schwimmer frei, rutscht der ganze Salat wieder zu, und die Arbeit beginnt von neuem. Es hilft alles nichts, wir müssen erst mal eine Riesenkuhle um das ganze Flugzeug herum graben, sonst bekommen wir es niemals flott. Als wir schon völlig abgekämpft und fast verzweifelt sind, kommt Rettung. Lauezzaris Riesengestalt taucht zu Pferde hinter den Moränen auf.
Nun geht's wieder los mit doppelten Kräften. Aus seiner Zeit als Goldgräber dort oben am entgegengesetzten Ende Amerikas hat sich Lauezzari nicht nur diese fabelhafte Fertigkeit im Graben erhalten, daher stammen auch sicher seine Riesenhände, die man glatt mit Schaufeln verwechseln könnte. Von denen möchte ich bei Gott keinen Kinnhaken erhalten, auch sonst mit einem Mann wie Lauezzari lieber im Guten als im Bösen zu tun haben. Trotz seiner geradezu rührenden Güte – typisch für so große, starke, im Leben umhergeworfene Menschen – ist er ein einziges großes Stück Energie, Arbeitskraft und Zielbewußtsein. Ein Kamerad, wie man ihn sich fürs ganze Leben nicht besser wünschen kann.
Jetzt läuft endlich Wasser an den ersten Schwimmer, nun kommen noch einige dunkelhäutige Schäfer hinzu, lösen uns beim

Schippen ab – „diggen" sagt Lauezzari seit seiner Goldgräberzeit zu diesem Geschäft –, und als die Sonne untergehen will, atmen wir erleichtert auf, der Silberkondor schwimmt wieder, völlig unbeschädigt zu meiner besonderen Freude. Mit dem Einsetzen des neuaufkommenden Weststurmes fege ich übers Wasser, mache eine Ehrenrunde, lande sanft im stillen Wasser vor der kleinen Tsingtau-Bucht und rolle an den Strand. Ankerleinen werden um das Gebüsch geschlungen, die Bezüge übergeworfen und noch einmal besonders gezurrt. In ohnmächtiger Wut rast draußen der Sturm, brechen sich die Wogen dieses unheimlich wilden Sees dort, wo eben noch ungeschützt der Silberkondor lag.

Nach einer halben Stunde hat die Brandung die Riesenkuhle, die wir in zweitägiger Arbeit gegraben haben, längst mit neuem Geröll aufgefüllt, keine Spur unserer Tätigkeit ist mehr zu sehen – armer Silberkondor, wenn du jetzt noch dort lägest!

Aus dem übriggebliebenen Haufen neben den zwei Zelten suchen Dreblow und ich nun unser „Bett". Unsere Koje, wie wir als Seemann sagen.

Jeder lädt sich nämlich an die fünf furchtbar nach frisch geschlachtetem Hammel „duftende" Schaffelle auf den Buckel. Dann gehen wir in unser Zelt und legen die Felle möglichst ordentlich übereinander auf die blanke, feuchte und bitterkalte Erde. Darüber kommt eine alte Wolldecke – die Pampakojen sind gebaut!

Nun macht Dreblow, dieser Allerweltskünstler – ich möchte mal wissen, was er nicht kann! – aus einer alten Benzindose einen wundervollen Leuchter. Vier Kerzen kommen hinein, eine alte Stallaterne wird als „Ofen" aufgehängt, in die eine Ecke kommt der Schreibbarograf, und ans Kopfende unserer luxuriösen Betten kommt ein kleines Lager für unsern vierbeinigen Freund Schnauf, der sich ganz ausnehmend wohl in der Pampa fühlt, leider aber gerne hinter „Onkel Rietschs" Schäflein herläuft. Die Wände von Schnaufs Lager werden aus meiner treuen braven Schreibmaschine und unserer Werkzeugkiste gebildet, der Umzug ist bewerkstelligt.

Gerade stapeln Dreblow und ich unsere vielen kleinen Holzkisten und Blechgefäße, die „latas", außen um die Zeltwand auf – sie alle enthalten Brennstoff und Schmieröl für meinen durstigen BMW-Motor und schützen gleichzeitig das Zelt etwas gegen den eisigen

Wind –, als ein Gong durch die Pampa ertönt und uns ruft, Narziß hat seinen bräunlichen, wunderbar duftenden Spießbraten fertig.
Undenkbar ist die Pampa ohne einen solchen „Gong". Die unmöglichsten Dinge werden dazu verwandt, rostige Pflugschare, alte Hufeisen, in unserm Falle eine alte, irgendwo gefundene Bratpfanne, die stolz neben dem Feuer hängt und auf der Narziß mit seinem Hüftmesser (gibt es überhaupt etwas, was man nicht mit seinem Hüftmesser in der Pampa machen kann?) herumtrommelt.

*

„Sie Dreblow, ob unser Zelt wohl hält? Mensch, hören Sie den Sturm und diesen Regen?"
Es ist stockdunkle Nacht, wir liegen nun schon drei volle Wochen in unserm „Campamento", fast immer im Sturm und im Regen. Die Pampa, die sonst um diese Zeit verdorrt und verdurstet, ist in einen Morast verwandelt. Die Berge liegen heute schon (und wir haben erst Anfang April, also ist hier eben erst Herbstanfang) bis zu fünfhundert Meter herab tief im Schnee, der doch normalerweise immer erst im Juli kommt. Nach meinem Barografen schaue ich gar nicht mehr, der ist zum tanzenden Toren geworden. Ob der etwa dies Wetter macht?!
Die Zeltwände schlagen, als „killten" Segel der „Feuerland", der Regen drischt darauf wie Trommelwirbel. Wenn uns das Zelt über dem Kopf weg fortgerissen würde, was dann?
Wir liegen wie Tote auf unsern steinharten, gefrorenen Schaffellen, durch die die Bodenkälte unheimlich bis in unsere Körper dringt. Wir haben alles angezogen, was wir besitzen und auch zum Fliegen anziehen – was allerdings nicht sehr viel ist –, nur die dicken Polarpelzhandschuhe haben wir uns statt über die Hände über die Füße gezogen. Gott sei Dank hat die rührend um uns besorgte Pampafrau noch ein paar Wolldecken herausgesandt, wir würden sonst glatt erfrieren. Wir können ja auch unmöglich so abgehärtet sein wie die wilden Pampareiter, die seit Kindheit nichts anderes als diese Zelte und dies Leben auf Schaffellen kennen.
Zweimal bin ich schon wieder geflogen und habe versucht, den Cerro Paine zu bezwingen. Nach Stunden, fast erfroren, habe ich

immer wieder umkehren müssen. Entweder waren die Fallböen zu schwer, und ich konnte das Flugzeug nicht mehr bei der Kälte halten, oder der Berg bezog sich im letzten Augenblick, oder unser verflixter Wassersammler leckte mal wieder, und wir mußten abbrechen.
Seitdem liegen wir in unserm Zelt und hoffen auf besseres Wetter.
Der gute Narziß sorgt treu und brav für uns. Alle drei, vier Tage kommt ein Reiter von der Farm, ab und zu auch eine Karrete, von der ich nicht weiß, wie sie sich bei den Überschwemmungen, zu Sümpfen gewordenen Wegen, grundloser Pampa, zu uns hier draußen durchschlagen. Sie bringen einen geschlachteten Hammel und etwas Brot. Das ist unsere Nahrung.
Schon frühmorgens steckt Narziß seinen Kopf ins Zelt und hält den Eisenspieß vor uns hin. Bei diesem köstlichen Duft erwachen die Lebensgeister immer wieder, schnell sind ein paar leere Benzinlatas im Zelt oder, wenn es nicht regnet, draußen aufgebaut, und nun sitzen wir im Kreise, der Spieß steckt vor uns im Boden, jeder langt selbstverständlich nach seinem Hüft- oder Taschenmesser, und mit Behagen werden Riesenstücke Braten abgesäbelt und vertilgt, daß der schöne Saft nur so die Münder und die vom lieben Gott verliehenen fünfzinkigen Naturgabeln herunterläuft.
Dreimal am Tage gibt es eine Mahlzeit, dreimal am Tage – Hammel am Spieß! Doch der Cerro Paine liegt noch immer unbesiegt in unserm Rücken!
„Herr Kapitän, das Barometer steigt senkrecht nach oben, der Himmel ist klar, ich glaube, heute können wir los!"
Ich rappele mich aus meinen Decken, renne mit den Pelzhandschuhen an den Füßen aus dem Zelt, trete draußen auf klirrendes Eis, sehe im Osten eben ein fahles Licht aufdämmern und im Rücken die Gipfel des Paine scharf und klar am Horizont.
Seit Wochen endlich zum ersten Male wieder. Dreblow ist längst davon und zieht bereits die Bezüge von unserm Vogel, der frierend in der eisigen Kälte im ebenso kalten Wasser liegt, jedes Wetter muß er schutzlos über sich ergehen lassen. Narziß ist schon von rotem Feuerschein umlodert, der Spieß steckt neben dem Feuer im Boden, das Hammelfleisch bräunt sich bereits – mach es gut, braver Narziß, wenn wir siegreich zurückkehren, wollen wir dein Werk vertilgen helfen!

Ihr guten braven Monteure in der Heimat, ihr habt ja alle mal draußen im Felde oder sonst irgendwo einen eiskalten Motor andrehen müssen, ihr wißt, was das heißt, wie man mehr und mehr schwitzt, je kälter der Motor bleibt, wie man völlig von Kräften, völlig ermattet sich neben das Flugzeug setzt, als käme man von einem schweren Boxkampf, bis dann endlich das Ungetüm – meist dann, wenn man es nicht vermutet – anspringt und im selben Augenblick alle Mühe vergessen ist! Dies liebliche Spiel kennen wir seit Monaten. Ich muß sagen, daß wir beide hier jedesmal völlig erledigt sind und uns erst mal etwas ausruhen müssen, bevor wir, selbstverständlich noch völlig naß geschwitzt, abfliegen und uns in die eisigen Höhen hinaufschwingen.
Im Osten geht der erste rosige Schein über die Pampa, zu unseren Füßen ist jede Pfütze vereist, der Schnee liegt nun schon wie eine dichte weiße Decke bis zu dreihundert Meter Höhe herab.
Der Lago Sarmiento liegt noch wie ein Spiegel da, wie die himmlische Gralsburg spiegelt sich darin der Cerro Paine.
Da zerreißt das Brüllen des angesprungenen Flugmotors die eisige Stille, übertönt das Grollen und das Donnern der ewig abstürzenden Eis- und Steinlawinen des Cerro Paine. Unaufhörlich nagt die Natur selbst an diesem Riesenbau.
Ein riesiger japanischer Lampion erscheint über der Kimm – der feuerrote Sonnenball. Ich starte direkt in die Sonne hinein, wir sind rot übergossen von diesem Licht, die Silberschwingen leuchten blutrot auf, im Augenblick, wo sich der Unterrand der Sonnenscheibe von der Pampa löst, heben wir uns mit den Schwimmern vom Wasser ab, nun steigen wir beide – Sonne und Flugzeug – in den blauen Äther.
Was der Motor nur hergeben kann, muß heute wieder mal heraus, die Maschine ist wie immer unheimlich schwer geladen und ausgerüstet, im großen Bogen umkreise ich den Südostteil des Lago Sarmiento, langsam, aber sicher steigt der Zeiger meines Höhenmessers.
Die Luft ist bis jetzt noch verhältnismäßig ruhig, ab und zu fegen schwere Böen über den See, die üblichen Morgenwinde, uns zur Genüge bekannt. In ohnmächtiger Wut zerren sie an unserer guten Maschine.
Die Kälte ist außerordentlich groß und nimmt mit jeden hundert Metern noch zu. Sie setzt uns am allerschwersten zu. Gottlob haben

wir unsere Polarpelzhandschuhe an, auch sonst sind wir vom Kopf bis zu den Hüften einigermaßen warm und dick angezogen. Viel ist es ja nicht mehr, was wir nach jetzt bald zwei Jahren, die wir unterwegs sind, besitzen. Ganz bös sieht es aber mit unseren Beinen und namentlich den Füßen aus. Pelzstiefel haben wir leider nicht mit, zwei Paar Strümpfe, von denen bei uns beiden merkwürdigerweise das eine Paar keine Zehen, das andere Riesenlöcher statt der Hacken hat, sind unser ganzer stolzer Besitz, dazu zwei Unterhosen, das muß reichen.
Dabei muß ich mit Beinen und Füßen das Seitensteuer bedienen. Die Kälte ist so groß, daß schon nach einer Stunde kein Gefühl mehr in ihnen ist und ich sehr oft herunterschaue, um festzustellen, ob sie auch tatsächlich die Bewegungen ausführen, die mein in der großen Höhe und Kälte müde werdendes Gehirn befiehlt. Und wenn ich schon so friere, wie mag es da erst meinem Begleiter Dreblow gehen, bei dem es ja auf seinem hinteren Sitz viel mehr „zieht" als bei mir, der dann noch zum Fotografieren, zu den Kinoaufnahmen seine Handschuhe auszuziehen und sich weit aus dem Sitz in den eisigen Propellerwind hinausbeugen muß!
Wir haben sicher bis zu minus fünfunddreißig Grad Celsius in dieser lieblichen „Herbstluft" hier oben!
Ich schaue auf meinen Höhenmesser, er zeigt dreitausend Meter. Wir klettern nun schon bald eine Stunde mit der Sonne um die Wette, der Rundblick hat sich für uns ins Riesenhafte erweitert, wie ein aufgeschlagenes Buch liegt das Land zu unseren Füßen.
„Unser" Lago Sarmiento, der, viele Dutzend Kilometer lang, eingezwängt ist zwischen dem Paine-Stock, dem Cerro Toro, der Hochkordillere und der meerweiten Pampa im Osten, liegt noch verhältnismäßig ruhig da. Wie ein Spiegel fast. Doch dort, wo der Paine im Norden und der Toro im Süden mit ihren höchsten Gipfeln fast eine Linie bilden, ist der See, in einer scharf nach den spiegelglatten Seiten abgegrenzten Breite von rund zehn Kilometer, wie von Geisterhand aufgewühlt. Dort scheint er zu kochen und zu brodeln, in langen Zügen rollen die weißköpfigen Wogen quer über den See und brechen sich am Ufer des Cerro Toro. Ja es scheint, als ob hier in diesem Streifen das Wasser von der Oberfläche direkt emporgerissen, in Wirbeln im Kreise gedreht und zu Dunstwolken zerstäubt würde.

Um dieses Gebiet, in das ich einmal ahnungslos hineingeriet, bin ich immer im Bogen herumgegangen. Heute aber reizt es mich, es nochmals auszuprobieren. Ich bin jetzt schon dreitausendfünfhundert Meter hoch, was soll mir da noch groß passieren! Ich drehe mich zu Dreblow um, deute nach vorne, er schnallt sich fest. Leise fängt nun das bisher ruhige Flugzeug an zu torkeln, langsam schiebt sich unter uns die aufgewühlte Wasserlinie auf die Maschine zu.

Und plötzlich sind wir mitten drin in der Hölle.

Die unsichtbare Geisterhand packt das Flugzeug, zerrt und rüttelt, stößt und schiebt. Gut, daß wir so sicher auf unseren Sitzen festgeschnallt sind.

Mit aller Kraft muß ich arbeiten, damit das Flugzeug nicht im Kreise gedreht wird. Ich schaue ab und zu auf die Füße, ob sie auch noch das Seitensteuer bedienen, obwohl sie längst Eisblöcke sind.

Nun werden wir mit plötzlicher Gewalt auf unsere Sitze gepreßt, ich fühle direkt, wie das Flugzeug gehoben, emporgerissen wird, was uns jetzt gefaßt hat, sind keine Böen mehr, das sind saugende nach oben gerichtete Luftstrudel. Mahlströme der Luft, die sich wie unsichtbare Windhosen, wohl als Luftdruckausgleich, zwischen diesen Gebirgen und der Pampa bilden.

Ich habe nur noch den einen Gedanken: hoffentlich geht es auf der anderen Seite nicht wieder runter!

Wie lange dieser Zustand gedauert hat, kann ich nicht sagen. Ich habe ja mit meiner Maschine genug zu tun, um sie in der Luft zu halten, vielleicht waren es nur Sekunden, aber in solchen Lagen merkt man erst, wie lang eigentlich eine Sekunde ist.

Plötzlich ist der Zug nach oben vorüber, das Flugzeug liegt wunderbar ruhig in der Luft, das Geistergebiet ist hinter uns, der Höhenmesser zeigt über viertausend Meter!

Da werfe ich mein Flugzeug rum, ich weiß, der Cerro Paine hat sich ergeben!

Wir sind nun direkt über dem Paine selbst!

Phantastisch ragen seine Felszacken in den Himmel, Hunderte von Metern streben sie wie Orgelpfeifen in die Luft, Eis, Schnee, rötlicher, kahler senkrechter Fels, Gletscher, furchtbare Schluchten und Täler und tief, tief unten, wo die Füße des Riesen in Dutzende von verschiedenfarbigen Seen tauchen, leuchten herbstlich gefärbte Urwälder. Nach Norden zu aber, hinter einem breiten, eiserfüllten Tal, beginnt die Eiszeit selbst. Dreblow arbeitet hinter mir fieberhaft, wir beide verspüren keine Kälte mehr, nur unsagbar mühselig wird jede Bewegung in dieser Höhe und bei der hier oben sicher an minus vierzig Grad Celsius heranreichenden Temperatur.

Nach allen Richtungen umkreise ich den ganzen Paine-Gebirgsstock, bis fast zum Balmaceda geht's südwärts, dann über den Lago Gray mit seinen schwimmenden Eisblöcken, über riesenhafte Gletscher hinweg, östlich bis fast zum großen Lago Argentino, der halb zu Chile, halb zu Argentinien gehört. Ich winke Dreblow zu, sich mit den Aufnahmen zu beeilen, das Benzin geht auf die Neige, mir wird eigenartig müde im Schädel, die Kälte frißt mir fast die Beine auf.

Da ist Dreblow fertig. Ich fühle, wie auch er vor Kälte zittert. Nun stelle ich langsam den Motor ab, über dem Paine zieht sich bereits ein neues Unwetter zusammen. Vielleicht ist er ärgerlich, daß er heute, nachdem er Jahrmillionen so trotzig dagestanden hat, von winzigen Menschen auf gebrechlicher Libelle, die vom fernen Deutschland extra dazu gekommen sind, bezwungen wurde.

Nun wird das Brüllen und Dröhnen des Motors zum lieblichen Säuseln, die Lebensgeister kehren wieder in uns zurück, sanft setzt der Bezwinger des trutzigen Paine auf dem Sarmiento-See wieder auf. Wir liegen gut festgemacht in unserer kleinen Tsingtau-Bucht.

Als der Sturm von neuem über die Pampa rast und der Schnee diesmal bis zu unseren Füßen herabfällt, sitzen wir frohgemut in unserm Zelt. So lange ist selten der herrliche Bratensaft unsere Finger hinabgelaufen wie an diesem Fest-Asado-Tage!

*

Dreblow und ich stehen bekümmert vor unserm Vogel. Es hilft alles nichts, wir müssen den guten Motor fast völlig auseinandernehmen, mehrere Ventile sind undicht geworden. Kein Wunder bei dem schlechten Brennstoff, mit dem wir fliegen müssen, immer mit Vollgas, meist mit gehöriger Überanstrengung. Sonst kommt man durch diese Böen nicht durch, viel fehlt nicht an hundert Stunden, die der Motor hier unten schon pannenlos läuft.

Nicht, daß wir uns vor der Arbeit scheuen! Wir kennen dies Arbeiten im Freien, in jedem Wetter, seit Monaten, das ist uns nichts Neues. Aber jetzt mehrere Tage das Flugzeug nicht flugklar haben, das ist mir peinlich. Wenn nun ausgerechnet in diesen Tagen „der" gute Tag kommt?

Nur mit dem bißchen Werkzeug, das wir bei uns haben, machen wir uns frohgemut an die Arbeit, warten nur noch, bis es etwas wärmer wird, damit unsere klammen Hände die Muttern und Eisenteile greifen können.

Drüben, dicht neben uns, steht über der Pampa die Sonne, wölbt sich der blaue Himmel, aber wir hier, wenige Kilometer entfernt, die wir gerade an der fast haarscharfen Grenze zwischen Trockenzone und feuchter Kordillerenzone liegen, die wir so dringend Sonne und blauen Himmel nötig haben, bekommen nichts davon ab.

Schweigend arbeiten Dreblow und ich. Unter das immer im Wasser am Strande liegende Flugzeug haben wir am vorderen Teil eine Zeltbahn ausgeholt, damit nicht jede Mutter oder Schraube, die uns entfällt, ins Wasser saust und womöglich für immer heidi ist.

Aber wir haben Übung, wir haben „Hebammenhände" bekommen, wie Dreblow trocken meint.

Nun sind schon Propeller, Kühler, Steuersäule abgenommen, alles ist in Bezüge oder in unsere Jacken eingehüllt, damit es nicht voll Flugsand weht, ich verstaue die abgenommenen Teile unter die einzelnen Büsche am Strande und lege große Steine darüber, damit nichts fortwehen kann.

Stundenlang arbeitet Dreblow dann allein. Ich staune immer wieder über seine Geschicklichkeit. Ich selbst sitze derweil vor dem Zelt auf einer Blechlata, vor mir die übliche Klapperkiste. Zeitungsberichte entstehen. Wenn mal wieder zufällig jemand zu Menschen reitet, nimmt er sie mit.

„Herr Kapitän, wir müssen zur Farm, der erste Zylinder hat etwas gefressen, einen Reservekolben habe ich gottlob im Flugzeug, aber keinen Zylinder, ich muß sehen, ob ich mir einen Schaber machen und die Stellen abkratzen kann."

So mache ich denn meine alte brave lahme „Lizzy" klar. Sie steht in der Nähe hoch oben auf einem Berg, von dem aus es ziemlich halsbrecherisch steil abwärts geht, aber das ist gut. Denn so wunderbar Fordwagen sind, eins haben sie an sich, namentlich

wenn es sich um so alte Damen wie meine „Lizzy" handelt: sie springen, wenn sie kalt sind, ums Verrecken nicht an!
Was man in der Pampa alles anstellt, um sie doch dazu zu kriegen, kann ich hier nicht ausführlich erzählen. Einer der bekanntesten Pampatricks ist jedenfalls der, sich nur Rastplätze auszusuchen, in deren Nähe sich ein Hügel befindet, von dem dann der Wagen am anderen Morgen abrollt, wodurch das Andrehen ersetzt wird. Wo keine Hügel sind, wie meist in der Pampa, behält man extra ein Pferd in der Nähe, das bekommt dann den Lasso an den Sattel gebunden, bockt meist wie wild, aber nach einiger Zeit geht es doch, und siehe da – Lizzy „muvt"!
Dreblow und ich ackern los.
Die „Wege" sind kaum befahrbare Moräste geworden, die Ketten an den Hinterrädern werfen Kaskaden von Dreck empor, meine stolze, elegante Lizzy hat natürlich längst keine Trittbretter, keine Kotflügel, keine Fußbretter, keine Bremsen, kein Licht mehr. Motor und Kühler tanzen besorgniserregend an dem einen, letzten, auch schon halbdurchgescheuerten Haltebolzen, aber Lizzy, einmal in Wut, läuft!
So rutschen, schlieren, torkeln wir durch die Pampa, durch Sumpf und kleine Regenseen. Wir selbst sehen aus wie lebender Straßendreck. Naß sind wir wie Fischottern, aber vergnügt und lustig und gespannt, was für Gesichter unsere Freunde, Lauezzaris, machen werden, wenn plötzlich diese beiden Strauchdiebe vor der Farm auftauchen.
Ich habe früher oft in amerikanischen Filmen wundervolle Szenen von Autos gesehen, die durch Wüste und Dreck hindurchratterten – die Amerikaner sind Meister ins solchen Episoden –, ich bedaure heute nur, daß wir kein Licht mehr zum Filmen haben, unsere wahre Aufnahme würde den amerikanischen Tricks sicher in nichts nachstehen.
Muß ich mal bremsen, schalte ich den Rückwärtsgang ein und gebe ordentlich Gas. Und siehe, statt mir um die Ohren zu fliegen, „bremst" Lizzy wahrhaftig!
Plötzlich kommen wir wieder durch einen kleinen See, es geht gerade bergab, ich rufe Dreblow zu: „Festhalten!" Da haben wir beide auch schon eine volle Dusche über uns weg. Mein beim Sprechen offener Mund ist angefüllt mit lieblichem Naß. Als wir auf der anderen Seite durch sind und ich das Wasser ausspucke, bleiben zwei weiche runde Dinger in meinem Munde zurück. Ich

kaue zunächst andächtig und neugierig darauf herum, dann füllt ein entsetzlicher Geschmack von Hammel meinen Mund. Vor uns wird gerade eine Hammelherde abgetrieben, entsetzt spucke ich die Kugeln in meine Handfläche, schaue auf die Hammel, auf den lachenden Dreblow –
„Pamparosinen", sagt der trocken.
Ich habe, bis wir in Cerro Guido angelangt sind, den Mund nicht wieder aufgetan.

*

Der Schaden ist mit „Bordmitteln", wie der Seemann sagt, und so gut und gewissenhaft, wie Dreblow es kann, behoben. Ich nehme wieder Abschied und setze mich ans Steuer meiner guten Lizzy, die diesmal von einem Pferde durch die halbe Pampa gezogen werden mußte, ehe sie „kam". Dreblow und ich torkeln und schlieren durch Dreck und Pampa zu unserm Campamento an der Tsingtau-Bucht zurück.
Die Ventile sind eingeschliffen, wir bauen gewissenhaft den ganzen Motor wieder zusammen.
„Wie lange brauchen wir, Dreblow?"
„Ein, zwei Tage, wenn Sie mich in Ruhe lassen, Herr Kapitän."
Am zweiten Morgen ist „unser Tag" da!
Strahlender blauer Himmel, die Gebirge, die ganze Hochkordillere wie unter Glas, Berge tauchen auf, die noch nie zu sehen waren. Heute nur vier Stunden, nur eine Stunde dort oben in rund fünftausend Meter Höhe mit dem Flugzeug!
Aber unser Silberkondor kann seine Schwingen nicht breiten!
Äußerlich ruhig, innerlich in ohnmächtiger Wut mit meinem Schicksal hadernd, tobe ich wie ein eingesperrter Leu – – es ist zwecklos, das ist Schicksal – Kismet!
Dreblow arbeitet in verbissener Wut. Meine Pampafreunde kommen zu uns heraus und sitzen traurig auf den Schwimmern. Sie tun mir leid, wie gerne hätte ich sie heute abwechselnd in die Lüfte genommen. Ein kleiner Dank für all ihre Gastlichkeit und Freundschaft!
Ein Glück ist an diesem Tage, wo der Sarmiento-See unwahrscheinlich blau und ruhig daliegt, daß Garibaldi mit meinen Kinos und Kameras umherreiten kann. Viele Hundert Meter

wunderbarster Filme, viele Fotos hat er aufnehmen können, das ist ein Trost und großer Gewinn.
„Wann werden Sie fertig, Dreblow?" frage ich nochmals. Er schaut nicht mehr von seiner Arbeit hoch, setzt eben den Kühler auf, den er auch noch, der Länge nach im Sande liegend, mit unserem kleinen Lötapparat hat löten müssen.
„Beruhigen Sie sich, Mann Gottes!" sagt der Riese neben mir. „Solche Tage haben Sie jetzt dauernd, ist mal erst der eine da, kommt morgen bestimmt ein gleicher."
Ich lasse selbst meinen Pampafreund unhöflich stehen, gehe ins Zelt und sehe mir die Linie unseres Schreibbarografen an, die wieder mal steil und senkrecht fällt. Ich weiß genug.
Als der Abend hereingebrochen ist, dreht Dreblow den Propeller durch, der Motor springt an, wunderbar klingt wie Orgelton sein Lied durch die stille Nacht. Die langen Flammen aus den Auspuffrohren haben schöne Orangefarbe, der Motor kommt wundervoll auf Touren – in dieses Dröhnen mischt sich aber plötzlich ein anderer Ton, der vom Paine in unserem Rücken kommt, ein schweres Unwetter bricht soeben los!

*

Wir liegen in unserm Zelt, wieder seit Wochen schon.
Die Schaffelle sind durch die Nässe und Kälte endgültig zu Steinen geworden, mit ausgehöhlten Stellen, die in erster Zeit unsere Körper hineingedrückt haben. „So ähnlich wie das Eisbett des Seelöwen im Feuerland", geht es mir durch den Kopf.
Der Schnee liegt fast bis zu unseren Füßen. Nachts friert es stets, der Wind heult und rüttelt, der Regen rast, wir müssen entweder in unserm Zelt liegen oder hockend, auf der einen Seite frierend, auf der anderen Seite anbrennend, vor dem Kochloch am Feuer sitzen. Bestimmt raucht es aber immer dort, wo wir sind. Die Augen sind fast entzündet.
Aber wir sind nach wie vor guter Laune, immer fröhlich, warten, harren, daß es endlich wieder besser wird. Um sechs Uhr abends müssen wir nun schon „zu Bett", vor neun Uhr früh wird es nicht wieder hell. Es ist erstaunlich, wie trotzdem die Stunden dahingehen. Wir haben nicht mal mehr etwas zu

lesen, bei dem Wetter, bei den grundlos gewordenen Wegen kommt keiner mehr zu uns raus.
Garibaldi hat sich als dritter in unserem Zelt eingefunden und liegt zwischen uns auf dem hartgefrorenen Boden. Wir schauen ab und zu in die flackernde Kerze, nehmen uns abwechselnd den Schnauf als Wärmflasche auf den Bauch und – warten.
Wir alle drei sind in Berlin zu Hause, wir alle drei lieben diese wunderschöne Stadt, das „Zentrum Europas", mit ganzem Herzen und mit glühender Seele. Es ist nur natürlich, daß unsere Gedanken gleichzeitig und fast ausschließlich sich mit der Heimat beschäftigen.
„Wissen Sie eigentlich, daß wir heute auf den Tag genau sechs volle Wochen hier in der Pampa sind?"
„Sechs Wochen schon? Ja, wir haben Ende April 1929 mittlerweile."
„Mensch, Dreblow, wie mag es jetzt wohl in unserm Berlin aussehen. jetzt haben die gerade Mittag dort, ach, könnten wir uns doch jetzt eine ‚B.Z.' kaufen!" Ich weiß nicht, warum ich das gerade in diesem Augenblick denke, vielleicht weil ich erst gestern einen neuen Artikel für die „B.Z." geschrieben habe, fest steht nur, daß Dreblow im selben Augenblick genau das gleiche gedacht hat.
Und als ich eben den Wunsch ausgesprochen habe, hören wir draußen Pferdegetrappel, jemand springt vor unserm Zelt aus dem Sattel, und ehe er noch die Zeltbahn berührt, weiß ich, daß ich nun eine „B.Z." bekommen werde.
Da springt Dreblow auch schon von seinem Lager auf, öffnet das Zelt und sagt: „Herr Kapitän, jetzt bekommen wir unsere ‚B.Z.'."
Vor uns steht, triefend naß, ein müdes Pferd am Zügel hinter sich, von oben bis unten mit Dreck bespritzt, eine gespensterhafte Gestalt, die man früher sicher wegen Zauberei verbrannt hätte. Es ist ein Peon, ein Schafhirte, ein braver Sohn der Pampa.
Er öffnet seine große lederne Tasche, schüttet den Inhalt auf den Boden, – Post aus Deutschland, darunter viele „B.Z. am Mittag"!
Der gute, treue Pampafreund! Selbst bei diesem Hundewetter hat er an uns gedacht, als er heute, zum ersten Male seit Wochen – für uns seit Monaten –, Post durchbekam. Nun schickt er uns mit seinem unerschrockensten Reiter unsern Teil zu.
Ruhe und Stille ist in unserm kleinen Zelt. Nachdem die Briefe verschlungen sind, langen wir zur „B.Z.", diesem Wahrzeichen Berlins um die Mittagszeit, ach, wie lange wird es noch dauern, bis wir uns auch wieder dieses Blatt in unserer Heimat kaufen können!

Da schiebt Dreblow mir stillschweigend eine Ausgabe hinüber, deutet auf einen Artikel, der von der Tibetexpedition Dr. Filchners handelt.
Ich lese diesen Artikel voller Ergriffenheit und sage: „Wissen Sie, Dreblow, wenn man das liest, muß man sich schämen, daß man auch nur einmal gestöhnt hat oder unzufrieden war. Was würde der wackere Dr. Filchner wohl darum gegeben haben, wenn er einen solchen Hammelbraten gehabt hätte, wie ihn uns unser Narziß soeben am Spieß hereinschiebt! Nein, sollten wir klagen, wollen wir nur an Dr. Filchner denken, wie gut geht es uns doch dagegen!"
„Ja, Herr Kapitän, und morgen werden wir wieder fliegen. Zur Abwechslung steigt unser tanzender Tor, der Barograf, wieder mal!"

*

Bei Sonnenaufgang sitzen Dreblow und ich in unserer Maschine.
Als der Heddenheimer Metallpropeller rot schimmernde Reflexe in unsere Augen wirft und nun dröhnend sein schönes Lied singt, scheuchen wir Tausende von Wildgänsen aus dem Schlaf, wundervolle rote Flamingos breiten entsetzt ihre herrlichen rotschwarzen Schwingen und streben mit uns zur Höhe empor.
Es ist entsetzlich kalt, die Luft aber ruhig. Die Maschine ist wieder bis an den Rand geladen, denn jeder Flug hier, wie unten im Feuerland, ist ein Vabanque-Spiel. Hilfe, Menschen gibt es nirgends, die geringste Panne besiegelt das Schicksal des Flugzeuges.
Viertausenddreihundert Meter zeigt mein Höhenmesser.
Ich werfe das Flugzeug rum, Kurs Nordwest. Zwischen Lago Argentino und dem Cerro Paine will ich heute durchbrechen und über das unerforschte Land gelangen.
Wir kommen nur langsam vorwärts, hier oben herrscht schwerer Gegenwind. Für die nur dreißig Kilometer lange Luftlinie von Cerro Guido bis zum Sarmiento-See brauche ich drei Viertelstunden.
Wie ein ungeheurer schimmernder Spiegel liegt rechts, fast unter uns, der Lago Argentino, in dessen Besitz sich Chile und Argentinien teilen. Kein Hauch berührt seine Fläche. Etwas weiter rechts davon der nächstgroße See, der Lago Viedma, der gleichfalls beiden großen Republiken zu eigen ist.

Und in diese Seen, in die meerweite Pampa, die sie umgibt, fällt fast senkrecht, mit unerhörtem Steilsturz die Hochkordillere.
Wie eine einzige weiß schimmernde Mauer aus glitzernden Zuckerwürfeln liegt sie in ihrem Winterkleide jetzt unter uns.
Langsam schiebe ich mich auf diese Mauer zu, wir sind ja an die tausend Meter höher. Ihre Mauern, Zinnen und Wachtürme kommen näher, eine Mauer ist immer wieder höher als die andere, immer wilder werden die Zinnen und Türme und Zacken, fast wellenförmig steigt die Kordillere von Osten aus zu ihrer höchsten Höhe empor.
Und alles ist schimmerndes Eis!
Nun befinde ich mich mit meinem Flugzeug mitten über dem Gebiete zwischen dem Lago Argentino und der Wolkenbank im Westen, die sich ungefähr über den Kanälen ballt und langsam auf uns vorrückt.
Wie in einem Traum sitze ich in meinem Flugzeug.
Was wir hier sehen dürfen, ist von unbeschreiblicher Größe und Schönheit und Erhabenheit. Wie trunken starre ich um mich, schaue nach unten, nach allen Seiten, zu den Zinnen und Türmen, zu den unendlichen Gletschern, zu den in der Ferne schimmernden blauen Seen, schaue Eis, Eis, Eis, das ist – die Eiszeit selbst.
Nichts als eine einzige, zusammenhängende, alles ausfüllende, alles bedeckende, schimmernde und leuchtende Eisschicht, auch nicht ein einziger Stein, nicht ein einziger Fels, kein offener See schaut aus diesem Eis heraus. Gegen diese völlige Vereisung ist selbst die, die wir als erste Menschen im Feuerland sehen durften, gering, und wie hatte uns damals schon der Anblick gepackt!
Ich denke mir, so ähnlich muß es bei Sonnenschein über dem Zentrum von Grönland aussehen.
„Ach", geht es mir durch den Sinn, „könnte ich jetzt hier bei mir im Flugzeug die vielen tapferen Geologen und Gelehrten haben, die sich jahrelang vergeblich bemühten, in diese Gebiete und ihre Geheimnisse einzudringen, wieviel könnten sie der Wissenschaft heimbringen. Oder könnte ich in meinem Flugzeug wenigstens die vielen Freunde haben, die wir uns unterwegs erwarben, oder ein ganzes Schock frischer deutscher Jugend, damit sie alle diese Schönheiten miterleben könnten!"

Nun müssen wir sie einfangen, Dreblow läßt das Kino schon rollen, in Bälde wird auch dieser Teil, ein winziges Stückchen zwar nur des großen unerforschten Gebietes, in Deutschland wieder im Kino aufleuchten.

Aber schön, wunderbar schön ist es doch, als erster Mensch ein Land zu erschauen, zu erforschen, das seit Urbeginn des Weltalls unberührt, unentweiht, von keinem Blick geschaut, unter der Sonne liegt. Vielleicht sind die wirklichen Kondore die einzigen, die hier gewesen sind, bis unser Silberkondor es mit seinem Orgelgebraus ihnen gleichtat.

Das ganze Glücksgefühl, das nur Entdeckern bekannt sein dürfte durchströmt mich jetzt, es ist ein Dankgefühl gegen mein Schicksal, daß ich dieses hier als erster Mensch erleben darf. Wie gerne nimmt man dafür alle Mühen freudig in Kauf!

Aus meiner Versunkenheit reißt mich plötzlich etwas Weißes heraus, das an meinem Kopfe vorbeifliegt.

Ich drehe mich mühsam um. Bei dieser Höhe, der furchtbaren Kälte und der langen Zeit, die wir in der Luft sind, bei der außerordentlichen Anspannung aller Nerven und Sinne vor allem, ist jede Bewegung unsagbar mühselig.

Dreblow hat noch nichts gesehen, er zuckt lachend die Achseln.

Mein warnendes Gefühl wird aber so stark, daß ich unruhig werde. Die Maschine fängt gerade eben wieder an zu torkeln, das schlechte Wetter kommt heran. Da – schon wieder dieses Weiße! Ist das Eis? – Eis? Hier, wo wir keine Wolken über uns haben, das kann doch nur wieder – Herrgott, da vorne ist ja auch schon alles vereist! In dicken Klumpen sitzt an der Benzinleitung, an der Sammlervorseite – der Kühler leckt! Diesmal ist es also Ernst. Nicht der verflixte Wassersammler, wie sonst immer, der Herr Kühler in eigener Person erlaubt sich heute zu streiken.

Ich schaue angestrengt nach vorne, kann nichts sehen als Eis, voller Verzweiflung werfe ich das Flugzeug nach Süden, wo in der Ferne die Seen schimmern. – Schicksal, du bist am Zuge!

Um uns herum die wilde, unvorstellbare Eiszeit selbst, mit aller Gewalt faucht der Gegenwind, läßt uns fast wie einen Fesselballon auf der Stelle stehen. Werde ich noch rechtzeitig einen Wassertümpel am Horizont erreichen können?!

Ich gehe tiefer, suche mir eine Gegend mit weniger Wind, drehe hart aus der Kordillere heraus und bin endlich wieder über der Pampa. Nun hat sich das Eis am Kühler aufgelöst, ich sehe das Leck!

Ein Riß, feiner als ein Haar kann er nur sein, an der oberen vorderen Stirnseite. Da aber im Kühler ein gehöriger Druck herrscht, genügt dieser feine Riß, aus dem ein Dampfwasserstrahl wie ein Walfischspaut herausgepreßt wird.
Zum Glück wurde ich durch die abfliegenden Eisstücke gewarnt.
Ob noch rechtzeitig?
Die nächsten Viertelstunden müssen es entscheiden, dort hinten schimmert schon der erste Wassertümpel.
Und plötzlich muß ich doch lachen, es ist ja ganz eigenartig, was der einzelne Mensch in solchen Lagen tut. Angst, ja, die hatte ich im ersten Augenblick, das will ich gestehen, und es ging mir doch mächtig, „mit Grundeis", wie der Seemann sagt. Aber als ich nun lache, da kommt die Ruhe wieder über mich, ändern kann man ja doch nichts, und wenn man so viele Stunden über Feuerland, Kap Horn und Kordilleren geflogen ist, dann hat das Leben nicht mehr den ungeheuren Wert, den es für gewöhnliche Sterbliche in ihren gemütlichen Betten hat.
Eigenartig wirbeln mir die Gedanken durch den Kopf, nicht etwa an Weib und Kind denke ich (verzeih, Smutje, ich komme ja nun bald nach Haus!), sondern nur daran, das Flugzeug, meinen guten Silberkondor, heil zu halten!
In diesem Augenblick fängt der Motor ganz diskret an zu „stinken", er ist schon verdammt heiß, nun bleibt der Propeller stehen, mit dem letzten Ausschweben erreiche ich gerade noch den Lago Sarmiento.
Soll man mit seinem Schicksal, mit seinem Kismet hadern? Wäre ich neulich bei dem guten Wetter geflogen, wäre mir ganz todsicher diese Kühlerpanne weit innen über unbekanntem Eiszeitgebiet passiert, dann aber –
Schicksal, du weißt besser als wir Menschen, was uns gut ist, ich danke dir.
Hinter uns liegt die Eiszeit!

Indianer heulen durch die Nacht

Nein, Dreblow, diesen letzten Flug mache ich allein. Diesmal müssen Sie auf der Erde bleiben. Denken sie an unsern Kühler, sehen Sie um sich, was sich da wieder zusammenbraut, es genügt, wenn ich da meine Knochen allein spazierenfliege. Auch müssen Sie unser Campamento hier zusammenpacken, Sie kommen dann mit unserer Lizzy nach Bories nach. Ich habe das sichere Gefühl, daß ich jetzt fort muß, sonst verlieren wir Wochen und Monate, und die ganze Arbeit ist zwecklos gewesen!"
Als Expeditionsleiter muß man, genau wie als Seemann, eine Situation blitzartig erfassen können, man muß einen untrüglichen „Riecher" für das haben, was richtig und notwendig ist, muß vor allen Dingen ganz kurz und entschlossen, ganz unsentimental handeln und das, was man einmal für richtig erkannt hat, rücksichtslos durchführen. Privatwünsche kenne ich da nicht.
„Dann hat also unsere schöne Fliegerehe hiermit ein Ende?"
Ganz traurig sagt es der brave Dreblow und lötet den letzten Flicken auf den Kühlerriß. Vor eine Stunde erst kamen wir aus der Eiszeit zurück.
„Für diesmal ja, Dreblow, Sie sehen ja selbst, wie es Winter um uns geworden ist. Sie haben heute morgen gesehen, daß da hinten", ich zeige mit der Hand hinter uns, wo der Cerro Paine in grimmer Wut sich gerade wieder mit Wolkenungetümen bedeckt und von wo der Wind eiskalt dahergefegt kommt, „alles verschneit ist, da hat es in diesem Jahre keinen Zweck mehr, zu fliegen, wir können ja doch nichts auf die Filme bringen als Schnee."
Nun kommt auch Garibaldi zu uns, mein großes Kino auf dem Buckel, er will den „historischen Abflug" noch kurbeln.
Neben ihm sitzt ganz traurig Schnauf, der wohl so etwas ahnt von Abschied.
Schnauf, der gute vierbeinige Freund, dies Zeichen der Treue, kommt zur Pampafrau, der ich ihn geschenkt habe, er ist hier draußen in der Wildnis und bei Lauezzari wirklich besser als in Berlin aufgehoben. Außerdem wüßte ich nicht, wem ich dies wertvolle Tier lieber schenkte als meinen Pampafreunden.
„Und Sie, Garibaldi, Sie kurbeln mir, bitte, noch die letzten Guanakos. Wenn es geht, auch noch einige Flamingos, und,

wenn Sie es fertigbringen sollten, noch einen richtigen Kondor, sie sind verdammt selten geworden, diese Vorbilder meines Flugzeuges. Dann hauen Sie zusammen mit Dreblow ab und kommen gleichfalls nach Hause!"

Dreblow ist mit seinem Flicken fertig, hoffentlich hält er für die „lumpigen" hundert Luftkilometer, die ich wieder zurückfliegen muß bis zur Ultima Esperanza. Der Herflug damals ist mir noch lebhaft in Erinnerung!

Nun packen wir das ganze Flugzeug aus. Für den mir bevorstehenden Flug, über den ich mir absolut keine Illusionen mache, muß der Kondor so leicht wie möglich sein, damit ich gut durchkomme.

Hunderte von Kilos liegen nun am Strande. Werkzeug und Gummistiefel, Lötlampe und Reserveteile, Gewehr und Munition, Sternsignalpatronen und Pistolen, Taucheranzug und Zeltbahn, wollene Decken und Äxte, Gummilösung und Silberanstrich, Staufferfett und Twist, alles Sachen, die für die Flüge dieser Monate notwendig waren und die das Flugzeug so übermäßig beschwerten.

Zuletzt kommen noch die großen Gegenstände raus, Reserveproviant, Kochgeschirr, ein Sack Hartbrot, Reis und Tee, die große schwere Zeiß-Luftkamera mit Wechselkassetten, das amerikannische Handkino mit dem Koffer voller Filmrollen, Benzin ist sowieso nur noch für knapp zwei Stunden in den Tanks, die Maschine taucht ordentlich ein Stückchen aus dem Wasser auf, so leicht ist sie plötzlich geworden.

Dazu bleibt auch noch mein sonst ständiger Begleiter, der brave Dreblow mit seinen sicher weit über achtzig Kilo Gewicht an Land, der Tanz kann beginnen!

Ein kurzer Händedruck – wir sind keine Freunde von langen Worten, wer so viele Stunden gemeinsam über Feuerland und Kordillere gefogen ist, hat sie nicht nötig. Ein letztes Winken von Land und Flugzeug aus, ein letztes trauriges Wedeln von Schnauf mit seinem sonst lustigen Stummelschwanz –, der Motor brüllt auf, wie der Sturmwind braust das leichtgemachte Flugzeug über das Wasser, reißt sich schon nach Sekunden los und steigt wie eine jubelnde Lerche in den drohend verhangenen Himmel hinan.

„Herrgott", entfährt es mir, „welch ein erhöhter Genuß ist es doch, diese wundervolle Maschine zu fliegen, jetzt, wo sie so leicht ist!"

Sie steigt immer noch, unvorstellbar beschwingt, die Steuer sind kaum zu fühlen, mir ist zumute, als steuere ich ein kleines leichtes Sportflugzeug. Ich merke wieder, wie groß eigentlich die Leistung dieses Flugzeuges gewesen ist.

Unter mir fällt das Land direkt weg, nun bin ich schon tausend Meter, nun fünfzehnhundert hoch, ich umkreise zum Abschied nochmals die kleine Tsingtau-Bucht, in der ich meine Begleiter schon emsig an der Arbeit des Abbruchs sehe.

Ich schaue um mich herum, da sieht es ja heiter aus!

Der Cerro Paine ist schon fast verdeckt, als wolle er mir ja noch zum letzten Male zeigen, daß er mir ob der ihm zugefügten Niederlage böse ist, der Lago Sarmiento unter mir fängt an zu brodeln und zu kochen, unheimliche Böen jagen über ihn hin; rechts, wo irgendwo sich die Kette der Hochkordillere erstrecken muß, ist alles in dichte Wolken, in Regen und Schnee gehüllt.

Eben bezieht sich auch schon ganz sachte die Kuppe des Cerro Toro, dieser Weg ist mir also schon versperrt; mit unheimlicher Geschwindigkeit zieht das seit sechs Wochen übliche Wetter herauf.

Das Flugzeug fängt jetzt an, in gewohnter Weise zu torkeln und zu bocken, aber heute, wo es so leicht und entsprechend zu handhaben ist, wo ich dazu noch allein drin sitze, belustigen mich diese vergeblichen Stöße fast. Außerdem habe ich nur das eine Gefühl, erfüllt mich nur noch der eine Gedanke: nach Haus!

Ich schaue auf meine verschiedenen Apparate und sehe mit Befriedigung, daß das Kühlwasser nicht zu heiß geworden, stelle im übrigen lachend fest, daß eben auch noch der Umdrehungsanzeiger des Motors in den Streik getreten ist.

Ganz solidarisch mit dem Höhenmesser und dem Geschwindigkeitsmesser, in wundervoller Einigkeit, was doch sonst absolut nicht deutsch ist!

Das alles ist mir aber heute ganz gleichgültig.

Wie schnell ich fliege, werde ich schon sehen, wenn ich angekommen bin. Wenn der Motor zu viel Umdrehungen macht und mir um die Ohren fliegen sollte, werde ich das schon rechtzeitig merken, und wenn ich nicht hoch genug fliege, werden die Schwimmer schon irgendwo an einer Bergkuppe „auf Grund" kommen, dann muß ich eben sehen, ob es da auch so etwas wie Hochwasser gibt.!

„Lumpige" hundert Luftkilometer ist die Strecke nur lang, dreißig davon hab ich schon hinter mir, ich könnte zwar im großen Bogen über die noch sonnenbeschienene Pampa fliegen, bei dem Zustand meines Kühlers aber ziehe ich es diesmal vor, Wasser zu einer eventuellen Notlandung in einigermaßen erreichbarer Nähe zu haben.

So muß ich nach Westen und damit – durch die Kordillerenketten durch, in den eben aufziehenden Dreck hinein!

Ich fang jetzt an, ganz laut meinem Motor und meinem Flugzeug gut zuzureden. Es ist ja erstaunlich und doch wieder interessant, was der einzelne Mensch in solchen Situationen macht, wenn er so einsam dahinjagt. Ich zum Beispiel singe oder pfeife oder spreche mit meinem Motor. Dreblow unterhält sich auch laut mit seinen Werkzeugen, seinem Flugzeug, auch bei der Arbeit, wenn er ganz allein ist. Selbst mit seiner Kleiderbürste hält er die schönsten Diskurse, oft hörte ich ihn durch die dünnen Wände der Pampahäuser so sprechen.

„Guter, braver BMW-Motor", flehe ich daher laut und vernehmlich, „halte dies eine Mal noch treu aus wie bisher, nur noch diese „lumpigen" siebzig Kilometer, nur noch bis zum Frigorifico Bories, ja wenn es nicht anders geht, wenigstens bis zur Ultima Esperanza, ich bin schon damit zufrieden, wenn du nur bis dahin gut läufst. Und du, guter, schöner Silberkondor, halt durch, dies letztemal in dieser Saison, breite deine Silberschwingen! Gleich sollst du auch zur wohlverdienten Ruhe und in Bories ins Winterbettchen kommen; in einer besseren Jahreszeit, wenn das Schicksal es will, hole ich dich wieder in die Sonne und in den blauen Himmel hinaus!"

Plötzlich beginnt der Tanz!

Die leuchtende Pampa links von mir ist verschwunden, wie verschluckt. Zu meiner Rechten steht statt der schneebedeckten Kordillerenzüge eine regenschwangere, ekle Wolkenwand. Unter mir verschwindet gerade eben der Toro-See, über dessen Westzipfel ich, wie ich im letzten Augenblick noch feststellen kann, mit dem Sturm im Rücken mit unerhörter Geschwindigkeit hinwegbrause.

Nun eilen auch schon Wolkenmassen auf mich zu, nun umfängt mich Feuchtigkeit und Nebel, nun – sitze ich drin in der grauen Tinte. Daß die Kordillere rechts von mir ist, das steht selbst auf meiner Karte. Vor mir müssen demnach sehr bald die langgestreckten, quer zu meiner Flugrichtung laufenden Höhenzüge des Cerros Prat, Castillo und Sennoret kommen. Dazwischen liegt ein langgestrecktes Tal, durch das ich eigentlich, wenn auch bei klarem Wetter, hindurch wollte. Sicher ist augenblicklich nur, daß ich von alledem nichts sehe, und feststeht, daß ich hier hindurch muß, denn auf der anderen Seite dehnt sich irgendwo die Ultima Esperanza, und wenn ich die erst erreicht habe, ist alles gut!

Vorsichtig gleite ich tiefer, eben erreiche ich den untersten Wolkenrand, kann schwach Land unter mir sehen, da taucht direkt vor meiner Nase ein brauner Höhenzug auf, dessen Kamm in den Wolken steckt.

„Erste Höhe!" geht es mir durch den Kopf.

Ich gebe wieder Vollgas, lasse die Maschine wie toll rasen, nun nähere ich mich dem braunen Etwas, nun ein kräftiger Zug an meinem Höhensteuer, wie ein Pfeil schießt mein Flugzeug fast senkrecht in die Höhe und in die Wolken hinein. Dann fällt es gehorsam wieder auf seine Nase zurück – der erste Höhenrücken ist überwunden.

Nun drossele ich den Motor gar nicht mehr, unvorstellbare Fallböen packen und rütteln die Maschine, wie gut ist es, daß sie heute so libellenhaft leicht ist, daß ich allein und gut festgeschnallt bin – ich glaube, ich könnte sonst jetzt schon irgendwo meine Knochen zusammensammeln.

Wieder gehe ich tiefer. Siehe da, plötzlich fängt mein Geschwindigkeitsmesser an, gut an die vierzig Kilometer mehr als sonst anzuzeigen. Sicherlich rast der Motor wie noch nie, seit er für mich läuft, seine Touren kann ich ja nicht mehr ablesen, aber mindestens hundert mehr, als er normal soll, dreht er sich sicherlich. Soll er, wenn er nur bis nach Bories durchhält!

Plötzlich schimmert eine dunkle, schneebedeckte Wand durch Dunst und Wolken direkt vor mir auf, eine riesige, unheimliche Mauer.

Aha, die Hochkordillere, da geht es bestimmt nicht weiter, hart Backbord, Verwindung rum, raus aus dieser Sackgasse!

Was jetzt folgt, ahne ich nicht mehr, fühlte ich bloß noch Tage später in meinen Knochen, als ich längst heimwärts zog.

Das Flugzeug wird im Kreise gedreht, gestoßen, gezogen, wieder abwärts gedrückt, hinaufgesogen, mit aller Kraft muß ich schwitzend die Steuer halten, ich fürchte beinahe, jeden Augenblick

das Handrad in Stücken in meinen Fäusten zu haben. Ich denke, hierbei muß das Flugzeug doch einfach auseinandergerissen, zerpflückt werden!
Wieder taucht eine braune Höhe auf. Sie ist höher als die erste, diesmal nehme ich früher Anlauf. Der Motor rast wie sicherlich noch niemals vorher, nun ein Zug am Höhensteuer, wir verschwinden in den Wolken. „Hürdenfliegen" sage ich unbewußt laut vor mich hin.
Das war die zweite Höhe.
Und bald darauf noch einmal: hopp in die Wolken hinein, wieder runter und aus ihnen heraus, auch die dritte Höhe, die letzte Hürde ist genommen!
Als mir nun doch etwas anders zumute wird und bange Sorge um mein Flugzeug mich durchzieht, gewahre ich unter mir wie etwas Gespenstisches ein fast kreisrundes aufgewühltes Etwas, das wie ein ekler Höllenpfuhl ausschaut. Am liebsten hätte ich in diesem Augenblick aufgebrüllt vor lauter Freude – es ist ein kleiner Binnensee, der Lago Sofia, der jenseits der Höhen liegt. Das Hürdenfliegen ist gewonnen!
Und wie durch Zauberspruch verzieht sich plötzlich der Wolkenschirm, vor mir, glatt und friedlich wie ein Spiegel, in den der aufziehende Sturm noch nicht gelangt ist, liegt die langgestreckte Ultima Esperanza; rechts von mir, im grauen Nebel- und Wolkengebräu, tauchen schemenhaft die Umrisse des wunderbaren Balmaceda auf, links liegt, klein wie eine Puppenstadt und doch fast greifbar nahe, Pto. Natales und davor der Frigorifico Bories, mein Ziel!
Nun drossele ich endlich meinen braven Motor ab, zum Glück hat sich der Walfischspaut an der Kühlerstirnseite noch nicht wieder gezeigt, also hält er dicht. Nun kann ich, immer an der unteren Wolkendecke schwebend, die Ultima Esperanza getrost entlangfliegen.
Da liegt auch schon unter mir, spielzeugschachtelgroß, der Besitz des Deutschen Eberhardt, dessen Vater die Ultima Esperanza wieder entdeckte und sich unsterbliche Verdienste um dieses ganze Land erworben hat – vorbei, vorbei – der Frigorifico ist schon erreicht.
Ich schaue auf meine Uhr, glaube Ewigkeiten geflogen zu sein, aber ganze siebenundzwanzig Minuten bin ich erst in der Luft und schon am Ziel!

Ich umkreise einige Male die kleine Stadt Natales, umkreise den Frigorifico, die Gefrieranstalt, wo der Silberkondor zur Winterruhen kommen soll, sehe zu meiner tiefsten Befriedigung, daß dort ein Dampfer fast seeklar liegt (der hoffentlich nach Norden fährt!), dann stelle ich den Motor ab, schwebe wie eine Libelle zur Wasserfläche, kaum spürbar setzt der Silberkondor seine Schwimmer auf die Ultima Esperanza auf – ich glaube beinah, heute erst habe ich meinen Meisterflug getan!

*

„Hallo, Capitán, wohin geht Ihr Dampfer? Und wann gehen Sie in See?
„Nach Norden, Señor aviador, und in einigen Stunden laufen wir aus!"
„Haben Sie Platz? Können Sie mich bis Pto. Montt mitnehmen, und sei es auch nur auf einem Schaffell?"
Como no, Señor Capitán-aviador, kommen Sie, für Sie wird sich schon ein Platz finden!"
Das wäre also in Ordnung, Tempo, Tempo, Feuerlandstempo!
„Doktor Dick, kann mein Silberkondor bei Ihnen bleiben und untergestellt werden? Ich will, wenn es geht, im kommenden südlichen Sommer wiederkommen, meine Arbeiten fortführen und möglichst beenden."
Doktor Dick macht bloß seine entzückende kleine Handbewegung, die sagt, daß alles zu meiner Verfügung stehe, ebenso wie mein Zimmer, ganz gleich, ob ich eben von einem Spaziergang, von einem „Hürdenflug" oder nach zehn Jahren wiederkäme. Damit ist der Fall erledigt, ich weiß, daß alles in bester Hut sein wird.
Endlich kommt meine alte wackelige „Lizzy" aus der Pampa angewackelt, drin sitzen Dreblow und meine Pampafreunde, sie alle wollen von mir Abschied nehmen.
„Also, Dreblow, dort liegt der Kondor. Wenn Sie und Garibaldi mit allen Arbeiten in der Pampa fertig sind, kommen Sie hierher, nehmen Sie dann das Flugzeug auseinander und stellen Sie es hier beim Doktor Dick unter. Motor und Kühler, Instrumente und Wassersammler nehmen Sie als Passagiergepäck mit nach Haus. Ich muß vorauseilen, meine Besuche bei den chilenischen

Behörden machen, mich überall auch mündlich für alle Gastlichkeit und freundliche Aufnahme, für alle Hilfe und Unterstützung bedanken. In Berlin sehen wir uns ja bald wieder!"
Es ist dunkle Nacht, der kleine schwarze Dampfer quirlt bereits das blutigrote Wasser vor der Schlachtanstalt zu eklem Schaum, wieder heißt es Abschied nehmen.
An Land steht die riesenhafte Gestalt meines Pampafreundes Lauezzari, daneben die blonde Germaninfigur der Pampafrau, Dreblow, Garibaldi und Familie Dick an der anderen Seite. Die Leinen klatschen ins Wasser, die Dampfpfeife heult durch die hiesige Frühwinternacht, wir haben Mai 1929 – zu Hause zieht nun langsam der Frühling ein!
Ein fester Händedruck, der mehr sagt als tausend Worte, der Dampfer legt ab.
Unheimlich schwarz ist die Nacht, der kleine Hammelfettbeladene Dampfer windet sich wie ein Aal durch die düsteren Kanäle.
Immer wieder findet er das richtige Loch in diesem Gewirr. Wie damals vor drei Jahren, als ich mit dem Dampfer „Apolo" hier zum ersten Male fuhr und das Schicksal, so bedeutungsvoll für mich, mich ausgerechnet zum Frigorifico Bories führte, woraus sich mit einer Art zwingender logischer Folgerung die jetzigen Flüge entwickeln mußten, staune ich, wie die Dampfer dies Kunststück fertigbringen.
Ich sitze oben an Deck in einer geschützten Ecke, in Gedanken versunken. Als erwache ich aus einem unerhört schweren, wunderbar schönen Traum, ist mir zumute. Nur, daß dies Erwachen im Gegensatz zu wirklichen Träumen noch viel schöner als der Traum selbst ist, wenn das überhaupt möglich, denn dies Erwachen heißt: Heimwärts!
Eine ungeheure Spannung, in der ich seit über zwei Jahren wie gebannt gefangen gewesen bin, fällt von mir wie eine Fessel ab. Ich atme zum ersten Male wie befreit, wie erlöst aus diesem allem auf.
Denn: wer glaubt, daß eine solche Expedition nur eine sorglose Vergnügungsfahrt ist – und es gibt wirklich solche „Gläubige" –, dem rate ich dringend an, sie recht schnell und bald anzutreten!
Nun mögen sich andere mit Schiffsführung und Navigation und Proviant und Löhnen und Flugzeug und Brennstoffe und dem allerschwersten – dem Geldzusammenbekommen – abquälen,

für mich liegt das alles wie ein Traum hinter mir, ich bin erwacht daraus, ich bin freier Passagier, ich sitze hier oben mit meinen Gedanken, meinen schönen Erinnerungen.
Beklommen, mit einer Art Alpdruck, mit wahrem Herzklopfen schaue ich auf die schneebedeckten Gebirge; jetzt erst kommt mir ihre düstere Wildheit zum Bewußtsein, jetzt erst die Stürme, die Böen, die sie umbrausen, jetzt erst, daß ich so oft und so lange über diesem allem mit einem zerbrechlichen Flugzeug geflogen bin!
Jetzt noch mal da oben hinauf, jetzt, wo ich aus meinem Traum, aus meiner Spannung erwacht bin? Mich schaudert direkt bei diesem Gedanken! Nein, jetzt für nichts in der Welt, da mag kommen, was da will. Ein andermal, in einer besseren Jahreszeit, wenn hoffentlich das Schicksal es mir vergönnt, von Herzen gern. Jetzt, heute habe ich nur noch einen Gedanken: nach Haus!
Fast zwei Jahre sind doch eine verdammt lange Zeit! Was haben wir alles in ihnen erleben dürfen, wie dankbar bin ich meinem Schicksal dafür – aber jetzt habe ich mit dem, was hinter mir liegt, endgültig abgeschlossen. Ich möchte nicht eine Stunde der ganzen Expedition vermissen, am allerwenigsten die schweren Stunden – jetzt geht's an die Auswertungsarbeit des bisher Geleisteten!
An die fünfundzwanzigtausend Meter Film und mein neues Buch harren der Fertigstellung; auch das ist noch Arbeit und weiterhin Geldsorge genug!
Plötzlich – was ist das?
Ein langgezogener Ton, wie tierisches Heulen, dringt durch die Nacht – nun wieder, unheimlich hört sich das an.
Die Maschine stoppt, der Dampfer liegt still. Da schießen zwei schmale, zerbrechliche Rindenboote aus der tiefen Nacht heraus, kommen längsseit des Dampfers, eine Leine wird ihnen zugeworfen, unten im Boot wimmelt etwas Hundeartiges nackt umher – Indianer!
Zwei, drei dürftig mit Lumpen bekleidete Gestalten kommen wie die Tiere des Urwaldes an Deck geklettert. Sie zittern und frieren in dieser Kälte, haben langes, mit einem scharfen Stein im Genick abgehacktes, blauschwarzes Haar, das ihnen vorne tief in die breiten, eskimohaften Gesichter hängt; die eine Gestalt ist eine Frau. Letzte Reste der einst so zahlreichen Kanalindianer, die

gewöhlich, auch im Winter, völlig nackt umherliefen, so wie die Kinder dort unten im Boot. Diese hier haben sich mit der Zeit einige europäische Lumpen ergattert, sind dafür auch degeneriert, kommen ab und zu an die Dampfer, wenn zu großer Hunger sie plagt. Gewöhnlich leben sie das ganze Jahr nur von rohen Miesmuscheln, die sie sich sammeln.
Nun stehen die armen Menschen, die früher Herren und Gebieter des ganzen ungeheuren Kanalgewirrs waren, unter dem trüben Schein einer elektrischen Lampe an Deck. Die Stewards kommen mit alten Säcken voll Hartbrot und Essensresten. Einige Leute geben Nadel, Zwirn, Strümpfe, einen alten Schal. Der eine Indianer läuft fort, rutscht die Bordwand hinab, kommt zurück, in seiner Hand hält er – eine alte Zither, die nur noch eine Saite hat!
Wo mag dies Ding wohl herkommen, in welchem Lande unter der Sonne geboren worden sein, um hier am Ende der Welt in die Hände eines nackten Feuerlandindianer zu stranden?
Nun klimpert der Mann einige entsetzliche Töne, die Frau und der andere Kerl beginnen auf und ab zu trippeln und zu springen. Nie in meinem Leben sah ich einen primitiveren Tanz, nie ergriff er mich mehr als heute dieser hier. Die Leute ringsherum lachen!
Da schreien unten im Boot die hundeähnlichen nackten Kinder auf, sie frieren wohl. Mit einem Mißklang bricht die „Melodie" ab, die drei Gestalten verschwinden wie fortgeblasen, die leichten Rindenboote setzen ab und streben ins unheimliche Dunkel zurück.
Die Schraube quirlt wieder auf; von fernher, aus der Gegend, wo die hohen Berge sich türmen müssen, heult es wieder langgezogen wie Rufe von Tieren. Es sind die Abschieds- und Dankesgrüße der armen Indianer.
Mir rufen diese Laute zu: „Auf Wiedersehen!"

*

Der kleine Dampfer eilt unaufhaltsam weiter. Jeder Kolbenhub der Maschine bringt mich der Heimat ein Stückchen näher. Die kommenden Wochen werden für mich wie im Fluge schwinden, wie lächerlich kurz ist doch diese Zeit, wenn man fast zwei Jahre hinter sich hat!

Und als ich endlich einschlafe, sehe ich im Geiste noch einmal das ganze wunderbar gastfreie Land Chile vor mir vorbeiziehen, von dem ich wieder einmal viele Schönheiten mit mir nehmen, soviel Gastlichkeit empfangen konnte. Im Traume schon, gleitet das alles schemenhaft an mir vorbei.
Ganz hinten, aber doch schon greifbar, leuchtend wie ein wunderbarer Stern, strahlt das Ziel: die Heimat, leuchtet eine wundervolle Weltstadt auf – Berlin!
Dort sehe ich schon zwei blonde Köpfe, mit freudigen blauen Augen; nun winken mir zwei Gestalten zu, rufen mich über Ozeane und Welten herbei – Smutje, und an ihrer Hand Guntolf, mein Sohn!

*   *

*

Lago Argentino 3/2 31

Am 28/1 31 1 Uhr 50 minuten stürzte das Flugzeug
Junkers D1313 von Süden kommend über den
Lago Rico (einem Arm des Lago Argentino)
aus 300 mtr Höhe beide Insassen fanden dabei
den Tod.
Das Unglück spielte sich in folgender Weise
ab Füschow flog mit normal arbeitenden
Motor bei Rücken Wind im Rücken.
Ganz plötzlich stellte sich der Apparat, recht erreichte
aber für einen Moment seine normale Lage
wieder, in dieser Zeit sprang einer der Insassen mit Fallschirm ab (wie sich später her-
ausstellte Dreblow) von hier an ging der Apparat
sich seitlich überschlagend nieder, Füschow
wurde dabei herausgeschleudert und fiel 30 mtr
vom Strand zu Boden, der Apparat stürzte 10 mtr
von der Küste in seichtes Wasser und ist vollkommen
zertrümmert.
Dreblow verletzte sich anscheinend beim Ab-
springen und ließ den Fallschirm an dem er
sich nur mit den Händen hielt fahren der
Körper lag 120 mtr von der Unfallstelle und
wies noch wenige Verletzungen auf. der Fallschirm wurde 800 mtr weiter entfernt
gefunden.

Der 28te Januar war ein Tag vieler Wirbel-
stürme und ist die Katastrophe wohl durch
einen solchen herbeigeführt worden.
Das Flugzeug war auf der Fahrt nach
seiner Basis Estancia Maria Antonia
und noch ungefähr 25 klm davon entfernt.

Ernst Handhardt

Plüschows Zweite Expedition

"Ein riesiges Material filmischen und bildlichen Inhalts ist gesammelt. Kisten mit wissenschaftlichen, geographischen und enthnologischen Aufzeichnungen sind in meinem Besitz." Diesen Satz notierte Plüschow in seinem Tagebuch, als er aus finanziellen Gründen den Kutter „Feuerland" veräußern mußte.

Es wurde allerhöchste Zeit, das Material in Berlin auszuwerten, um mit den dabei erzielten Erlösen die Fortsetzung der Flugexpedition zu ermöglichen. Auch der Ullstein-Verlag drängte darauf, endlich mit Ergebnissen der Expedition 1927–1929 an die Öffentlichkeit treten zu können.

Im Juli 1929 schloß Plüschow seine Frau Isot und den elfjährigen Sohn in die Arme. Nach kurzer Ruhepause in seinem Berliner Heim betrieb er die Fertigstellung des Buches „Silberkondor über Feuerland" und zugleich den Schnitt des gleichnamigen Filmes, der damals – in den Kindertagen des Tonfilms – auf Plüschows ausdrückliches Verlangen als schlichter Kultur-Stummfilm fertiggestellt wurde: *„Ich lasse mir die Einsamkeit meiner Erlebnisse, ich lasse mir das erhabene Schweigen der von mir als erstem Menschen erschauten geheimnisvollen Natur dieses Landes nicht durch eine unnatürliche und unwahre Vertonung verderben!"* Das war sicherlich ein Glück. Der Tonfilm war in jenen Tagen noch das *„stammelnde jüngste Kind der Lichtbildindustrie"*, wie es der Autor formulierte.

Die Dynamik dieses Films übertraf jene des Filmes „Segelfahrt ins Wunderland" weit. Der „Silberkondor über Feuerland" wurde noch 1929 mit festlicher Premiere im Berliner Ufa-Palast am Zoo uraufgeführt, im Beisein des Reichspräsidenten v. Hindenburg und seines gesamten Kabinetts.

„Unten sitzen die Freunde und sehen die Bilder abrollen von der kühnen Wikingerfahrt dieses Mannes über den Ozean, sehen gebannt aus der Adlerhöhe des dahinbrausenden Flugzeugs in das Eiszeit-Land, dem Plüschow sein Geheimnis entriß, das erste Mal, solange die Welt sich dreht, sehen Menschen hinein in diese schweigende, unbekannte Gletscherwelt!" schrieb später Isot Plüschow über diese Uraufführung.

Ein überwältigender Erfolg brach über Plüschow herein. Er wurde wie ein Star auf Vortragstourneen herumgereicht, erstattete dem Reichspräsidenten Bericht und wurde zu Fachvorträgen vor weltwirtschaftliche und wissenschaftliche Gesellschaften eingeladen. Man nahm ihn als Forscher erkennbar ernst. Und es wurde konkret erörtert, wieweit auch die beabsichtigte zweite Expedition für die wieder aufstrebende deutsche Luftfahrtindustrie und für die deutsche Außenwirtschaft – vielleicht durch geologische und geophysikalische Prospektierungen in Feuerland – von Nutzen sein konnte. Die Frage ergab sich immer zwingender, da bekannt geworden war, daß die USA eine eigene Feuerlandexpedition planten, für die man Plüschow als Teilnehmer zu gewinnen versuchte! Aus patriotischen Gründen verweigerte Plüschow die Mitarbeit.

Auf jeden Fall hat Plüschow geahnt und klar ausgesprochen, daß Feuerland und Patagonien sehr wohl ölhöffig sein könnten und vielleicht sogar auf Goldfunde hoffen ließen.

Da Plüschows Expedition die kartografische Erfassung auf Veranlassung des Staatlichen Geographischen Instituts von Argentinien betrieben hatte, konnte der Forscher darauf hinweisen, daß die argentinische Regierung wie übrigens auch die chilenische Unterstützung zugesagt hatten: Für neuentdecktes Land könnten Explorations-Erstrechte an ihn und damit an die Deutschen vergeben werden.

Heute weiß man, daß Plüschow recht hatte: Beiderseits vom atlantischen Eingang zur Magellanstraße wird Erdöl gefördert!

Aber Plüschow konnte das Wenn und Aber der zuständigen Institute und Firmen oder gar des Staates nicht abwarten. Er mußte sein Werk ohne fremde Hilfe vollenden.

Die Erfolge von Buch und Film verschafften Plüschow und Dreblow die Möglichkeit zur erneuten Ausreise nach Feuerland. Im Juli 1930 gingen sie auf dem Hapag-Dampfer „Baden" in See. Plüschow hatte seinen Film und 2000 Exemplare der spanischen Ausgabe seines Buches dabei. Es kam zur Südamerika-Uraufführung des „Silberkondor"-Films in Buenos Aires.

Von Buenos Aires aus reiste Plüschow mit dem „Transandino", der Transkordillerenbahn, nach Santiago, während Dreblow nach Puerto Natales vorauseilte, um sich um die „Wiederbelebung" des Flugzeugs zu kümmern.

Dem Autor wurde in Chile ein begeisterter Empfang zuteil. Nach dortiger Aufführung des „Silberkondor"-Films wurde er vom Staatspräsidenten empfangen, denn er war nach der Erforschung sowohl des argentinischen als auch des chilenischen

Teils Feuerlands aus der Luft wohl der populärste Deutsche im damaligen Chile.

Am 16. Oktober 1930 traf Plüschow auf dem Seewege vom alten Salpeterhafen Corral in Puerto Natales ein und begab sich sofort voller Spannung zu seinem Flugzeug. Aber Dreblow empfing ihn mit Leichenbittermiene und drückte ihm nur stumm und traurig ganz stark die Hand. Das Ergebnis von Dreblows Untersuchungen war niederschmetternd: *„Die nagende Zeit der letzten achtzehn Monate hatte ihre Krallen in den Rumpf des Silberkondors geschlagen."*

Die beiden rechten Tragdeckhälften (sprich Flügel) des Doppeldeckers waren intakt, auch die linke obere Hälfte konnte als fast gesund gelten. Aber die linke untere Tragflächenhälfte war durch Korrisionsschäden und Rattenfraß schwer beschädigt worden. Plüschow warf sich sofort auf ein Pferd, jagte zur nächsten Telegrafenstation, um die Notdepesche abzusenden: *„Flugzeugwerk Warnemünde! Linke Tragdecks von Ratten zerfressen. Expreß sendet neues Paar nächsten Dampfer magallanes consulado alemán. Expedition in Frage gestellt. Plüschow."*

Wie besessen machten sich die beiden Flieger daran, alle Schäden auszubessern, die sich „mit Bordmitteln" überhaupt beheben ließen. Und schließlich gelang es Dreblows Fingerfertigkeit, die Beschädigungen der „kranken" Tragdeckhälfte wenigstens provisorisch zu beheben. So jagte Plüschow zwei Tage später erneut ein Telegramm nach Deutschland: *„Isot Plüschow, Berlin. Stoppe bestellte Tragdecks Warnemünde, stop, untragbarer Zeitverlust zwingt Reparatur hier auszuführen. Allwohl Gunther."*

Realistisch waren sich die beiden Deutschen in der Einsamkeit ihrer primitiven Ausbesserungswerkstatt darüber klar, daß allein der Dampfer mit den Ersatzflügeln 40 volle Tage unterwegs sein würde. Der Wettlauf gegen die Zeit war mit einem neuen Tragdeck nicht zu gewinnen. *„Ich kann auf die Tragfläche nicht warten, ich muß hinüber über die Bergriegel, bevor der Winter kommt. Meine Aufgabe hier lasse ich nicht im Stich."*

Und während der Instandsetzungsarbeiten, bei bitterer Kälte in dem primitiven Schuppen, fährt es in einem Brief an Frau Isot aus dem einsamen „Ikarus vom Feuerland" heraus: *„Das Schicksal hat mit erhobenem Finger gedroht, aber ich habe ihm die Hand zurückgeschlagen. Ach, Isot, ich bin doch eigentlich ein armes Luder, alles muß ich allein machen – finanzieren – dirigieren –*

disponieren, Handwerksarbeiten, tippen, fliegen und zu den guten Menschen reiten, die mich hier unterstützen – eigentlich müßte der Staat all soetwas machen ... Etwas mehr Geld wünschte ich mir, damit mein Werk leichter und schneller läuft – aber auch das wird seinen Grund haben, vom Schicksal bestimmt."

Am 13. November 1930 ist endlich der Silberkondor wieder flugklar. Plüschow schreibt aus dem angelegten Fluglager I nach Berlin: *„Daß aus dem Trümmerhaufen, aus dem Gerümpel, als welches wir das Flugzeug fanden, der Silberkondor nun wie ein Phönix strahlend und hell wiederauferstanden ist ..."*

In dreiviertelstündigem Alleinflug hatte Plüschow diesen bereits auf der vorherigen Expedition zeitweilig verwendeten Zeltplatz wieder aufgesucht und dann Dreblow und das „Campamento" abgewartet. Unter diesem Namen verbirgt sich das Lager, das die Nachschubfuhre – Karren, die von jeweils acht Ochsen über Stock und Stein gezerrt werden mußten – transportieren mußte. Sie brachten die Riesenkisten mit Proviant, Betriebsstoff, Zelten, Decken, Kochgeschirren heran. Dabei waren auch sechs für Erkundungsstreifzüge in der näheren Umgebung angemietete Pferde sowie ein Koch, der zugleich Pferdehalter und Zeltwächter war.

Da die „Feuerland" gleichzeitig als „Flugzeugmutterschiff" nicht mehr vorhanden war, mußte es mit der elenden Quälerei der Campamento-Versorgung per Karren gehen.

Als Weihnachten heranrückte, zwangen lange anhaltende Stürme die einsamen Männer an der „Tsingtau-Bucht", im Zelt zu bleiben. Erst danach konnte die Wasserlandung auf dem argentinischen Lago Vidmar vorgenommen und dort das Fluglager II angelegt werden.

Nach Durchzug eines schlimmen Unwetters konnte Plüschow, an einer Wolkenbank entlangfliegend, erstmals den Berggipfel des Fitz Roy überfliegen und sich ans Nordufer des Lago Argentino heranpirschen: *„In einer für ein Seeflugzeug wie geschaffenen Bucht habe ich ein Brennstoffrelais als Zwischenlager IIa errichtet. Ich muß in dieser wetterwendischen Zone Notlandemöglichkeiten schaffen! Immer wieder ist es wunderbar, als Erster zu landen und jungfräulichen, unbekannten Strand zu betreten. Ein gewaltiger grün glänzender Eisberg schwimmt vor unseren Augen in der blauen Flut, der einzige Wassergefährte unseres Silberkondors."*

Noch vor dem Jahresende 1930 gelang Plüschow und Dreblow *„der ganz große Flug, endlich die vorerstige Krönung der unzähligen*

Arbeiten von Jahren, der letzten kampferfüllten Monate! Der gesamte südliche Teil des unerforschten Gebietes ist jetzt erschlossen worden – mehr als die Hälfte der ganzen unbekannten Kordillerenwelt."

Am letzten Tag des Jahres wird der „Silberkondor" in der Luft von einem Unwetter überrascht: *„Die erste Gebirgsbarre glatt überwunden. Der Geschwindigkeitsmesser zeigte 160 km. Zum Greifen dicht fege ich über Schroffen hinweg. Düstere, unheimlich graue Schleier liegen vor dem Bug. Schon sitze ich in der Tinte – die Wolken haben mich eingeholt, jagen wie umstellende Jaghunde von allen Seiten heran. 50 Grad 20 Minuten Südbreite 3600 m hoher Eisriegel! Schnee und Hagel um uns herum. Weiße Flocken jagen an den Tragflächen vorbei, kaum kann ich am linken Steiger den Tachometer ablesen. Länge des Querriegels mindestens 50 km. Völlig vergletschert! Dahinter schiebt mich Seitenwind scharf westwärts, Abtrift nicht mehr festzustellen, muß im Blindflug durch die graue Sauce fliegen. Ändere dreimal den Flugkurs wegen heftiger Fallböen. Höhenmesser springt plötzlich 300 m nach oben. Schnee und Wolken vorab. Zwingen mich zur Rückkehr. Ergebnis 80 Luftfotos und 200 m Film von rund 250 qkm unerforschtem Gebiet!"*

Auf der Position 49 Grad 12 Bogenminuten Süd / 73 Grad West legt Plüschow etwa 600 m über dem Meer ein Notlandedepot an. Durch immer weitere Nordwärts-Verlegung der Etappen erschließen sich neue Erkundungsmöglichkeiten. Plüschow schrieb darüber: *„Alles, was bisher von diesem Gebiet ‚hinter dem Paine' erzählt wurde, alles, was wie eine Volkssage darüber geraunt, gesprochen und geflüstert wurde, ist für mich Wirklichkeit geworden. Alles ist ewiges Eis, Eis und immer wieder eine einzige zusammenhängende kontinentale Eismasse, die von Riesengletscherflüssen durchzogen wird. Die Hunderte von Kilometern großen Eisflächen strahlen eine unvorstellbare Kälte aus. Ich habe mit starken motorischen Schwierigkeiten zu kämpfen, da das Kühlwasser kaum vierzig Grad erreicht. In jeweils vierstündiger Flugzeit, mehr erlaubt mir meine Brennstoffmitnahme nicht, habe ich alle Plateaus, die von großen, nach Norden zu immer höher werdenden Eisriegeln durchzogen werden, überflogen. Durchschnittliche Flughöhe 4500 m. In dieser Höhe schramme ich immer knapp über die Gletscherspitzen hinweg, schätze diese durchschnittlich auf 4000 bis 4300 m."*

Am 4. Januar 1931 beziehen die beiden Flieger das Fluglager Nordspitze, das nördlichste der beiden Expeditionen: *„Dreblow arbeitet schon wieder an einer Kühlerpanne. Wenn das so weitergeht, besteht der Kühlerkorb bald nur noch aus Flickstellen. Es ist manchmal zum Verzweifeln... Die Eisbildung am Flugzeug in den großen Höhen und Kälten ist eben unvermeidbar."*

Vier Tage später landet das Flugzeug auf einem namenlosen schmalen Kanal, der mit dem Stillen Ozean in Verbindung zu stehen scheint. Dabei entdeckt Plüschow bei der näheren Erkundung mit Hilfe des Faltbootes erzführendes Gestein und nimmt Proben für das Geologische Institut Buenos Aires.

Nach einem dramatischen „Luftkampf" mit angreifenden Kondoren, Tage später, erreichen die Flieger wieder ihr Nordlager. Am 22. Januar heißt es: *„Zwei Tage haben wir geschuftet mit Hacke und Spaten, wir zwei allein. Weiß Gott, unsere Arme sind gewohnt, sich zu regen, aber jetzt sind unsere Knochen wie Brei. Doch der Silberkondor ist wieder flott. Wir haben ihn ausgegraben wie aus einem Grabe – sein Grab wäre hier in der Wildnis auch das unsrige geworden."*

Tags darauf: *„Wir sind obdachlos. Stundenlang haben wir das Ufer abgesucht, sind mit dem Faltboot über den See gerudert. Unser Zelt ist verschwunden – untergegangen. Aus unserer großen Motorhaube, den Propellerhüllen und einem Stück Segeltuch haben wir uns ein Dach gebaut. Das Dach deckt nun eine Erdhöhle, die wir uns gegraben haben. Es scheint, als ob wir langsam ‚auseinanderbröckeln', aber das Wichtigste: Betriebsstoff, unsere Apparate und Lebensmittel sind intakt, und das Aller-Allerwichtigste: wir sind gesund!"*

Die widrigen Umstände schreckten die beiden Unermüdlichen nicht ab, denn schon am nächsten Tag hieß es: *„Auf dieser Patagonien-Flugexpedition 1930/31 bin ich eben wieder vier Stunden unterwegs gewesen. Eisbarren, Kanäle, Seen, Landteile, immer wieder Neues, Unbekanntes, Niegeschautes, Unerforschtes glitt unter mir dahin, und nur aus den dunklen Kammern unserer Kino- und Fotoapparate werden einst die Bilder auferstehen, die wir als erste Menschen hier sahen.*

Es war heute wieder wie verhext. Widerwillig stieg die Maschine in die erforderlichen Höhen, weigerte sich oft, die letzten hundert Meter bis zu den Gipfeln zu klettern, streikte einfach. Wie mit einem Schlage war dann fast die Arbeit, das Aufwärtsstreben einer ganzen Stunde, vernichtet, und wie von unsichtbaren Fäusten gepackt, wurde das Flugzeug manchmal fünfhundert, siebenhundert und achthundert Meter in die Tiefe gedrückt. Ringsum Eisdome und Felswände, an denen wir zerschmettert wären, wenn nicht immer wieder, wie durch ein Wunder, Sogwinde uns im letzten Augenblick den notwendigen Auftrieb gegeben hätten und uns in wenigen Minuten bis auf viertausend, ja fünftausend Meter fast spielend leicht hinaufgetragen hätten. Hier versagt Menschenkraft und Menschengeist, nur Wille und Glaube vermag solche Augenblicke zu überdauern. Aber ich habe es geschafft und auch den letzten unheimlichen Riegel dieser Eiszeitwelt überflogen und erobert. Lang und bang war der Rückweg. Eine kostbare Stunde mehr als geplant kreuzen, kreuzen, kreuzen. Mit knapper Not brachte ich die Maschine über den Kloppenwall, und in derselben Minute fängt der Motor an zu spucken, die Benzinuhr fällt rasend schnell, der Motor kann nicht mehr. Im Gleitflug erreiche ich schwebend unser Not-Lager. Die Tanks sind leer!"

Am 25. Januar *"hat der Windgott gute Laune, und ich muß jede Stunde, die er mir noch vergönnt, ausnutzen. Unser Campamento ist hier zusammengepackt, es soll unser letzter Flug werden. Wer weiß, ob Wetter und Wind weitere Aufstiege gestatten. Aller unnötiger Ballast bleibt zurück . . . nur einige Lebensmittel und viel, viel Reserve-Benzin nehmen wir mit. Wir wollen einen langen Flug antreten."*

Unter dem Datum 26. Januar 1931 schreibt Plüschow aus einem „Felskrater" der Hochkordillere: *„Knapp zweieinhalb Stunden sind wir gestern geflogen. Über diesem Höllenkessel, in dem wir jetzt sitzen, packt ein unheimlicher, nie erlebter Luftstrudel die ‚Tsingtau' und schmeißt sie – anders kann man es nicht nennen – mit aufklatschenden Schwimmern auf diesen kleinen Bergsee. Es war fast ein Absturz. Der linke Schwimmer hat ein kopfgroßes Loch unter der Wasserlinie. Ein spitzer Klippenfelsen hat ihn aufgerissen. Der Tümpel hier ist knapp dreihundert Meter breit. Rundum fast achthundert Meter aufragende Steilfelsen, ein Loch, ein tiefer Spalt – kaum ein Kilometer lang. Wir sitzen in der Mausefalle.*

Am Mittwoch, dem 26. Januar

Unsere Lage ist sehr ernst – doch der Gott, der unser Schicksal sieht, wird helfen, wenn wir uns selbst helfen! Außer dem Schwimmer sind auch die linken Flügelholme von dem harten Aufschlag angegriffen. Wir brauchen Holzstützen, um die ‚Tsingtau' linksseitig zu unterbauen, sonst sackt sie ab. Zwei Stunden allein haben wir die Gegend abgesucht, nirgends ein Baum oder Strauch, nur Steine und Eisblöcke ringsum. Unsere Apparate, Waffen, Decken und gottlob auch der Taucheranzug im rechten, gesunden Schwimmer sind heil. Im linken, aufgerissenen Schwimmer waren unsere Reserve-Benzinkanister und einige Lebensmittel – das eingedrungene Wasser hat alles vermischt und vernichtet.

26. Januar abends

Mit Ankerseil und mittels Flaschenzug, den wir um einen großen Eisblock festmachten, haben wir den Silberkondor vor dem Absaufen gerettet. Sechs Stunden haben wir gearbeitet, halb nackt, um wenigsten einen Teil unserer Kleider trocken zu halten – in dem eiskalten Gletscherwasser! Nur zwanzig Zentimeter konnten wir – ohne Kippgefahr für das Flugzeug – den kranken Schwimmer über die Wasserlinie lüften. Mit dem Taucheranzug hat ihn Dreblow dann von unten mittels Lötlampe notdürftig geflickt. Eben sind wir fertig, es wird schon dämmrig. Dreblow versucht, mit Garn und einem Haken aus einer umgebogenen Stecknadel zu angeln. Der Köder aus mit Benzin getränkten Brotklümpchen wird aber die Fische mehr abschrecken als anlocken – wenn hier in diesem Höllentümpel überhaupt Leben ist. Die Arbeit hat uns Magen und Gedärm geleert – wir haben Hunger!

27. Januar 1931. Fünf Uhr früh, immer noch im Felskrater

Meine Hände sind frosterstarrt, können kaum den Bleistift halten. Aber ich muß alles aufschreiben – für später. Oder – vielleicht gar – für die Nachwelt??! Dreblow meinte gestern abend schon halb im Scherz, halb im Ernst: ‚Na, unsere Lieben daheim werden sich wohl bald die Versicherungssumme ausbezahlen lassen können.' Ich habe ihn nur sehr ernst und abweisend angeblickt. Solche Redensarten liebe ich nicht – sie machen nur den Willen und das Herz weich – Kopf hoch! ist meine Parole. – Dabei bleibt es.

27. Januar, 9 Uhr vormittags

Die Sonne kommt schräg hoch über den Rand des Bergkessels gekrochen, aber der klirrende Frost der Nacht liegt noch, alles Leben erstarren lassend, wie ein Todeshauch über dem Felsengrund, auf dem wir uns die Nacht gebettet hatten. Als Frühstück haben wir uns die Riemen enger um den Leib geschnallt. Dreblow arbeitet an den Holmen – ich gehe jetzt auf Erkundung – rund um den See und, wenn es geht, so hoch hinauf wie möglich in die Berghänge. Ist die Maschine wieder flugfähig, muß ich die Luftströmungen richtig peilen können.

2 Uhr mittags

Drei Stunden bin ich über Felsen und Gerinnsel geklettert. Bin ziemlich schlapp – jetzt muß der Speck vom eigenen Leibe herhalten. Am anderen Ufer – drüben der Gletscher ist unübersteigbar, da müßte ich denselben Weg zurück. – Der Gletscher erfüllt mich mit tiefer Sorge. Er kalbt von Zeit zu Zeit, wann, ist ganz unbestimmt. – Die abstürzenden Eismassen treiben dann plötzlich eine mächtige Flutwelle bis an unser Ufer. – Passiert das gerade im Augenblick des Starts, so muß die Maschine kentern! – Wie der Wind in einigen hundert Metern steht, ahne ich nicht. Nirgends in dieser Höhe ein Baum, dessen Äste wie eine wehende Fahne Zeichen geben – kein Vogel, dessen Flug ich deuten könnte – und die Wolken ziehen in zweitausend Meter Höhe dahin. – Wäre ich erst dort oben, wäre alles gut! Dreblow ist fertig – viel einzupacken haben wir ja nicht.

5 Uhr mittags am 27. Januar 1931

Ich komme nicht frei! – Ich komme nicht frei! Glücklich haben wir das Flugzeug zum Wassern gebracht, tadellos sprang der treue Motor an. Bis zum See-Ende bin ich erst vorsichtig gerollt, um einen möglichst langen Anlauf zu haben – im selben Augenblick springt der Wind um, im muß die ganze Länge zurück. Langer Anlauf, bis die Schwimmer sich vom Wasser lösen – dicht vor der gegenüberliegenden Felswand reiße ich sie hoch und herum – fast wie im Looping, presche zurück. Erreiche langsam zweihundertdreihundert bis vierhundert Meter, zehn Minuten dauert das –

aber dann fliege ich wie ein gefangener Vogel in seinem Käfig immer in derselben Höhe hin und her – gewinne keinen Meter mehr – von oben drücken Winde uns mit eiserner Faust nieder, Wirbel, die sich von den Bergkämmen herab nach unten über uns stürzen.

Sechs Uhr, schon im Schattendämmer

Zwei Starts habe ich nochmals versucht – glaubte, daß die Luftwirbel sich beruhigt haben. Sie sind eher noch stärker geworden. Beim zweiten Start steht der Wind sogar quer zur Längsachse des Sees – ich hoffte, daß dadurch die aufstrebenden Hangwinde an der gegenüberliegenden Felswand entstehen würden, aber der Anlauf ist in dieser Richtung zu kurz. Wir dürfen keine Experimente wagen – müssen auf die günstige Windrichtung warten – beobachten und warten – warten! – Vor allem Benzin sparen!

Neun Uhr abends am 27. Januar 1931

Aus spärlichem trocknem Wurzelwerk, aus den durch das ausgeflossene Benzin ungenießbar gewordenen Broten und Zwiebacks sowie aus alten Schmierlappen haben wir ein Feuer angemacht. – Eine grimmige Kälte dringt schon wieder in unsere Knochen. Wir werden uns bis zum Morgengrauen zweistündig ablösen, einer soll den anderen beobachten und wecken, wenn es etwas gibt. Eine flugfähige Maschine, startfertig auf dem Wasser, und hier nachts erfrieren und verrecken, kann nicht mein Fliegerschicksal sein!!

Während der Nachtwache vom 27. zum 28. Januar von zwölf bis zwei Uhr

Wie oft habe ich Windlichtern mit bunten Schirmen auf weiß gedeckten Tischen die Nächte in den Tropen verplaudert, ach, diese Märchennächte meiner Jugend! Dies Windlicht, das mir jetzt scheint, flimmert in einer Blechhülse – aber seine Flamme hellt mich doch auf! Während der Wachen laufen wir, um den Frost aus den Gliedern zu treiben. – Was die Maschine doch geleistet hat! – Zwei Jahre ist sie schon alt – für ein Flugzeug fast ein Greis – und bei diesen unvorstellbaren Luftverhältnissen! Hut ab vor der deutschen Flugzeugindustrie und Fliegerei!

Gerade hat wieder drüben der Gletscher gekracht und gekalbt, Dreblow wirft sich unruhig herum. – Hoffentlich geben die Eisbrocken bei Tageslicht die Startbahn frei! – Eben rauscht die Flutwelle heran. Dicht hinter den Wolken muß der Mond stehen – ich kann die Umrisse der Felsen erkennen – eine unübersteigbare Mauer – ein gnadenlos schweigendes Gefängnis!

Sieben Uhr früh am 28. Januar 1931

Starten ist im Augenblick unmöglich, es schwimmen noch zu viele Eisbrocken vom Gletscherbruch herum, die uns die Schwimmer neu aufreißen können. – Ich werde versuchen, durch vorsichtiges Anrollen eine Startbahn zu pflügen, aber der Wind muß nachhelfen! Wir wissen jetzt, daß die Zeit bis elf Uhr vormittags am günstigsten für den Aufstieg ist – da gibt es Hangwinde! – nachher ist es wieder vorbei für einen ganzen Tag. Die Maschine ist ja leicht, und bei normalem Flugwind langt das Benzin für glatt drei Stunden! – Alles nochmals genau überprüft – der Silberkondor ist intakt – auch das linke – untere Tragdeck – scheinbar . . .

Schon zehn Uhr vormittags, 28. Januar 1931. Noch im namenlosen Felskrater

Wir müssen jetzt starten! Ich nehme direkten Kurs Süd-Süd-Ost! Über die beiden großen Querriegel, das Gletscherplateau. Will direkt durchfliegen bis Lager IIa am Argentino-See. Vor elf müssen wir hier aus dem Loch heraus sein! Schätze, daß wir dann spätestens zwei Uhr alles überstanden haben. – Ich will hier heraus! Ich will und werde!! Ist der Fliegertod mein Fliegerlos – dann nicht hier!!"

Nachwort

Es war den Fliegern tatsächlich gelungen, aus der Falle herauszukommen und den Argentino-See wieder zu erreichen. Offensichtlich befand sich das Schwimmerflugzeug D-1313 „Tsingtau" bereits beim Landeanflug auf dessen Wasserfläche, als sich das Schicksal der beiden Feuerland-Flieger erfüllte. Die „kranke", nur behelfsmäßig reparierte linke Untertragfläche gab den Belastungen nach, die Maschine „montierte ab", wie man in der Fliegerei zu sagen pflegt.

Hirten auf der nahegelegenen Farm beobachteten, wie das Flugzeug in 600 m Höhe plötzlich erzitterte, über den linken Flügel (!) abrutschte und, sich dauernd überschlagend, in den See stürzte. Aus dem trudelnden Flugzeug sprang eine Person ab, die sich mit den Händen an dem sich öffnenden Fallschirm festhielt*, jedoch losließ, wohl infolge Versagens der Kräfte. Sie wurde später als Ernst Dreblow identifiziert.

Wenige Sekunden später löste sich ein zweiter Körper vom Flugzeugrumpf, an dessen Schwanz-Leitwerken sich die Fallschirmleinen verhedderten. So zog die abstürzende „Tsingtau" Gunther Plüschow in die Tiefe.

Noch am gleichen Tage ging die am Anfang dieses Buches erwähnte Transradio-Depesche in alle Welt.

Kurz vor seinem 45. Geburtstag** fand Gunther Plüschow den zuletzt von ihm doch vorausgeahnten Fliegertod. Er und sein treuer Gefährte Ernst Dreblow erhielten am Lago Argentino ein Grab mit einem schlichten Holzkreuz. Doch sehr bald wurden ihre sterblichen Überreste exhumiert und zur Einäscherung nach Buenos Aires überführt.

Die Urnen der beiden Flieger wurden vom Hapag-Dampfer „General San Martin" (der später ein Hamburg-Süd-Schiff wurde) nach Deutschland gebracht. Nach Ankunft im Hamburger Hafen fand an Bord in sehr würdiger Form eine Trauerfeier im Beisein der Witwe und des Sohnes Plüschow statt. Wenig später erlebte Berlin unter Teilnahme einer unübersehbar großen Menschenmenge die feierliche Urnenbeisetzung.

---

* Alles spricht dafür, daß Dreblow sich während des letzten Fluges aus den Fallschirmgurten hatte lösen müssen, vermutlich um größere Bewegungsfreiheit bei der Luftbild- und Filmarbeit zu erlangen.

** Plüschow wurde am 8. Februar 1886 in München geboren.

Am 2. Juli 1985 beschloß der Berliner Senat, das Grab von Gunther Plüschow auf dem Friedhof beim Thuner Platz in Berlin-Lichterfelde zur 410. Ehrengrabstätte Berlins zu erklären und die Grabpflege dem Gartenbauamt Berlin-Steglitz zu übertragen. Eine Gunther-Plüschow-Kaserne des Heeresfliegerkommandos 3 in Koblenz-Mendig und der Gunther-Plüschow-Hafen des Marinefliegerhorstes Kiel-Holtenau erinnern an den Flieger; aber immer weniger Deutsche kennen den Sinngehalt dieses Namens.

Anders ist das in Südamerika und keineswegs nur unter den dortigen Auslandsdeutschen: Jahr für Jahr stellt die argentinische Luftwaffe zwei Flugzeuge mit 60 Plätzen zur Verfügung, um die vielen Teilnehmer zu der alljährlich am 2600 km weit entfernten Lago Argentino stattfindenden Trauerfeier zu fliegen.

Schon 1957 wurde auf Anregung der Deutschen Marineoffziersmesse Buenos Aires die „Comisión pro Monumento Plueschow" gegründet, deren Zeitungsaufrufe positives Echo fanden. Junge Argentinier des „Singkreises Vicente Lopez" ersangen auf einer Tournee die nötige Summe zum Gießen der kupfernen Ehrentafel für das zu erbauende Denkmal, sie wurde von der argentinischen Bildhauerin Adelina Nagrassus gestaltet.

Im Oktober 1961 befand sich die „Waldecker Spielschar" der „Nerother Wandervögel" mit zwei DKW-Jeeps auf einer Reise durch Argentinien. Sie begeisterte sich für die Denkmal-Idee und beschloß spontan dessen Bau. In achttägiger Arbeit erstellten die jungen „Nerother" den Gedenkstein. Einer von ihnen leitete die Arbeiten als gelernter Maurer. Das Denkmal steht auf gewachsenem Fels, indem zuvor ein Betonfundament mit Eisen eingelassen wurde, „durchaus erdbebensicher". Jupp Müller, Leiter der Spielschar, schrieb: *„Der Platz mit dem Berghang dahinter und gegenüber dem Blick auf den See ist so romantisch schön, daß ich selbst einmal dort liegen möchte."*

Der von Plüschow und Dreblow erstmals angeflogene und kartografisch erfaßte Lago Argentino gehört zu den großen Naturwundern Südamerikas. In einer Breite von vier Kilometern schiebt sich der gewaltige Moreno-Gletscher in den See. Er teilt den etwa drei Kilometer breiten See-Arm, so daß oberhalb davon das Wasser um 30 m ansteigt, bis dann der gewaltige Druck des aufgestauten Wassers die mächtige Eisbarriere wieder auseinandersprengt.

Der Gletscher und die umliegende Landschaft sind von unberührter Schönheit, sie wurden mittlerweile zum Nationalpark erklärt. 1960 hat man eine Straße zum Moreno-Gletscher am Gebirgshang gerodet und über den Rio Mitre eine Brücke gebaut. Der Plüschow-Dreblow-Gedenkstein steht rund einen Kilometer von der Mitrebrücke entfernt, so daß man heute ziemlich dicht an das Monument heranfahren kann. Nur die letzten hundert Meter erfordern einen steilen Aufstieg.
Jugend aus Argentinien und aus Deutschland hat zusammengewirkt, um diese Gedenkstätte zu realisieren – ganz im Sinne des Leitgedankens der „Comisión pro Monumento Plueschow":
„Wir haben einen Teil der Dankesschuld an einen großen Mann abgetragen, der Jugend ein großes Vorbild lebendig zu erhalten. Allen Helfern gilt unser Dank!"
Und der Dank des Verlages gilt Gunther Plüschows Sohn Gunter Guntolf Plueschow in Winnipeg/Kanada, der die Veröffentlichungsrechte zu diesem Buch erteilte und nach Kräften bei der Unterlagen-Beschaffung half. So schließt sich der Kreis der Geschichte über ein atlantisches Dreieck, dessen Eckpunkte Feuerland, Kanada und Deutschland sind.

Hans Georg Prager Verlag

大德欽命總督膠澳文武事宜大臣麥 為

發給護照事照得茲有德國駛飛舩之武官玉律紹
自青島飛出本大臣相應發給護照蓋印一紙付該舩
飛舩之武官收執仰沿途中國地方官員按照中國中
立條規將該舩扣留至戰事完畢之時為止將駛
舩之武官玉律紹妥為照料護送至附近德國領
事官處切切須至護照者

大德一千九百四十年青初五日

Als 1914 der chinesische Mandarin von Hai-Dschou dem mit seiner Rumpler-Taube aus Tsingtau ausgebrochenen Gunther Plüschow diesen Paß ausstellte, ahnte der junge Flieger nicht, daß er eines Tages in Patagonien tödlich abstürzen würde.

Reportage-Sachbücher
Packende Historik
(Schiffahrt und Übersee)

Hans Georg Prager/Christian Ostersehlte

Dampfeisbrecher STETTIN + die Eisbrecher der Welt
Vom Holzschlitten zu den Polar-Giganten

Erweiterte 2. Aufl. 1987, 340 Seiten Text, Format 12,5 x 19,5 cm, 68 SW-Fotos auf 28 Kunstdrucktafeln, 73 Schiffsskizzen und Textzeichnungen, drei Schiffstypentafeln, vier Spezialkarten, ein Faksimile, eine Eisbrecher-Flottenliste, Polyleinen kaschiert, Paperback — ISBN 3-925769-04-8 — **Preis DM 22,80**

Die technisch hochinteressante Spezialschiffsgattung Eisbrecher ist für die Seeverkehrswirtschaft vieler Länder und für die Geopolitik der Großmächte von ständig wachsender Bedeutung. Moderne Hochsee-Eisbrecher sind maschinenstarke Giganten im Kampf gegen eine Naturgewalt. Inmitten stürmisch veränderter Technologie bildet der seit 1982 als fahrendes Museumsschiff reaktivierte kohlegefeuerte Dampfeisbrecher STETTIN den historischen roten Faden.

Karl Helbig

Seefahrt vor den Feuern
Erinnerungen eines Schiffsheizers

320 Seiten Text, Format 12,5 x 19,5 cm, 167 SW-Fotos auf Kunstdrucktafeln, 30 Karten, Textzeichnungen und Faksimiles; Polyleinen kaschiert, Hardcover mit Vorsatztafeln — ISBN 3-925769-02-1 — **Preis DM 24,80**

Die große Epoche der Männer vor den Feuern der Schiffskessel erstreckte sich über anderthalb Jahrhunderte Seefahrtgeschichte. Bis 1909 wurden sogar alle Schnelldampfer-Wettrennen um das »Blaue Band« mit der Heizerschaufel erkämpft. Die Weltliteratur schwieg sich bislang weitgehend über die Schwerstarbeit in der Höllenglut der Heizräume, zumal in der Tropenfahrt, aber auch in Tornados und Taifunen, aus. Es war Knochenarbeit um jeden Knoten Fahrt.

Hans Georg Prager/Richard Frömsdorf

Es begann auf Sansibar
100 Jahre Deutsch-Ostafrikanische Gesellschaft

156 Seiten Text, Sonderformat 20,5 x 21,5 cm, 18 Farb- und 67 SW-Fotos, 20 Textzeichnungen, 10 Karten, sieben Faksimiles, Ganzleinen mit Goldprägung und cellophaniertem Schutzumschlag — ISBN 3-925769-01-3 — **Preis DM 48,60**

Ein Stück deutscher Übersee- und anfänglicher Kolonialgeschichte aus ungewöhnlicher Perspektive, in einer Synthese wohltuender Sachlichkeit. Die DOAG-Geschichte war mit der zunächst ausgesprochen abenteuerlichen Entstehungsgeschichte und späteren Weiterentwicklung des »Schutzgebietes Deutsch-Ostafrika« ebenso untrennbar verknüpft wie mit bestimmten Aktivitäten ihrer Tochtergesellschaft »Usagara Company Ltd.« im späteren Mandatsgebiet Tanganjika.

Alle Titel sind im Buchhandel erhältlich. Fordern Sie Verlagsprospekt an:
Hans Georg Prager Verlag, Alstertor 20, 2000 Hamburg 1
Telefon (040) 33 71 80 — telex 2 173 189 ship d

SÜD-CHILE UND ARGENTINIEN

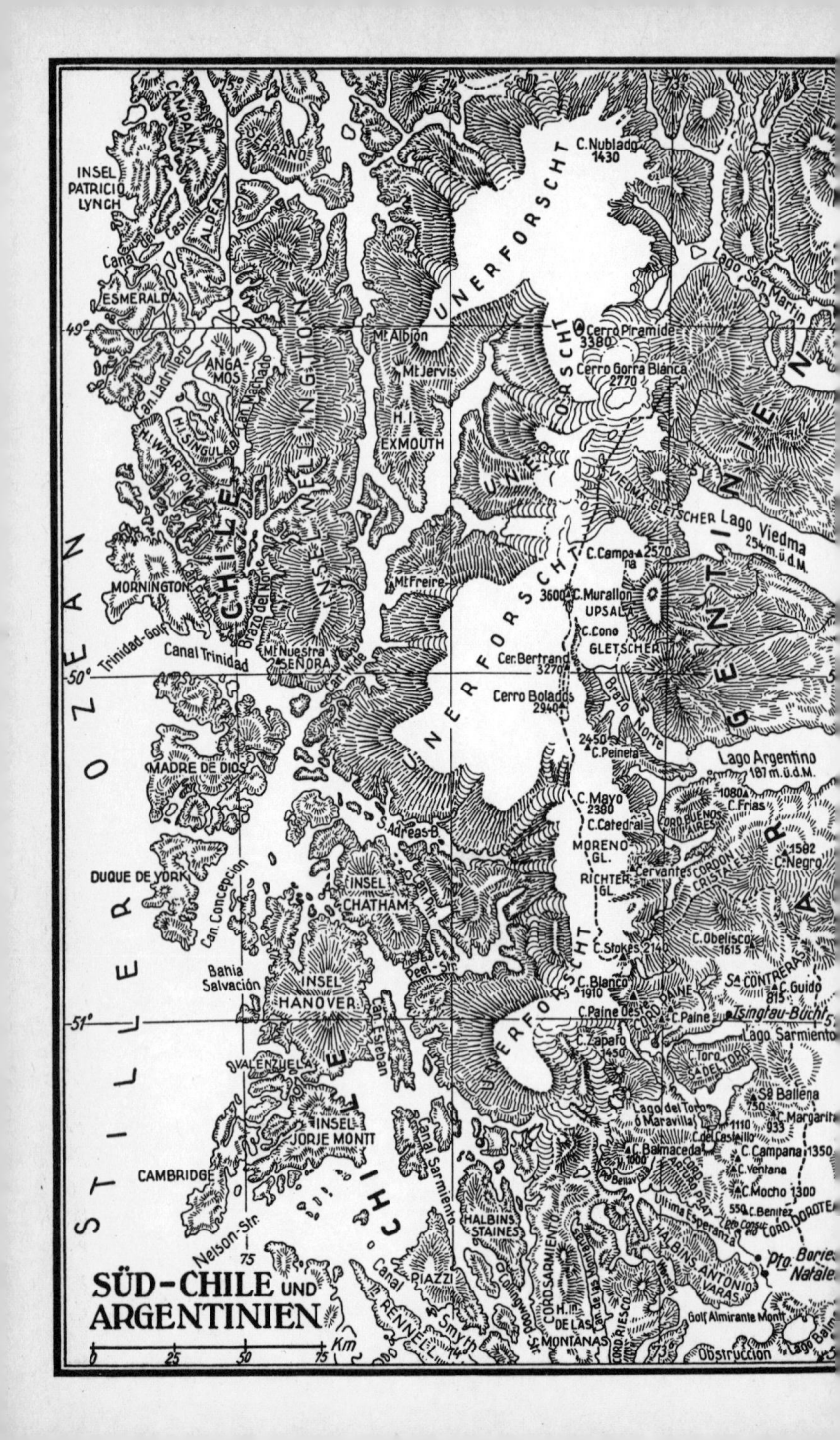